目でみる 筋力トレーニングの解剖学

ひと目でわかる強化部位と筋名

GUIDE DES MOUVEMENTS DE MUSCULATION

APPROCHE ANATOMIQUE

Frédéric DELAVIER

フレデリック・ドラヴィエ［著］
白木 仁［監訳］ 今井純子［訳］

大修館書店

Guide des Mouvements de Musculation
by
Frédéric Delavier

Copyright © 1998 by Editions Vigot Freres
Japanese translation／rights arranged with Editions Vigot Freres
through Japan UNI Agency, Inc., Tokyo.

Taishukan Publishing Co., Ltd.
Tokyo, Japan, 2002

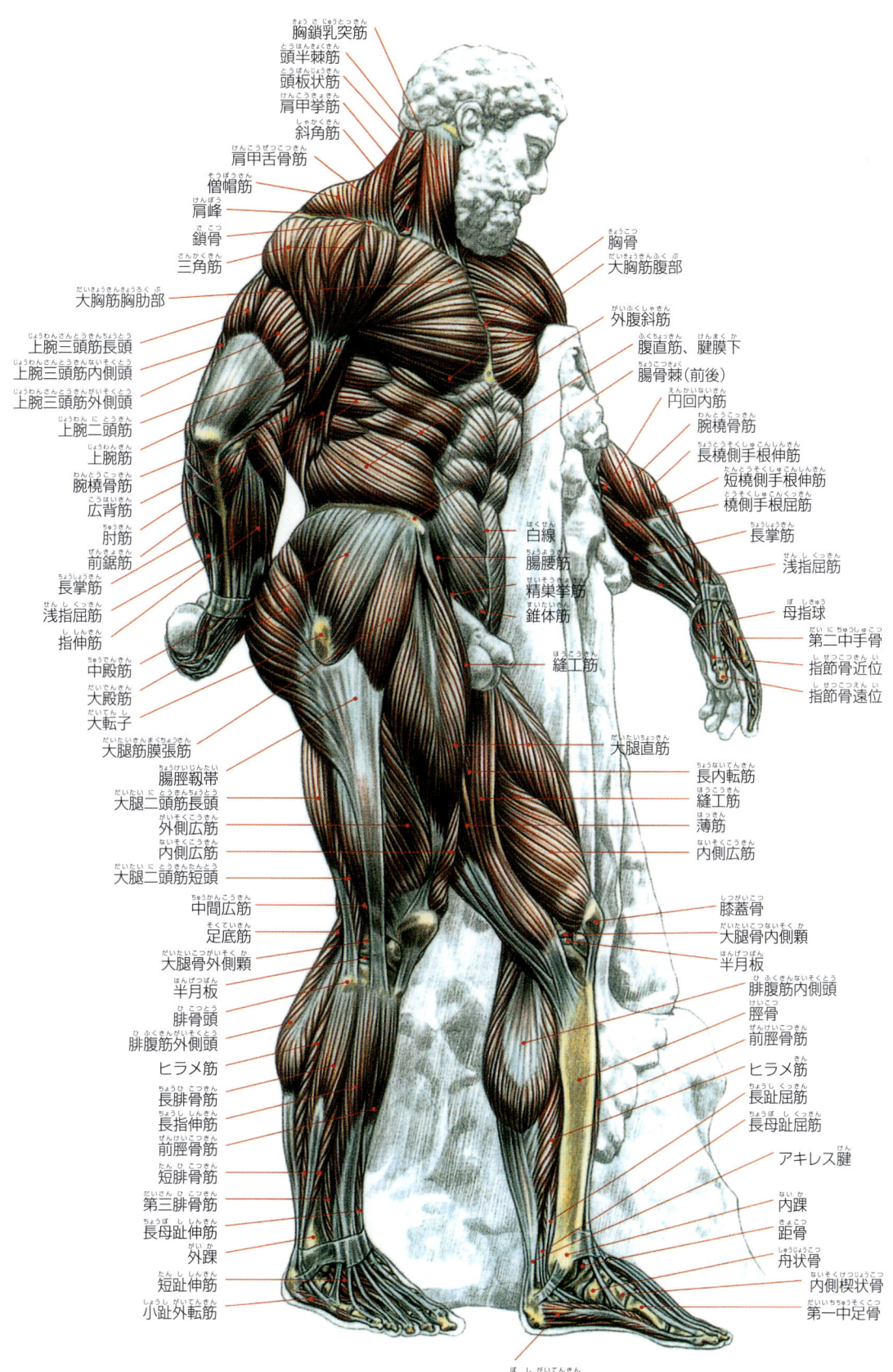

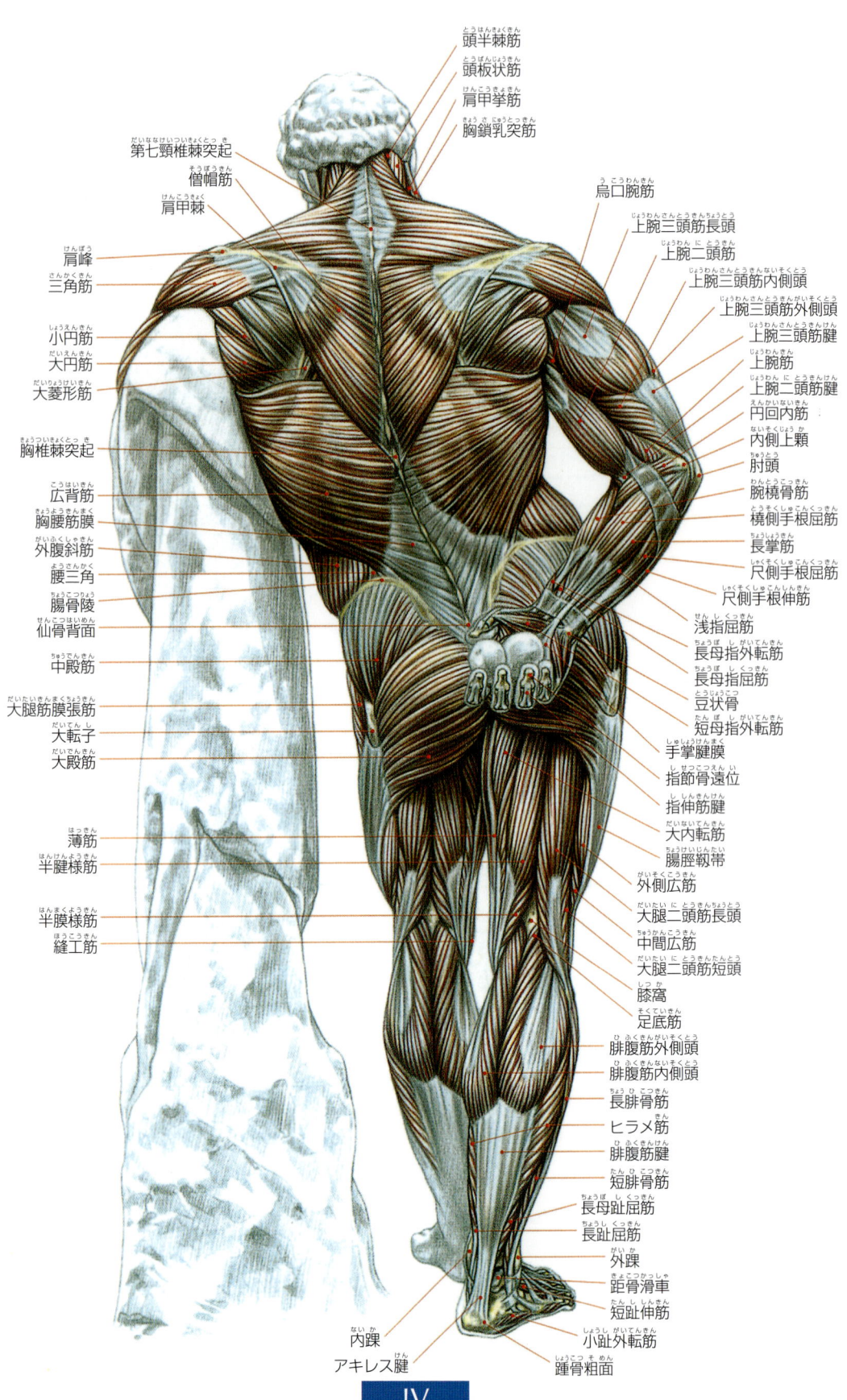

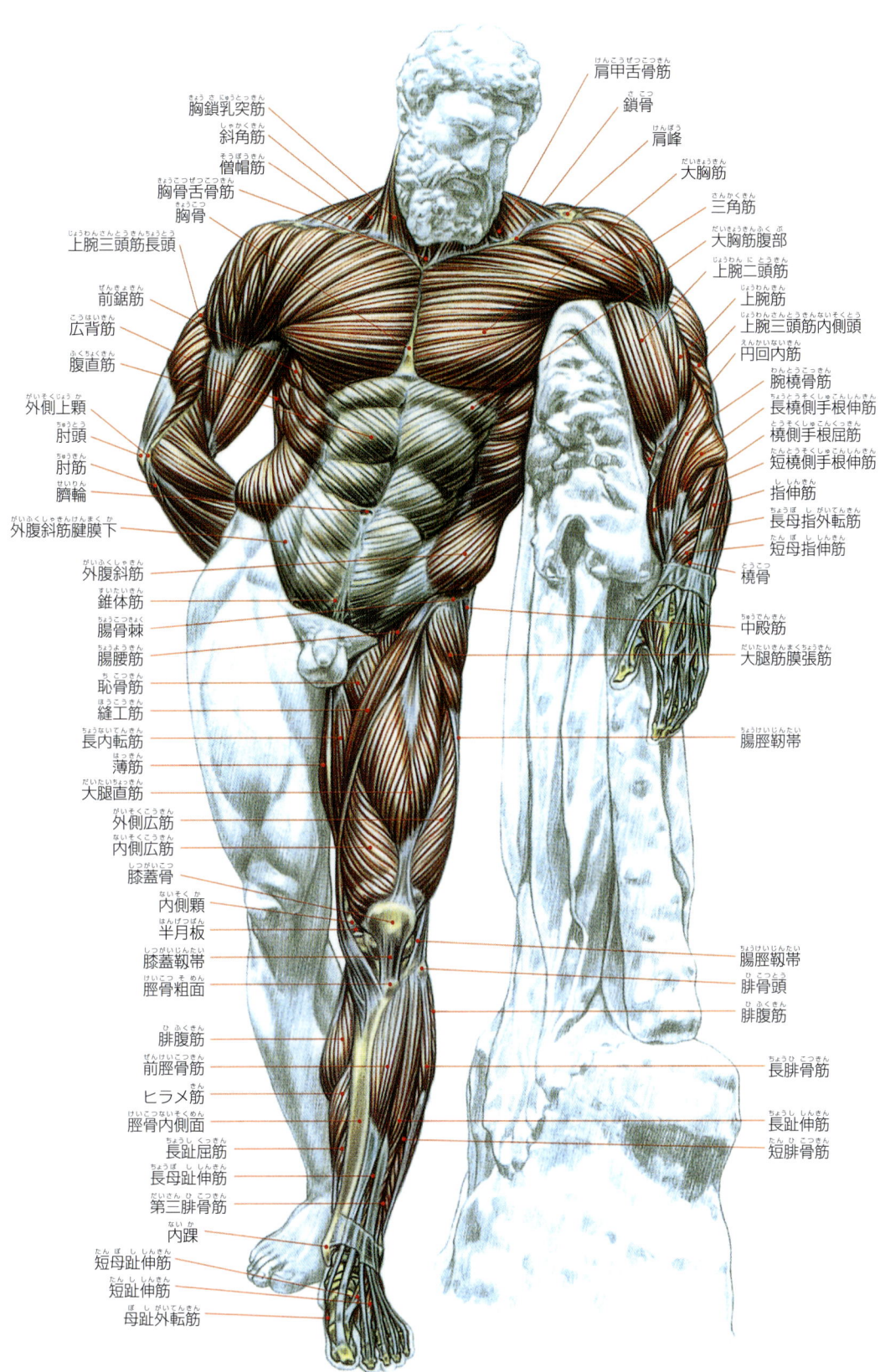

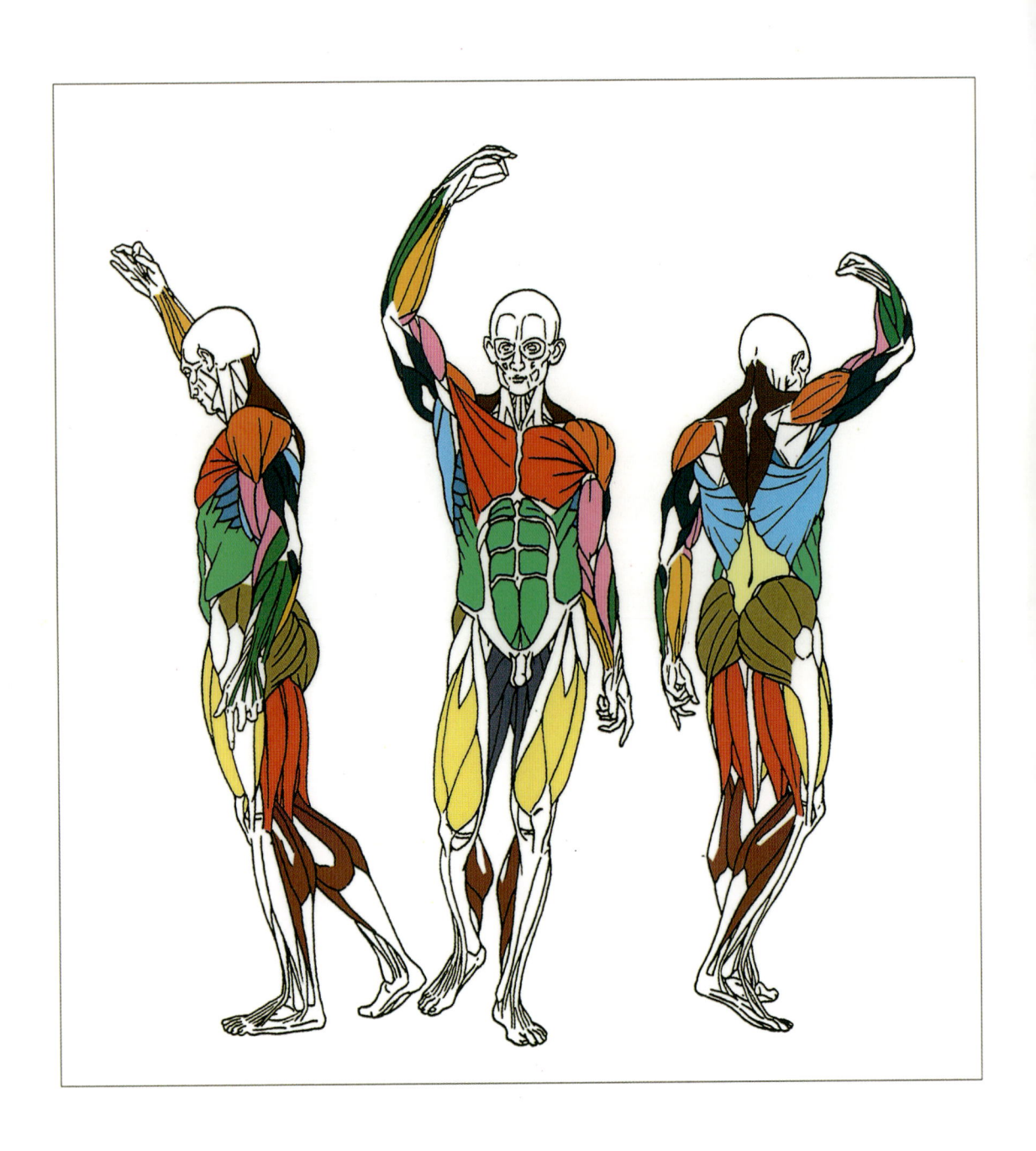

主な筋群

- 🟢 腹筋群
- ⬛ 内転筋群
- 🔵 背筋群
- 🟠 肩部の筋群
- ⬛ 肘関節伸筋群
- 🟢 指伸筋群
- 🟤 殿筋群
- 🟣 肘関節屈筋群
- 🟡 手関節屈筋群
- 🔵 肩甲骨周囲筋群
- 🟥 ハムストリングス
- 🟡 腰部の筋群
- 🟫 下腿の筋群
- 🟧 胸部の筋群
- 🟨 大腿の四頭筋
- ⬛ 僧帽筋

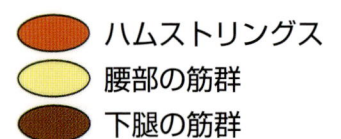

VI

もくじ

口　絵	III～VI
緒　言	VIII
第1章　上腕および前腕	1
第2章　肩部	23
第3章　胸部	41
第4章　背部	57
第5章　脚部	77
第6章　臀部	97
第7章　腹部	107
用語解説	124
監訳者あとがき	126

緒 言

　筋力強化は、今日、スポーツマンのトレーニングにおいて非常に重要なものになっています。専門種目が何であれ、トレーニングのなかのある程度の時間を筋力トレーニングにあてることは今や当たり前ですし、たとえば、「身体モデル」をつくる場合、しばしば強い筋肉をもった男女がモデルとなります。一般的にも、筋肉強化への関心はかなり高まっているといってよいでしょう。

　筋のクオリティーと筋量を高めるには、解剖学と生理学の知識がなくてはなりません。フレデリック・ドラヴィエは、これらの知識を豊富にもっています。彼自身、パワーリフティングを行う一方で、人体解剖学についても非常に深く、厳密に学んできた研究者であるからです。

　彼はその理論と実践能力、そしてまたデッサンの才能によって、私たちにこのすばらしい本を贈ってくれました。この美しい本は、筋力強化を実践する者にとって非常に有用であり、スポーツのコーチにとって、そして体育の教師にとっても不可欠なものとなるでしょう。

レイモンド・トマス
陸上競技および重量挙げの
元フランスチャンピオン、記録保持者、
パリ第5大学教授

1 上腕および前腕

1. アームカール1（片腕肘関節屈曲＋前腕の回旋、肘の挙上）
2. アームカール2（ダンベルを持って肘関節の屈曲、肘関節は大腿に固定）
3. アームカール3（「ハンマーグリップ」でダンベルを持って肘関節の屈曲）
4. アームカール4（ロープーリーを使って肘関節の屈曲）
5. アームカール5（ハイプーリーを使って両腕を左右に伸ばし、肘関節の屈曲）
6. アームカール6（バーベルを使って肘関節の屈曲、回外位）
7. アームカール7（マシンで上腕二頭筋の強化）
8. アームカール8（プリーチャーカールベンチでバーベルを使って肘関節の屈曲）
9. アームカール9（バーベルを使って肘関節の屈曲、回内位）
10. リバース・リストカール（バーベルを使って手関節の伸展）
11. リストカール（バーベルを使って手関節の屈曲）
12. トライセプス1（ハイプーリーを使って上腕三頭筋の強化、回内位）
13. トライセプス2（ハイプーリーを使って上腕三頭筋の強化、回外位）
14. トライセプス3（ハイプーリーを使って片腕の肘関節の伸展、回外位）
15. トライセプス4（ベンチに仰向けになって肘関節の伸展）
16. トライセプス5（仰臥位でダンベルを使って肘関節の伸展）
17. トライセプス6（ダンベルを使って片腕垂直挙上位で肘関節の伸展）
18. トライセプス7（両手でダンベルを持って座位で肘関節の伸展）
19. トライセプス8（座位でバーベルを使って肘関節の伸展）
20. トライセプス9（体幹を前傾させ、ダンベルを使って片腕の肘関節の伸展）
21. トライセプス10（ベンチを2つ使ってプッシュアップ）

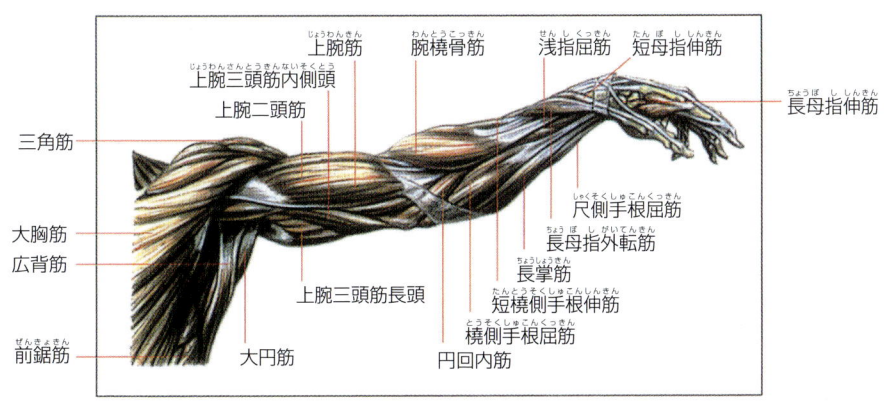

上腕および前腕

1 アームカール１：オルターネイト・ダンベルカール
（片腕肘関節屈曲＋前腕の回旋、肘の挙上）

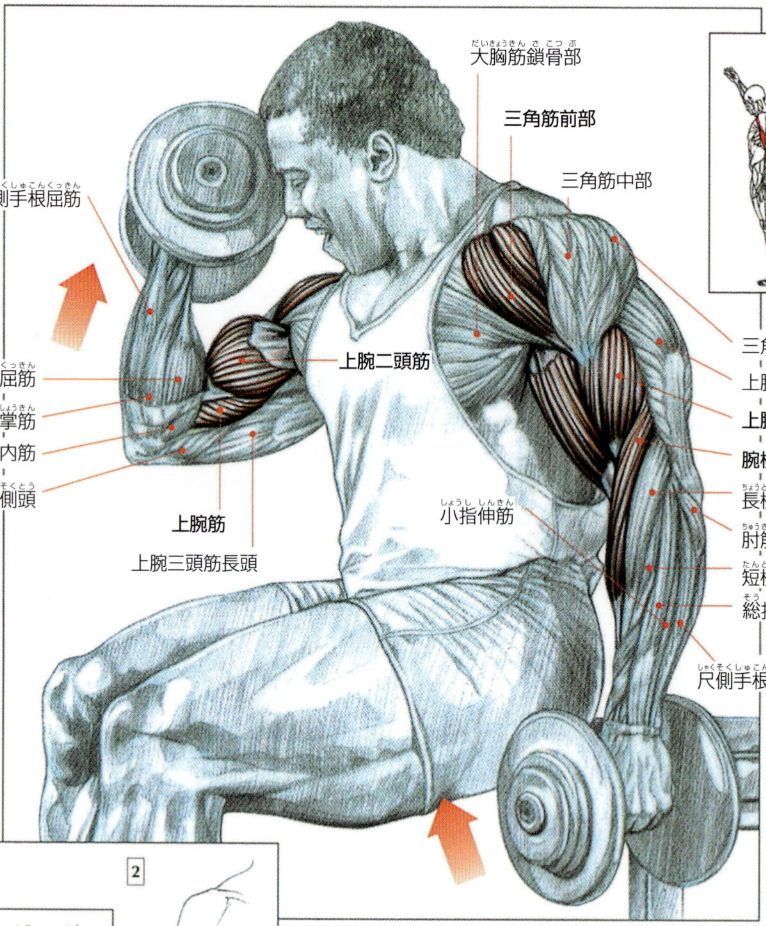

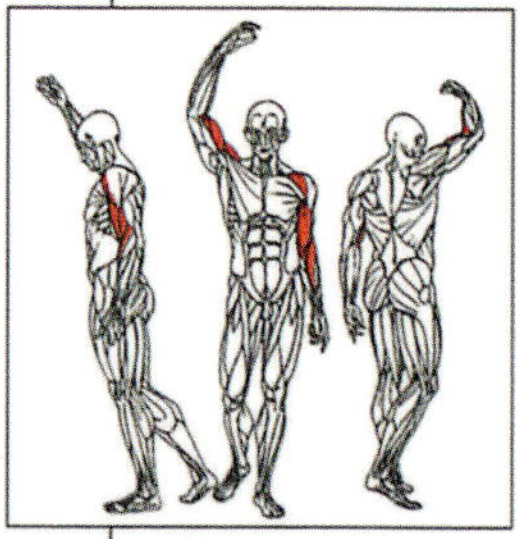

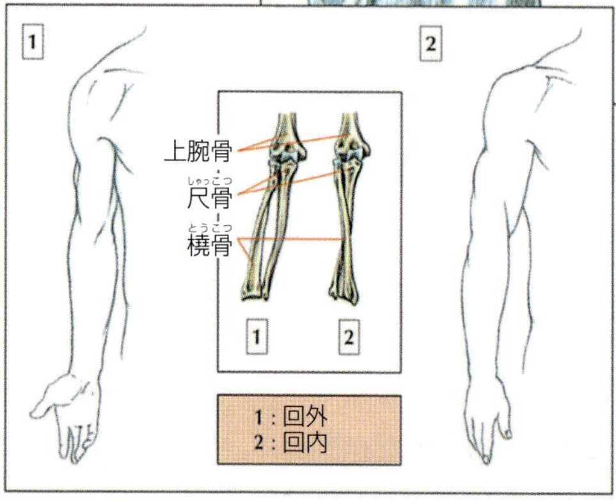

座って、両手にダンベルを持つ。前腕中間位で保持。
☞ 息を吸いながら肘関節を屈曲。前腕を上腕に近づける。前腕が水平に達する前に手を捻って前腕を回旋（前腕中間位から回外）。
☞ 屈曲を終了し、肘を挙上する。動きの最後で息を吐く。
　このエクササイズは、腕橈骨筋、上腕筋、上腕二頭筋、三角筋前部、そしてわずかではあるが、烏口腕筋と大胸筋鎖骨部を刺激する。

備考：バイオメカニクスの面からいえば、このエクササイズは、全体的に上腕二頭筋の機能によって実行されている。上腕二頭筋は、肘関節の屈曲と肘を挙上する動き、そして特に回外に強力に関与する。

ダンベルを持った状態での肘関節の屈曲実行の３段階
1：上腕二頭筋の作用が中心
2：腕橈骨筋の作用
3：主に上腕二頭筋と上腕筋の作用

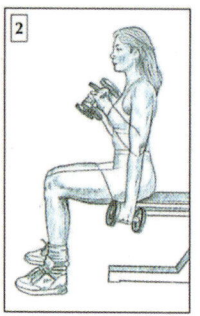

アームカール2：コンセントレーションカール
（ダンベルを持って肘関節の屈曲、肘関節は大腿に固定）

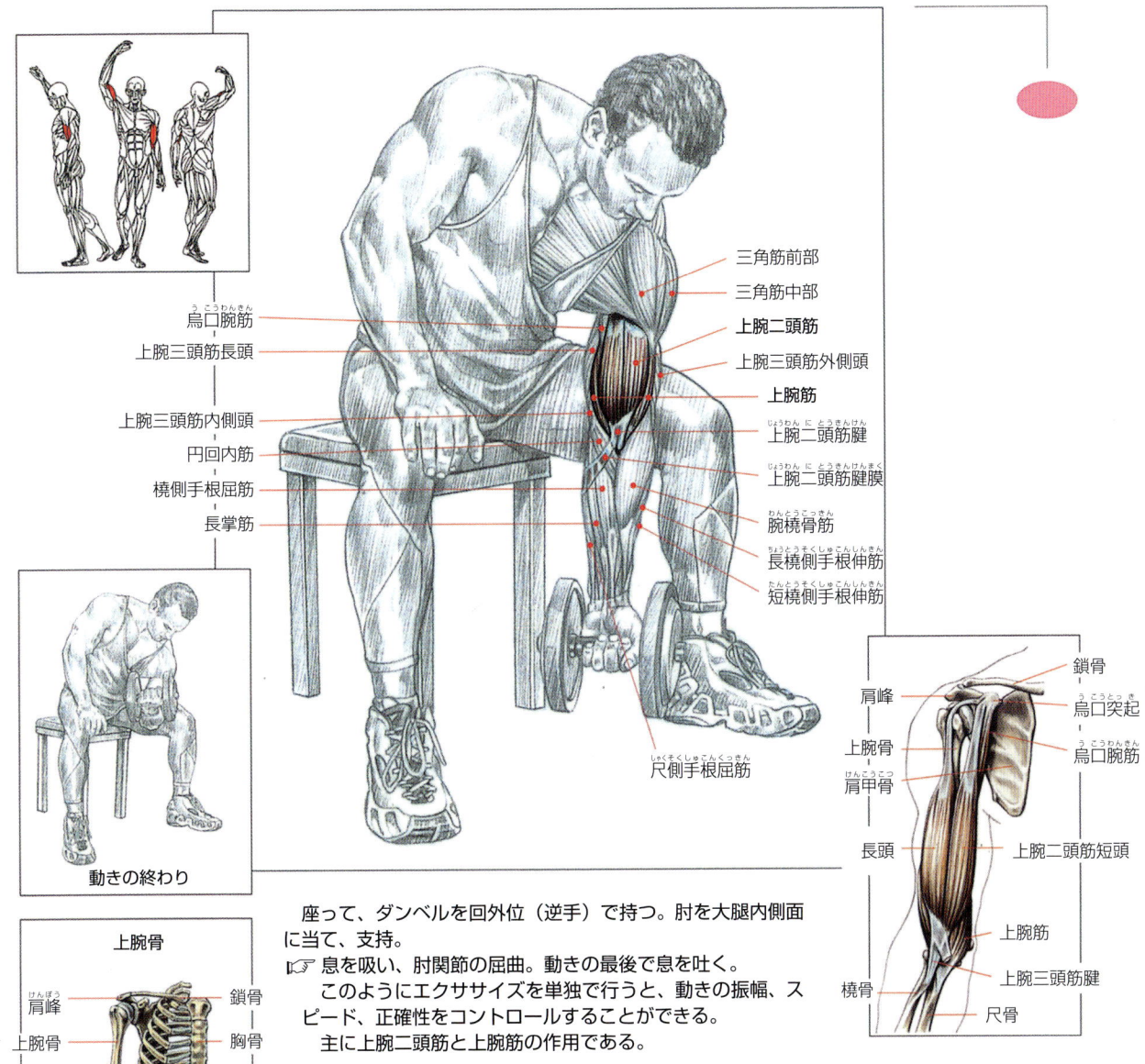

　座って、ダンベルを回外位（逆手）で持つ。肘を大腿内側面に当て、支持。
☞ 息を吸い、肘関節の屈曲。動きの最後で息を吐く。
　このようにエクササイズを単独で行うと、動きの振幅、スピード、正確性をコントロールすることができる。
　主に上腕二頭筋と上腕筋の作用である。

上腕および前腕

3 アームカール3：ハンマーカール
（「ハンマーグリップ」でダンベルを持って肘関節の屈曲）

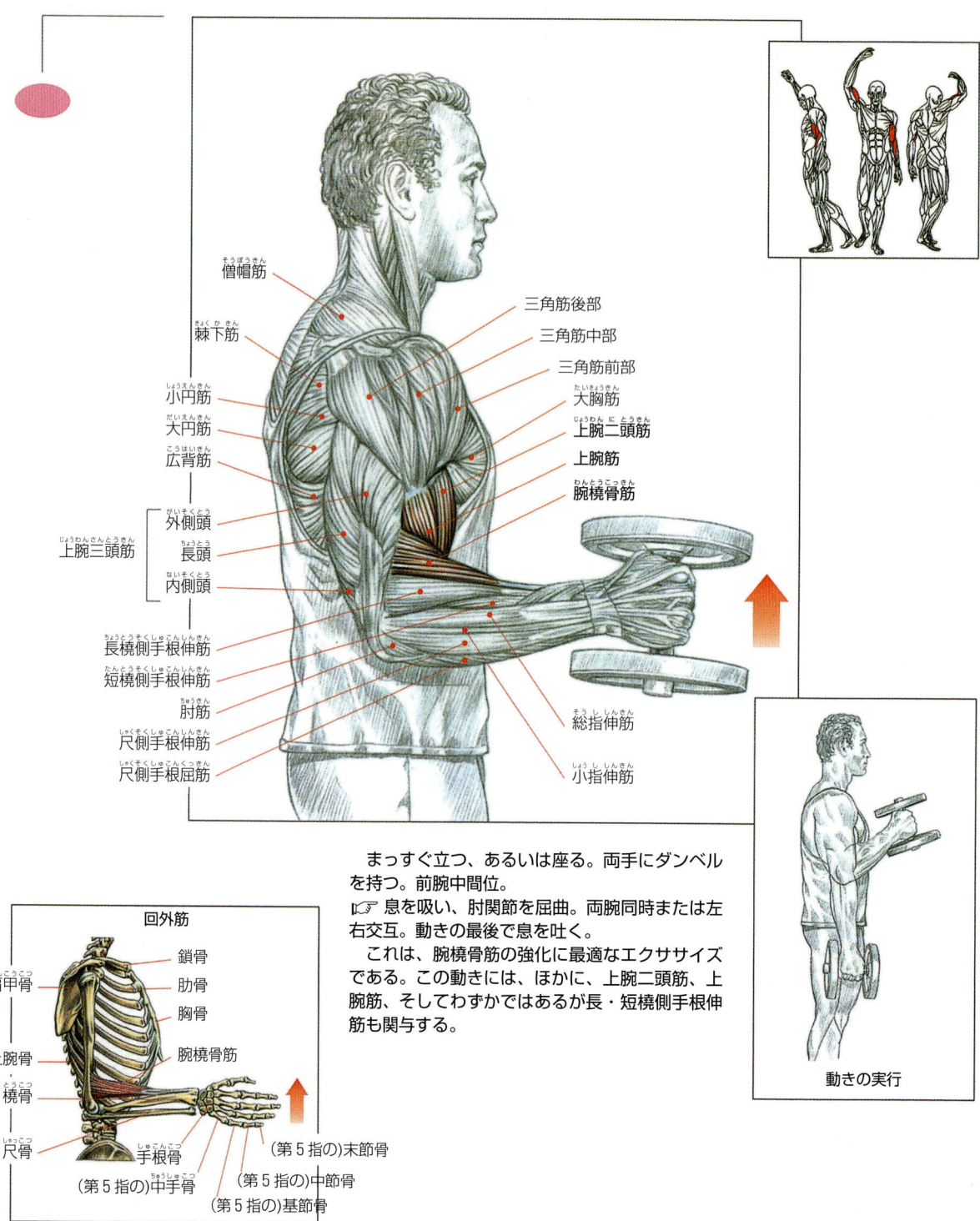

まっすぐ立つ、あるいは座る。両手にダンベルを持つ。前腕中間位。
☞ 息を吸い、肘関節を屈曲。両腕同時または左右交互。動きの最後で息を吐く。

これは、腕橈骨筋の強化に最適なエクササイズである。この動きには、ほかに、上腕二頭筋、上腕筋、そしてわずかではあるが長・短橈側手根伸筋も関与する。

動きの実行

アームカール4：ロープーリーカール
（ロープーリーを使って肘関節の屈曲）

主な筋肉のラベル：
- 頭板状筋
- 胸鎖乳突筋
- 肩甲挙筋
- 僧帽筋
- 斜角筋
- 三角筋
- 大胸筋
- **上腕二頭筋**
- 長掌筋
- 棘下筋
- 小円筋
- 大円筋
- 上腕三頭筋
- 広背筋
- 短母指伸筋
- 長母指外転筋
- (総)指伸筋
- **上腕筋**
- 長橈側手根伸筋
- 肘筋
- 短橈側手根伸筋
- 腕橈骨筋

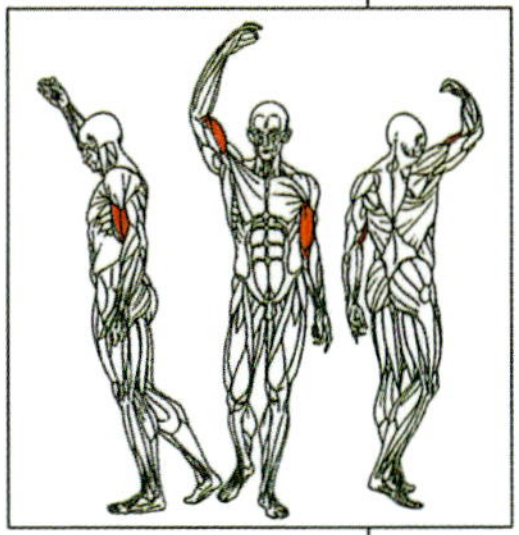

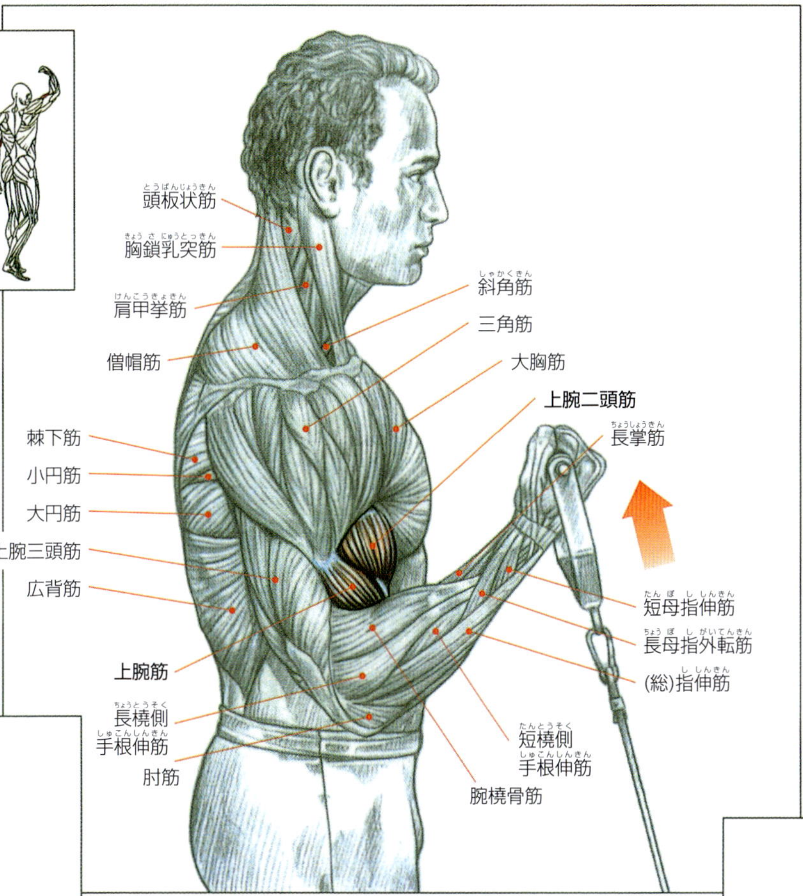

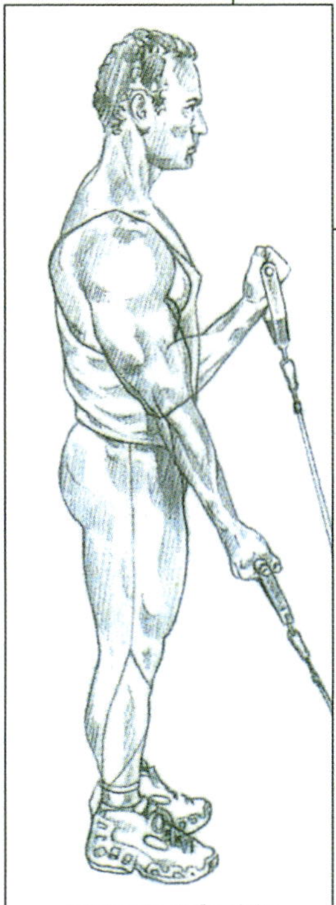

マシンの正面にまっすぐ立つ。回外位でグリップを握る。
☞ 息を吸って、肘関節を屈曲し、動きの最後で息を吐く。
このエクササイズは上腕二頭筋の作用を取り出すことができ、この筋を積極的にパンプアップすることができる。

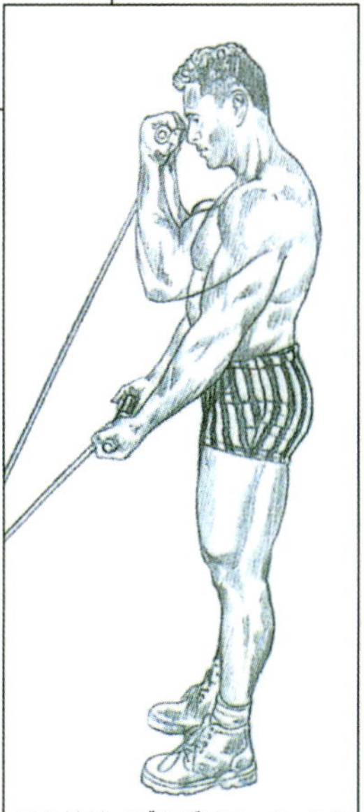

エクササイズの実行

エクササイズのバリエーション：
両手でカール

上腕および前腕

5 アームカール5：ダブル・ハイプーリーカール
（ハイプーリーを使って両腕を左右に伸ばし、肘関節の屈曲）

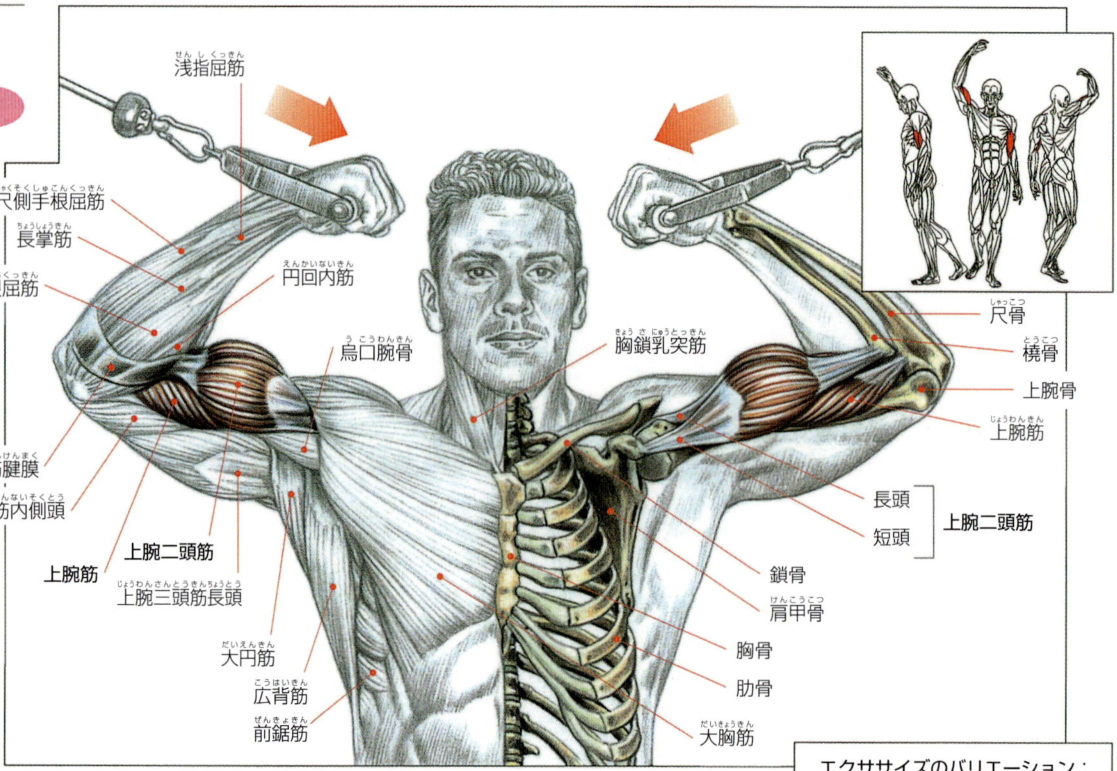

2台のプーリーの中央に立つ。両腕を広げ、ハイプーリーを回外位で握る。
☞ 息を吸い、肘関節を屈曲。動きの最後で息を吐く。

このエクササイズは、上肢のトレーニングの仕上げとして非常によく使われる種目である。これは上腕二頭筋、主に長頭を作用させる。両腕を左右に開いたポジションにしてあらかじめ伸展させた位置から開始する。肘関節屈曲に関与する上腕筋も刺激される。

このエクササイズは絶対に重い重量で行ってはいけない。重要なのは意識を集中して上腕の内側頭の収縮を感じることである。長く続けるとよい効果が得られる。

エクササイズのバリエーション：片手で行う

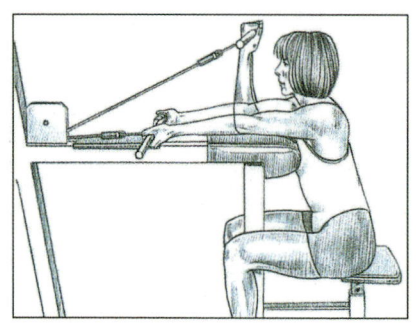

アトラスプーリーを使った肘関節の屈曲も、上腕二頭筋をパンプアップさせるのに適したエクササイズである。

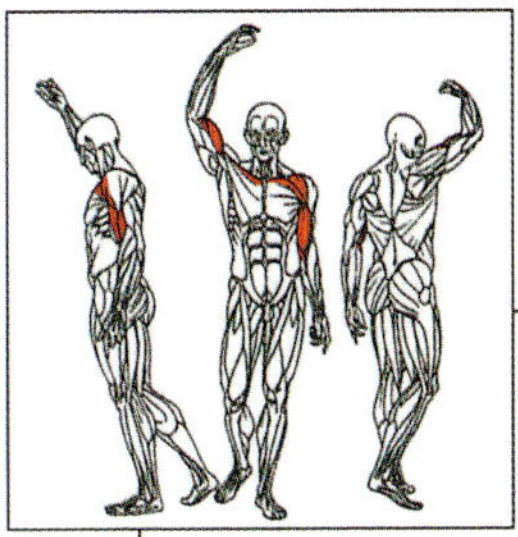

アームカール6：バーベルカール
（バーベルを使って肘関節の屈曲、回外位）

背筋を伸ばして立ち、回外位でバーベルを握る。肩幅よりも少し広め。
☞ 息を吸い、肘を屈曲する。殿筋、腹筋、背筋をアイソメトリックで収縮させ、胸部は動かさないよう注意する。
　このエクササイズは、主に上腕二頭筋と上腕筋を刺激し、またわずかではあるが、腕橈骨筋、円回内筋、そして手関節および指の屈曲も関与する。

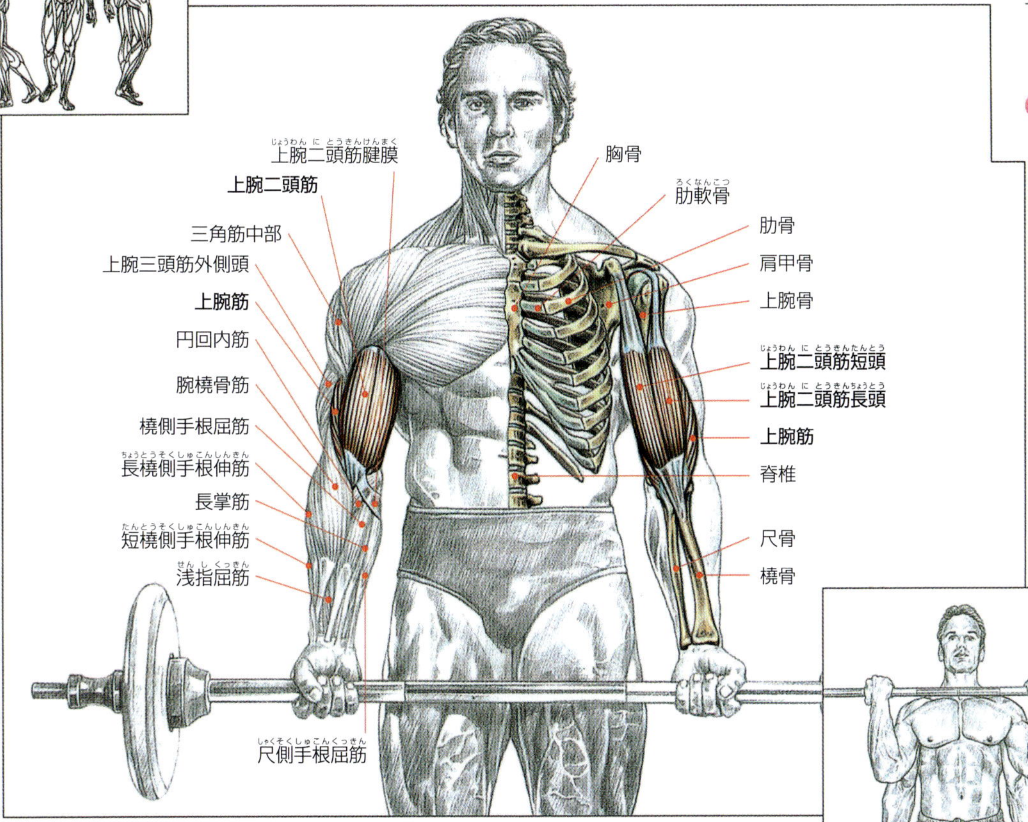

バリエーション：両手の握りの幅を変えることにより、
☞ 幅を広げる→上腕二頭筋短頭
☞ 幅を狭める→上腕二頭筋長頭
を、より強く刺激することができる。
　屈曲の最後で肘を挙上することにより、上腕二頭筋の収縮をさらに高め、また三角筋前部を刺激する。
　この屈曲は、背を壁にもたせかけ肩甲骨を離さないようにすることによって、厳密に肘の屈曲のみを取り出して行うことができる。要するに、より力を使って重い重量を挙げるためには、胸を前から後ろに引くことでバーにはずみをつけているのである。しかし、このテクニックは、ケガをしないよう慎重に行わなくてはならない。また、腹筋と腰部の背筋がしっかりと強化されている必要がある。

バーを使って肘関節の屈曲
握りを狭くすると：主に上腕二頭筋長頭の作用
握りを広くすると：主に上腕二頭筋短頭の作用

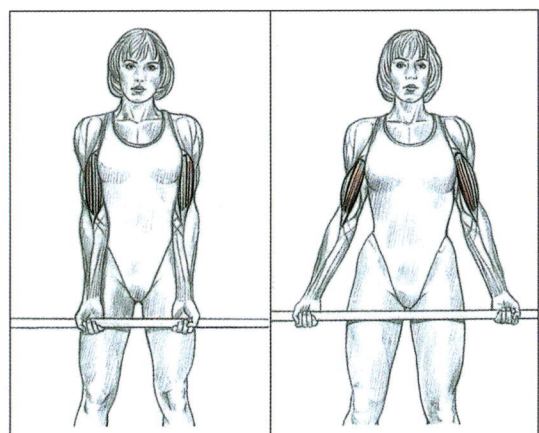
動きの実行

上腕および前腕

7 アームカール7：マシンカール
（マシンで上腕二頭筋の強化）

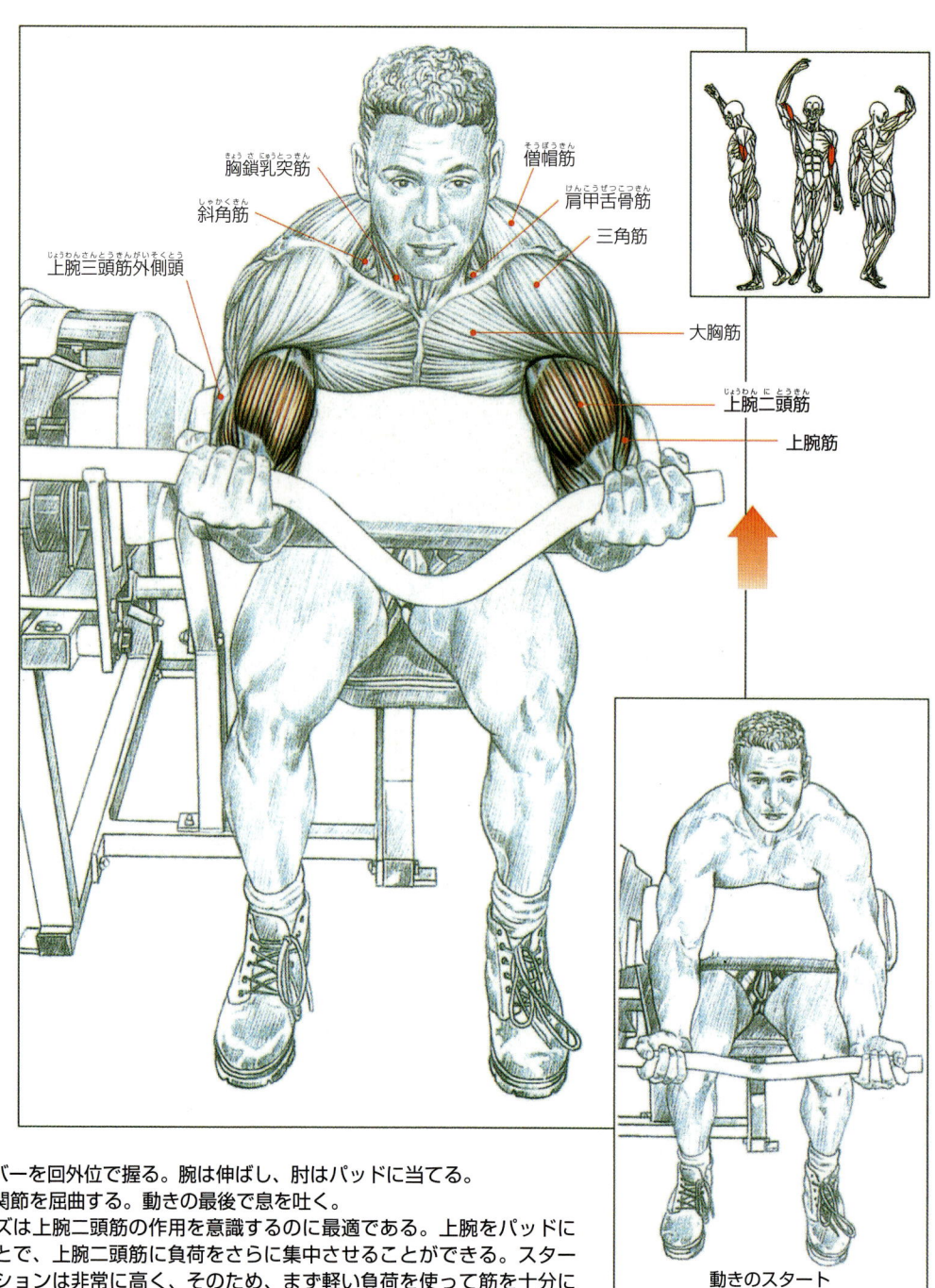

マシンに座り、バーを回外位で握る。腕は伸ばし、肘はパッドに当てる。
☞ 息を吸い、肘関節を屈曲する。動きの最後で息を吐く。

　このエクササイズは上腕二頭筋の作用を意識するのに最適である。上腕をパッドに当てて固定することで、上腕二頭筋に負荷をさらに集中させることができる。スタート時の筋へのテンションは非常に高く、そのため、まず軽い負荷を使って筋を十分に温めておかなくてはならない。また、腱炎を予防するために、腕を完全に伸ばしきらないよう注意する。

　この動きには、上腕筋も作用する。またわずかではあるが、腕橈骨筋と円回内筋も作用する。

上腕および前腕

アームカール 8：プリーチャーカール
（プリーチャーカールベンチでバーベルを使って肘関節の屈曲） 8

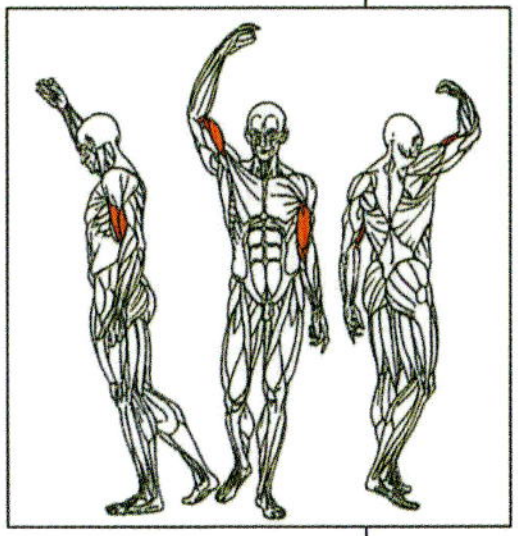

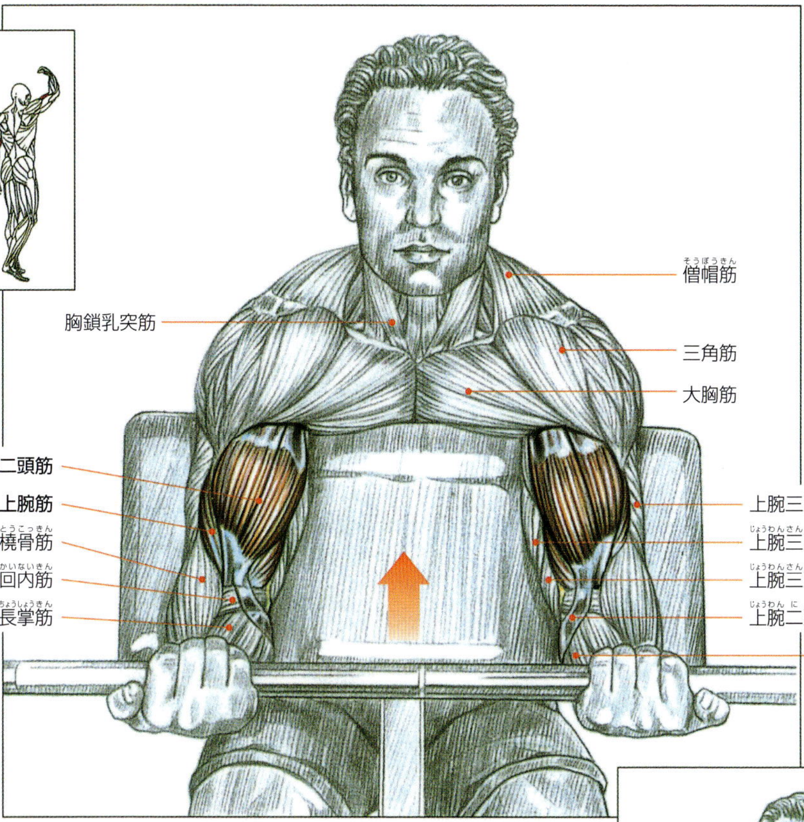

座位または立位。腕はプリーチャーカールベンチに乗せる。
☞ 息を吸い、肘関節を屈曲。動きの最後で息を吐く。
この動きは、上腕二頭筋の作用を取り出すのに適した動きの一つである。

注意：ベンチに傾斜がついているため、腕を完全に伸展させてしまうと非常に高いテンションがかかる。したがって、筋をあらかじめ十分に温めておくこと、そしてはじめのうちは中程度の負荷を使うようにする。

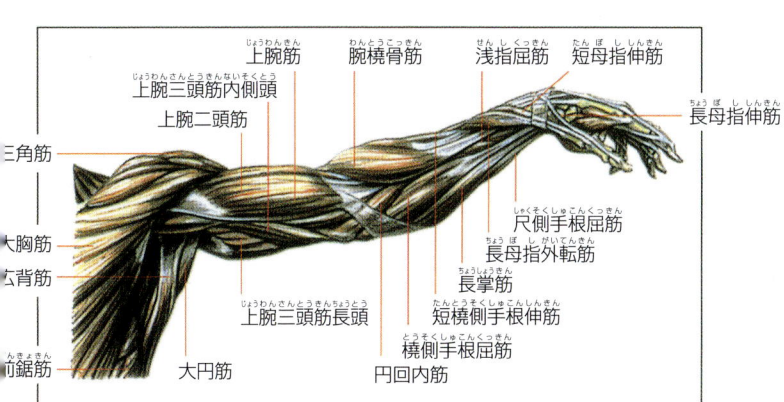

エクササイズの実行

上腕および前腕

9 アームカール9：リバース・バーベルカール
（バーベルを使って肘関節の屈曲、回内位）

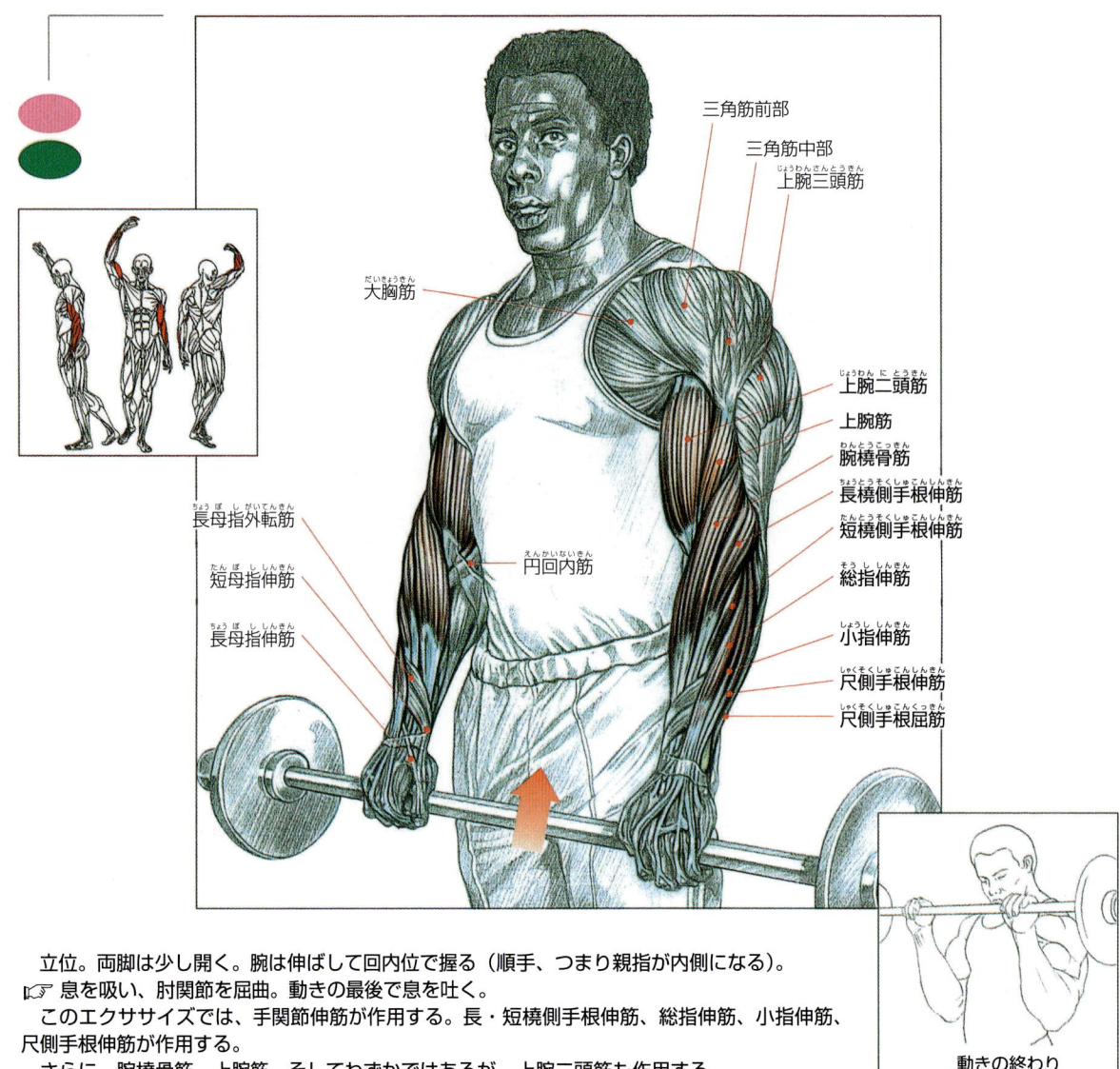

立位。両脚は少し開く。腕は伸ばして回内位で握る（順手、つまり親指が内側になる）。
☞ 息を吸い、肘関節を屈曲。動きの最後で息を吐く。
　このエクササイズでは、手関節伸筋が作用する。長・短橈側手根伸筋、総指伸筋、小指伸筋、尺側手根伸筋が作用する。
　さらに、腕橈骨筋、上腕筋、そしてわずかではあるが、上腕二頭筋も作用する。

リバース・リストカール
（バーベルを使って手関節の伸展）10

解剖図ラベル（左側、上から）:
- 橈側手根屈筋
- 長橈側手根伸筋
- 短橈側手根伸筋
- 総指伸筋
- 長母指外転筋
- 短母指伸筋
- 長母指屈筋
- 浅指屈筋
- 長母指外転筋
- 示指伸筋
- 第一背側骨間筋
- 腕橈骨筋

解剖図ラベル（右側、上から）:
- 上腕骨
- 尺骨
- 橈骨
- 長橈側手根伸筋
- 短橈側手根伸筋
- 総指伸筋
- 小指伸筋
- 尺側手根伸筋
- 小指筋
- 中節骨
- 中手骨
- 長掌筋
- 尺側手根屈筋

指伸筋図:
- 上腕骨
- 長橈側手根伸筋
- 指伸筋
- 短橈側手根伸筋
- 小指伸筋
- 尺側手根伸筋
- 内側上顆
- 肘頭
- 尺骨
- 橈骨
- 尺骨頭
- 手根骨
- 中手骨
- 示指伸筋
- 指節骨（基節骨）
- 中節骨
- 末節骨

座って、前腕を大腿の上、またはベンチの上に置く。回内位でバーベルを持ち、手関節は自然に屈曲させる。

☞ 手関節を伸展させる。

このエクササイズでは、長・短橈側手根伸筋、総指伸筋、小指伸筋、ならびに尺側手根伸筋を刺激する。

注意：この動きは、伸筋の筋力低下により弱まった手関節の動きを強化するのに非常に適している。

動きの終わり

上腕および前腕

11 リストカール
（バーベルを使って手関節の屈曲）

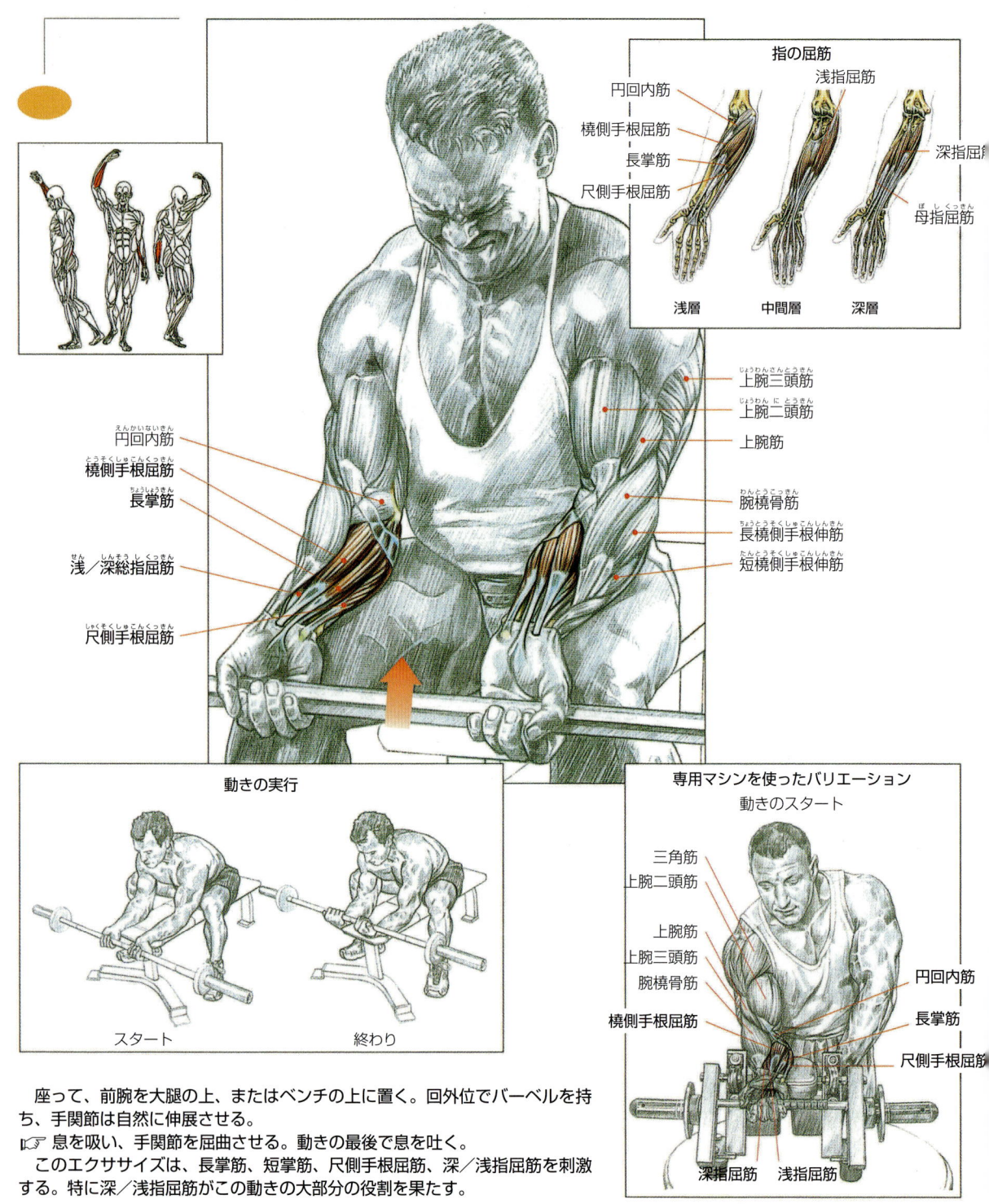

座って、前腕を大腿の上、またはベンチの上に置く。回外位でバーベルを持ち、手関節は自然に伸展させる。

☞ 息を吸い、手関節を屈曲させる。動きの最後で息を吐く。

このエクササイズは、長掌筋、短掌筋、尺側手根屈筋、深/浅指屈筋を刺激する。特に深/浅指屈筋がこの動きの大部分の役割を果たす。

上腕および前腕

トライセプス1：プッシュダウン 12
（ハイプーリーを使って上腕三頭筋の強化、回内位）

筋肉の名称（上から順）：
- 胸鎖乳突筋
- 僧帽筋
- 三角筋
- 棘下筋
- 小円筋
- 大円筋
- 広背筋
- 上腕三頭筋外側頭
- 上腕三頭筋長頭
- 上腕三頭筋内側頭
- 肘頭
- 肘筋
- 大胸筋
- 上腕二頭筋
- 上腕筋
- 腕橈骨筋
- 長橈側手根伸筋
- 短橈側手根伸筋
- 尺側手根屈筋
- 尺側手根伸筋
- 小指伸筋
- 総指伸筋

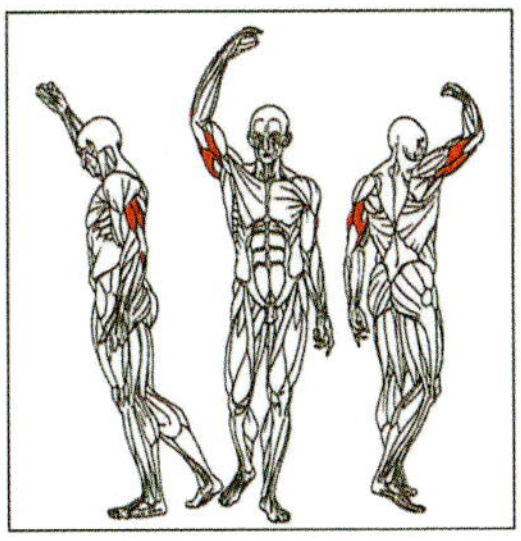

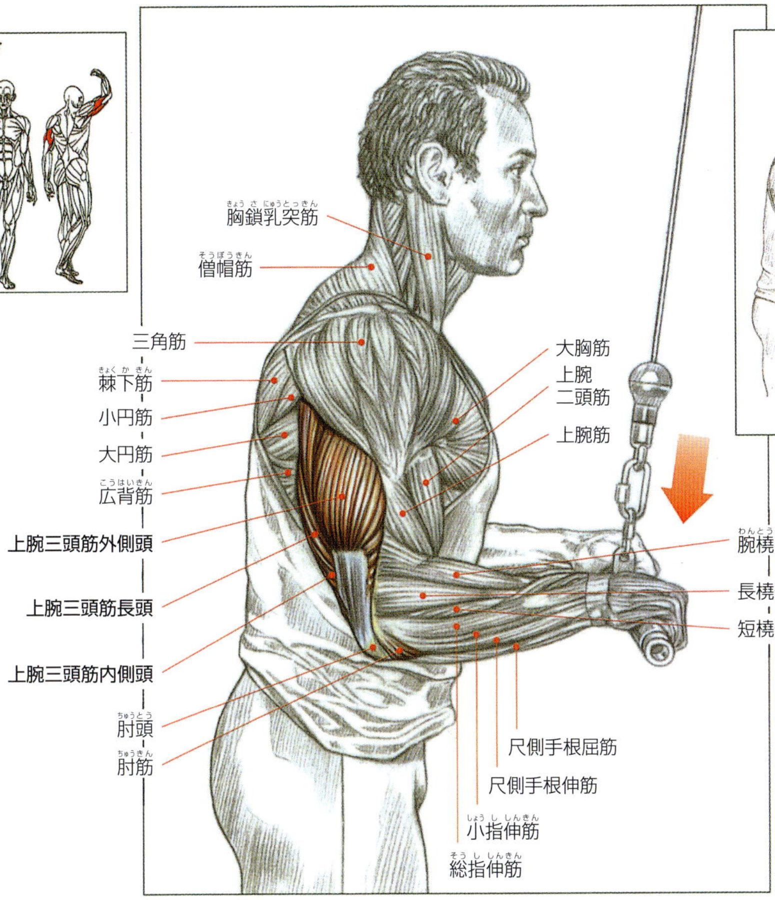

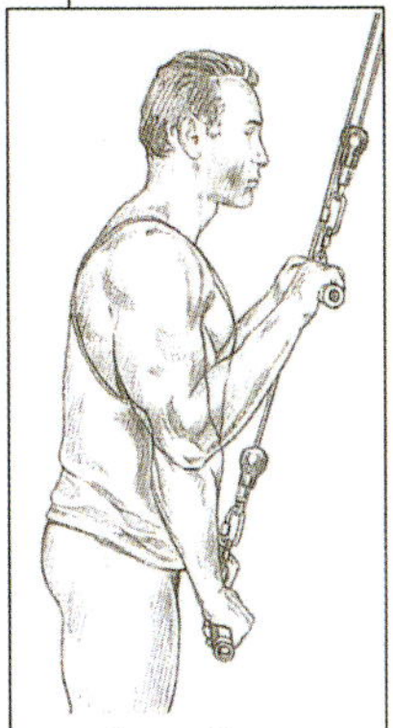

動きの終わり

マシンに向かって立つ。グリップを握り、ロープは身体に沿わせる。

☞ 息を吸って、肘関節の伸展。ロープを身体から離さないように。動きの最後で息を吐く。

このエクササイズでは、上腕三頭筋と肘筋が刺激される。グリップの代わりにロープを使うバリエーションでは、上腕三頭筋の外側頭がより強く刺激される。手を回外位で行うと、上腕三頭筋内側頭の作用となる。

動きの最後で1〜2秒間アイソメトリックの収縮をさせると、筋の作用を感じ取りやすくなる。

重い負荷を使用する場合は、安定させるために上体を前傾させることをすすめる。

このエクササイズは非常に簡単なので、初心者がより複雑な動作に移行するのに必要な筋力を得るために使うことができる。

10〜15回の反復を数セット行うと効果的である。

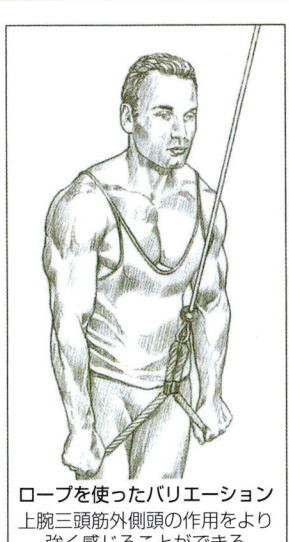

ロープを使ったバリエーション
上腕三頭筋外側頭の作用をより強く感じることができる

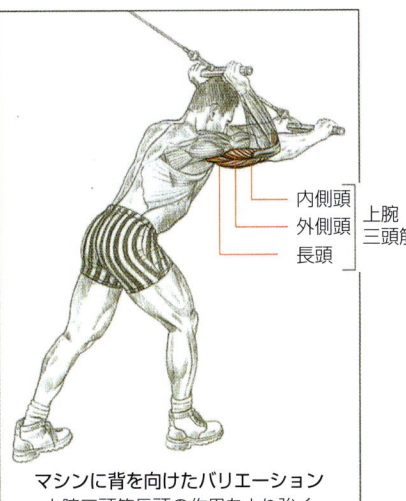

マシンに背を向けたバリエーション
上腕三頭筋長頭の作用をより強く感じることができる

- 内側頭
- 外側頭
- 長頭
- 上腕三頭筋

13 トライセプス2：リバース・プッシュダウン
（ハイプーリーを使って上腕三頭筋の強化、回外位）

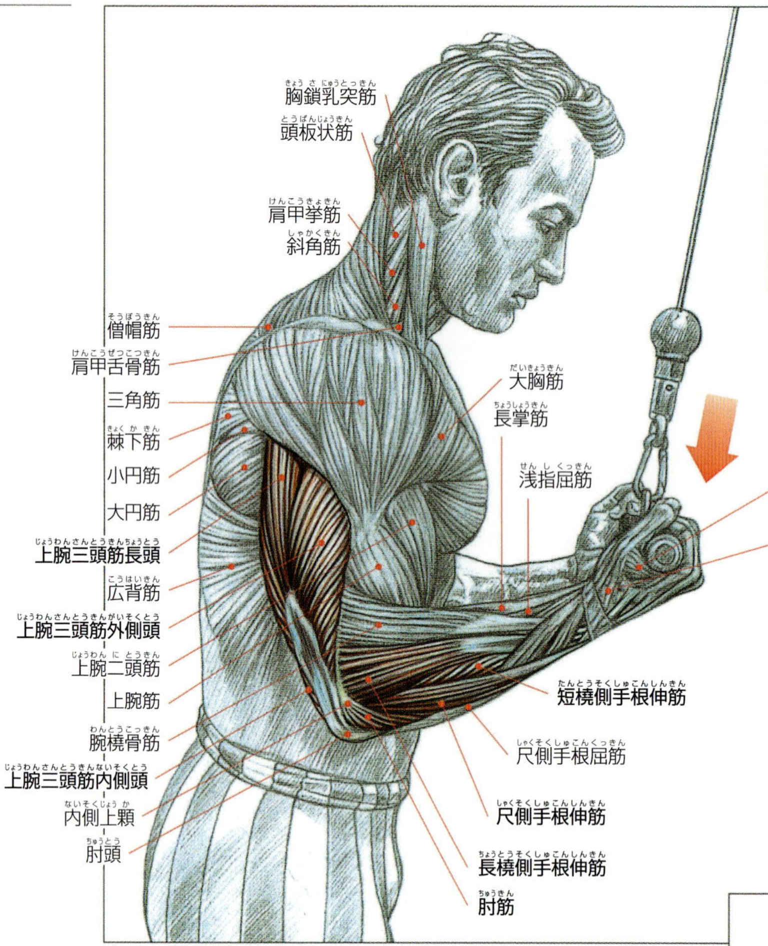

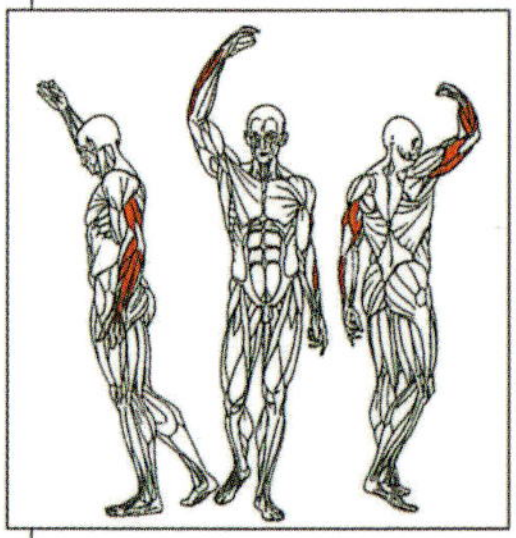

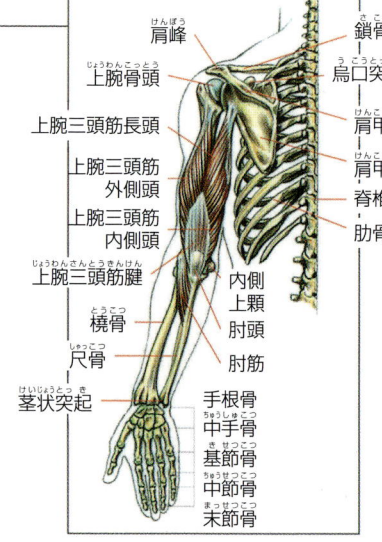

 マシンに向かって立ち、上腕は体側につける。肘関節を屈曲し、グリップを握る。
☞ 息を吸い、肘を身体から離さないようにしつつ肘関節を伸展させる。動きの最後で息を吐く。

 回外位で握るため、重い負荷を使うことはできない。したがって、負荷は軽いものを使って上腕三頭筋を作用させ、特に内側頭の刺激に集中する。肘関節伸展位では、肘筋と指伸筋も刺激される。これらの筋（長・短橈側手根伸筋、指伸筋、尺側手根伸筋）がアイソメトリックで収縮し続けることにより、動きの実行の間を通して手関節がまっすぐに保たれる。

上腕および前腕

トライセプス 3：ワンアーム・リバース・プッシュダウン
（ハイプーリーを使って片腕の肘関節の伸展、回外位） 14

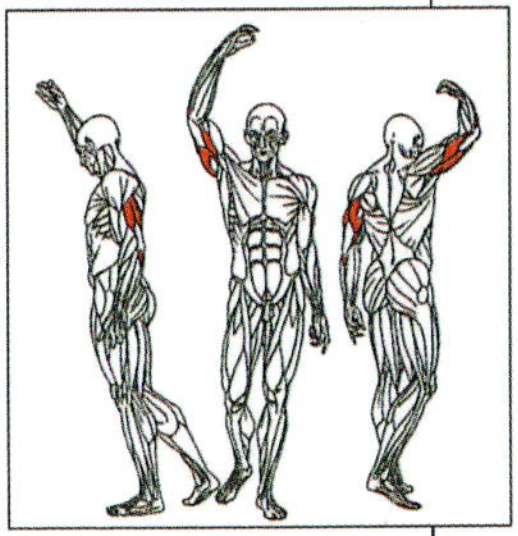

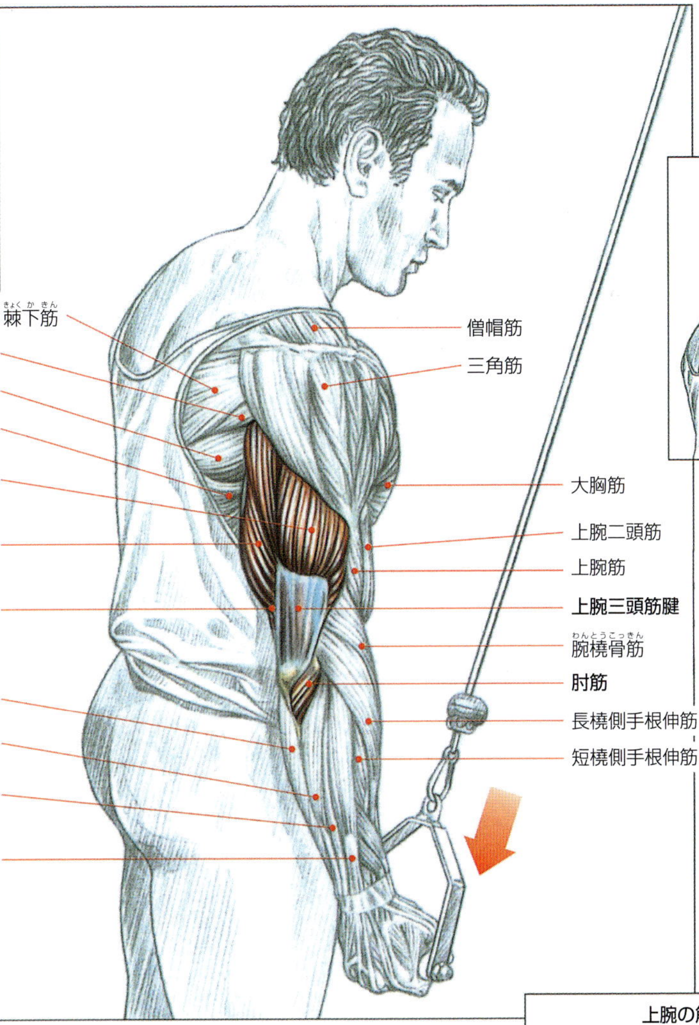

動きのスタート

棘下筋
小円筋
大円筋
広背筋
上腕三頭筋外側頭
上腕三頭筋長頭
上腕三頭筋内側頭
尺側手根屈筋
尺側手根伸筋
小指伸筋
総指伸筋

僧帽筋
三角筋
大胸筋
上腕二頭筋
上腕筋
上腕三頭筋腱
腕橈骨筋
肘筋
長橈側手根伸筋
短橈側手根伸筋

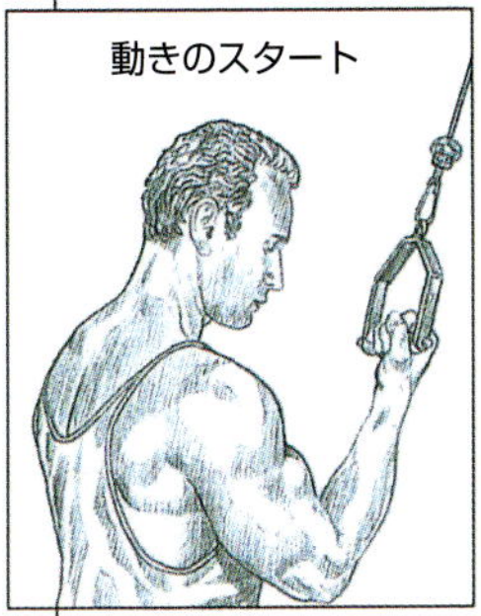

マシンに向かって立ち、グリップを回外位で握る。
☞ 息を吸い、肘関節を伸展させる。動きの最後で息を吐く。このエクササイズでは上腕三頭筋、特に内側頭が作用する。

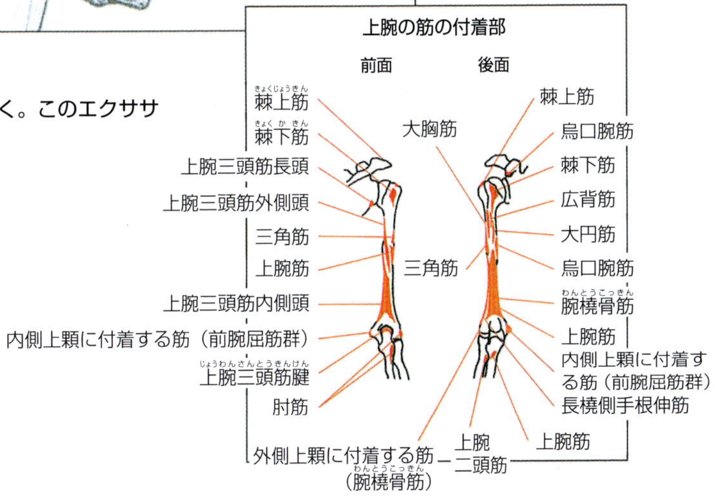

上腕の筋の付着部
前面　　　　後面

棘上筋
棘下筋
上腕三頭筋長頭
上腕三頭筋外側頭
三角筋
上腕筋
上腕三頭筋内側頭
内側上顆に付着する筋（前腕屈筋群）
上腕三頭筋腱
肘筋
外側上顆に付着する筋（腕橈骨筋）

大胸筋
三角筋

棘上筋
烏口腕筋
棘下筋
広背筋
大円筋
烏口腕筋
腕橈骨筋
上腕筋
内側上顆に付着する筋（前腕屈筋群）
長橈側手根伸筋
上腕二頭筋
上腕筋

15　トライセプス4：ライイング・トライセプスエクステンション
（ベンチに仰向けになって肘関節の伸展）

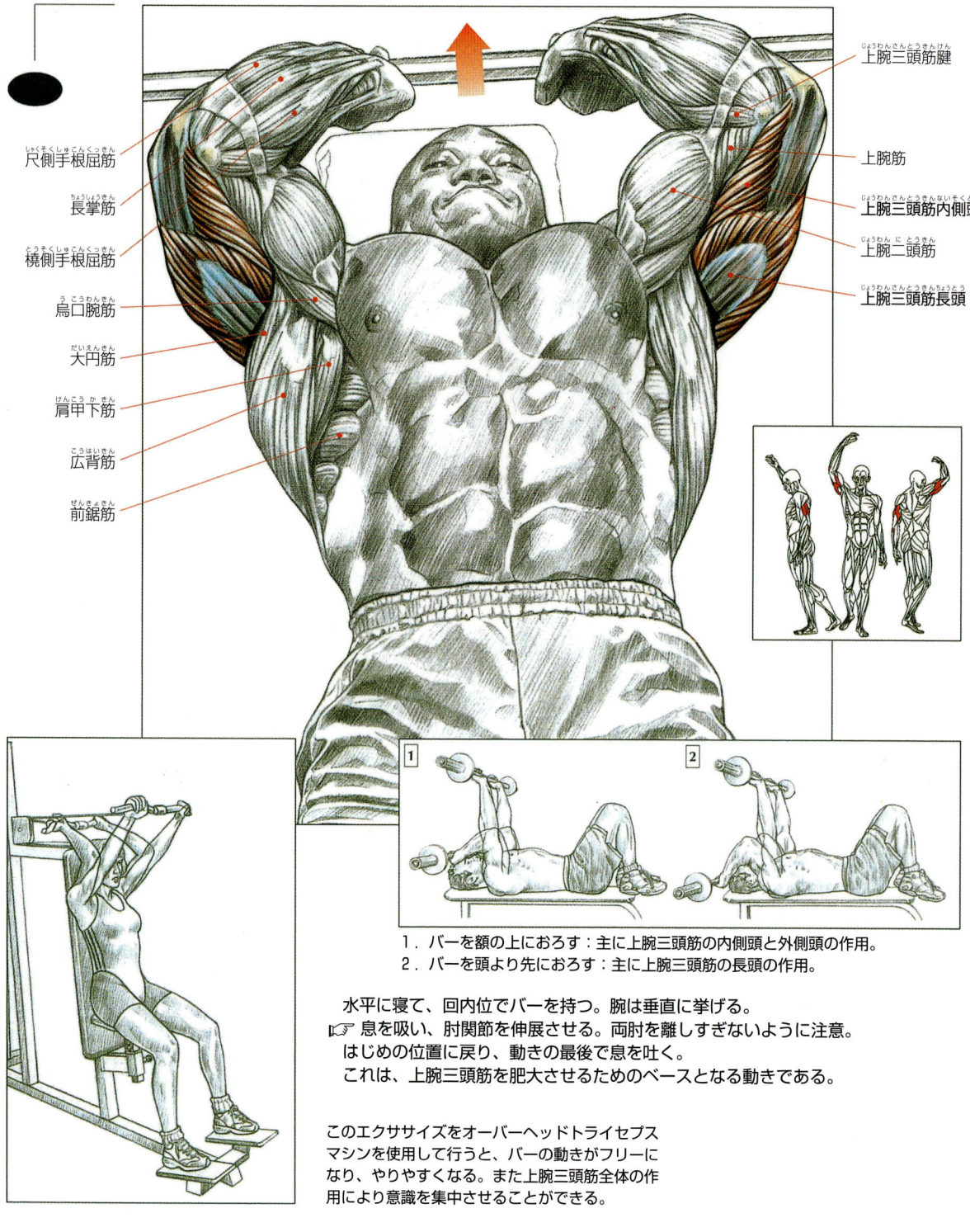

尺側手根屈筋
長掌筋
橈側手根屈筋
烏口腕筋
大円筋
肩甲下筋
広背筋
前鋸筋

上腕三頭筋腱
上腕筋
上腕三頭筋内側頭
上腕二頭筋
上腕三頭筋長頭

1．バーを額の上におろす：主に上腕三頭筋の内側頭と外側頭の作用。
2．バーを頭より先におろす：主に上腕三頭筋の長頭の作用。

水平に寝て、回内位でバーを持つ。腕は垂直に挙げる。
☞ 息を吸い、肘関節を伸展させる。両肘を離しすぎないように注意。
　はじめの位置に戻り、動きの最後で息を吐く。
　これは、上腕三頭筋を肥大させるためのベースとなる動きである。

このエクササイズをオーバーヘッドトライセプス
マシンを使用して行うと、バーの動きがフリーに
なり、やりやすくなる。また上腕三頭筋全体の作
用により意識を集中させることができる。

トライセプス 5：ライイング・ダンベル・トライセプスエクステンション
（仰臥位でダンベルを使って肘関節の伸展） 16

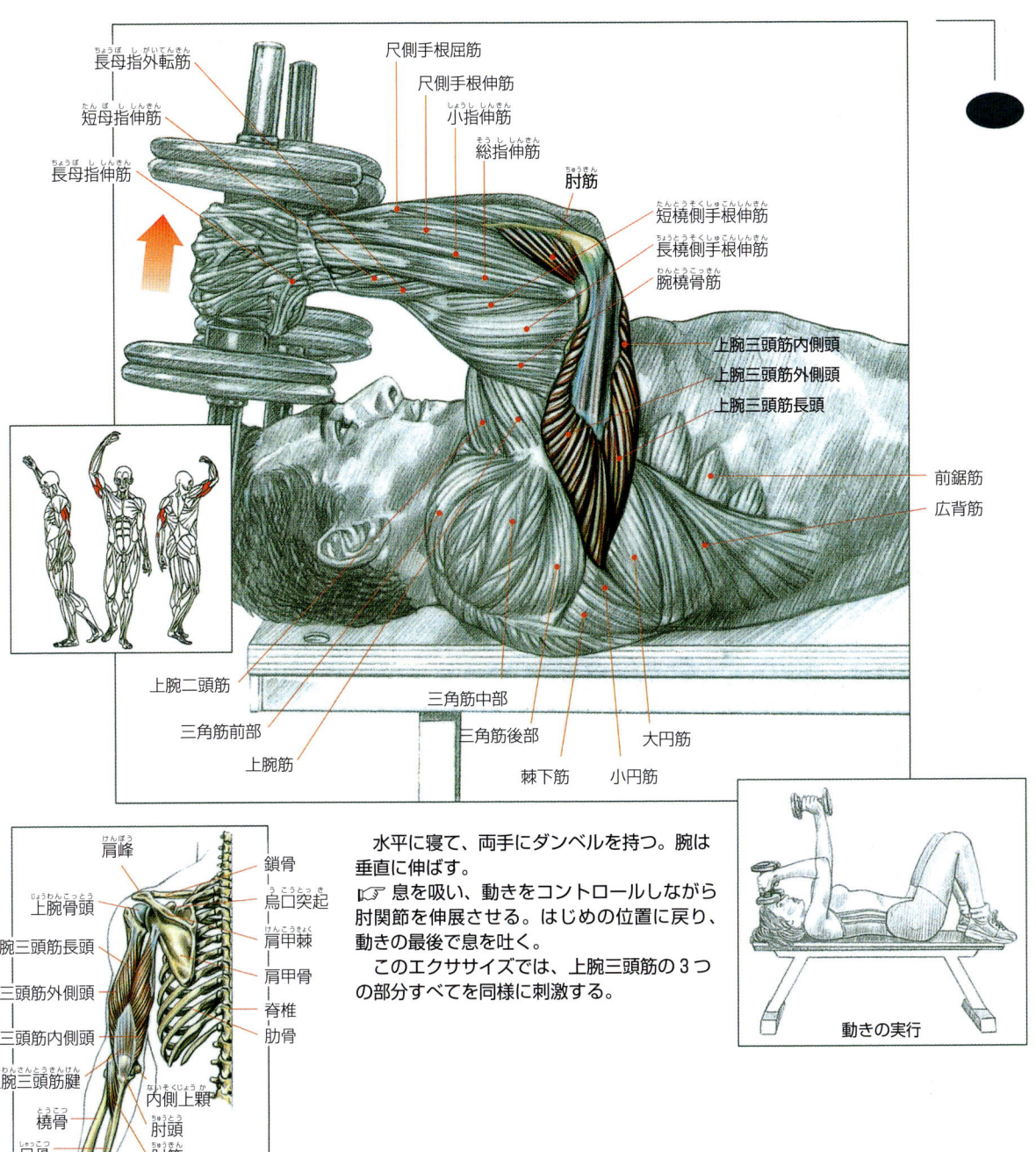

水平に寝て、両手にダンベルを持つ。腕は垂直に伸ばす。

☞ 息を吸い、動きをコントロールしながら肘関節を伸展させる。はじめの位置に戻り、動きの最後で息を吐く。

このエクササイズでは、上腕三頭筋の3つの部分すべてを同様に刺激する。

17 トライセプス6：ワンアーム・ダンベル・トライセプスエクステンション
（ダンベルを使って片腕垂直挙上位で肘関節の伸展）

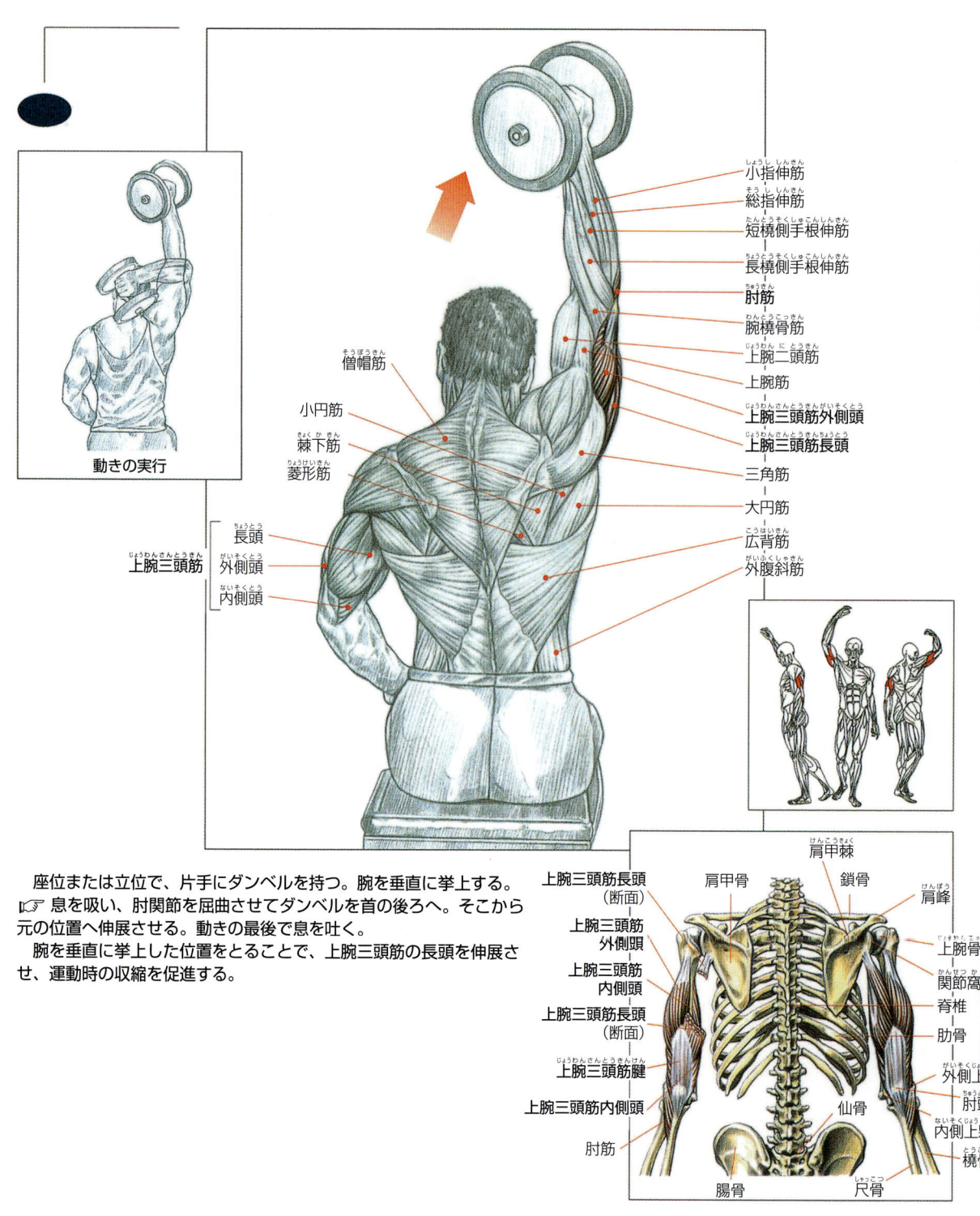

座位または立位で、片手にダンベルを持つ。腕を垂直に挙上する。
☞ 息を吸い、肘関節を屈曲させてダンベルを首の後ろへ。そこから元の位置へ伸展させる。動きの最後で息を吐く。
　腕を垂直に挙上した位置をとることで、上腕三頭筋の長頭を伸展させ、運動時の収縮を促進する。

トライセプス7：シーティッド・ダンベル・トライセプスエクステンション
（両手でダンベルを持って座位で肘関節の伸展） 18

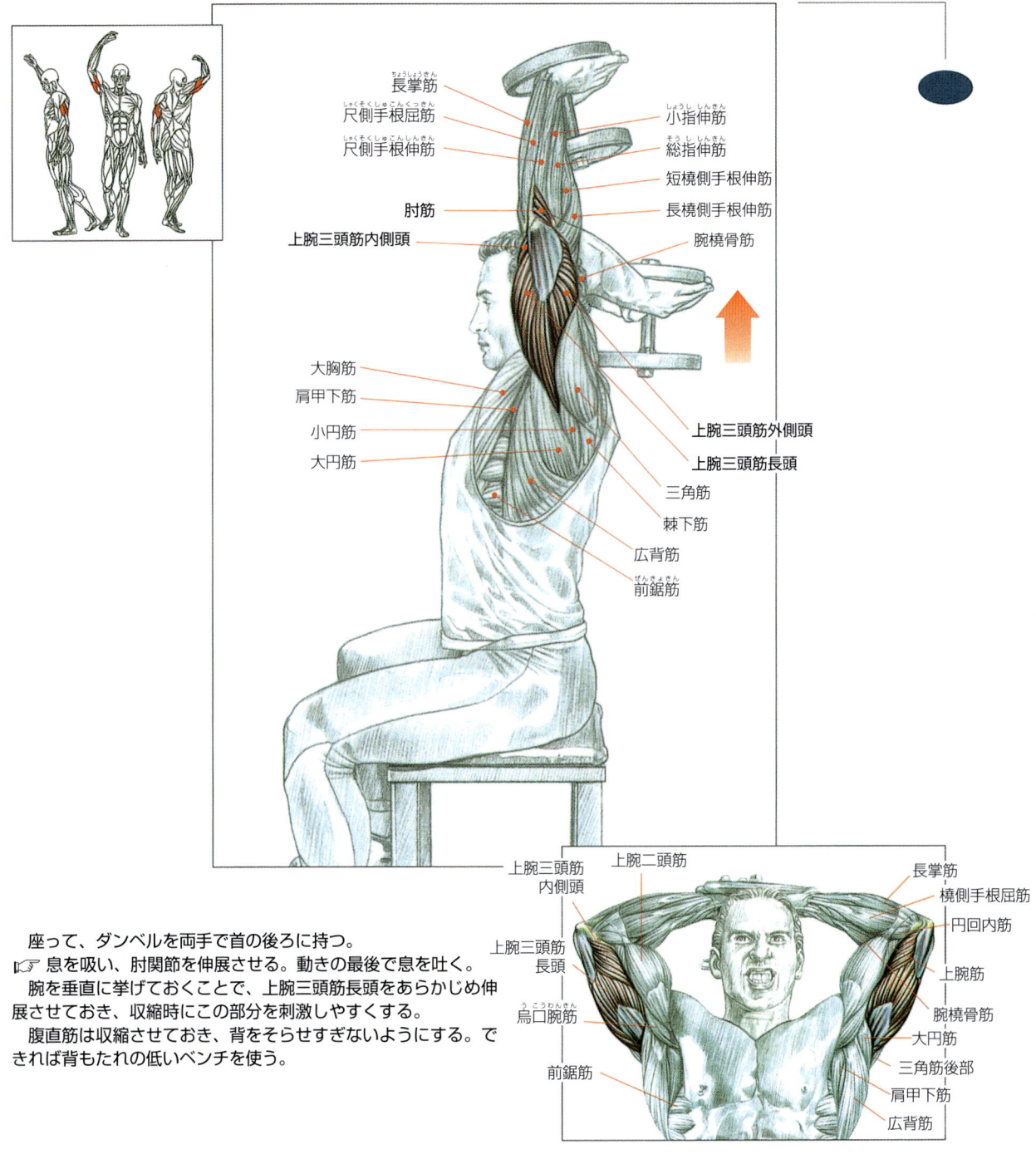

座って、ダンベルを両手で首の後ろに持つ。
☞ 息を吸い、肘関節を伸展させる。動きの最後で息を吐く。
　腕を垂直に挙げておくことで、上腕三頭筋長頭をあらかじめ伸展させておき、収縮時にこの部分を刺激しやすくする。
　腹直筋は収縮させておき、背をそらせすぎないようにする。できれば背もたれの低いベンチを使う。

19 トライセプス8：シーティッド・EZバー・トライセプスエクステンション
（座位でバーベルを使って肘関節の伸展）

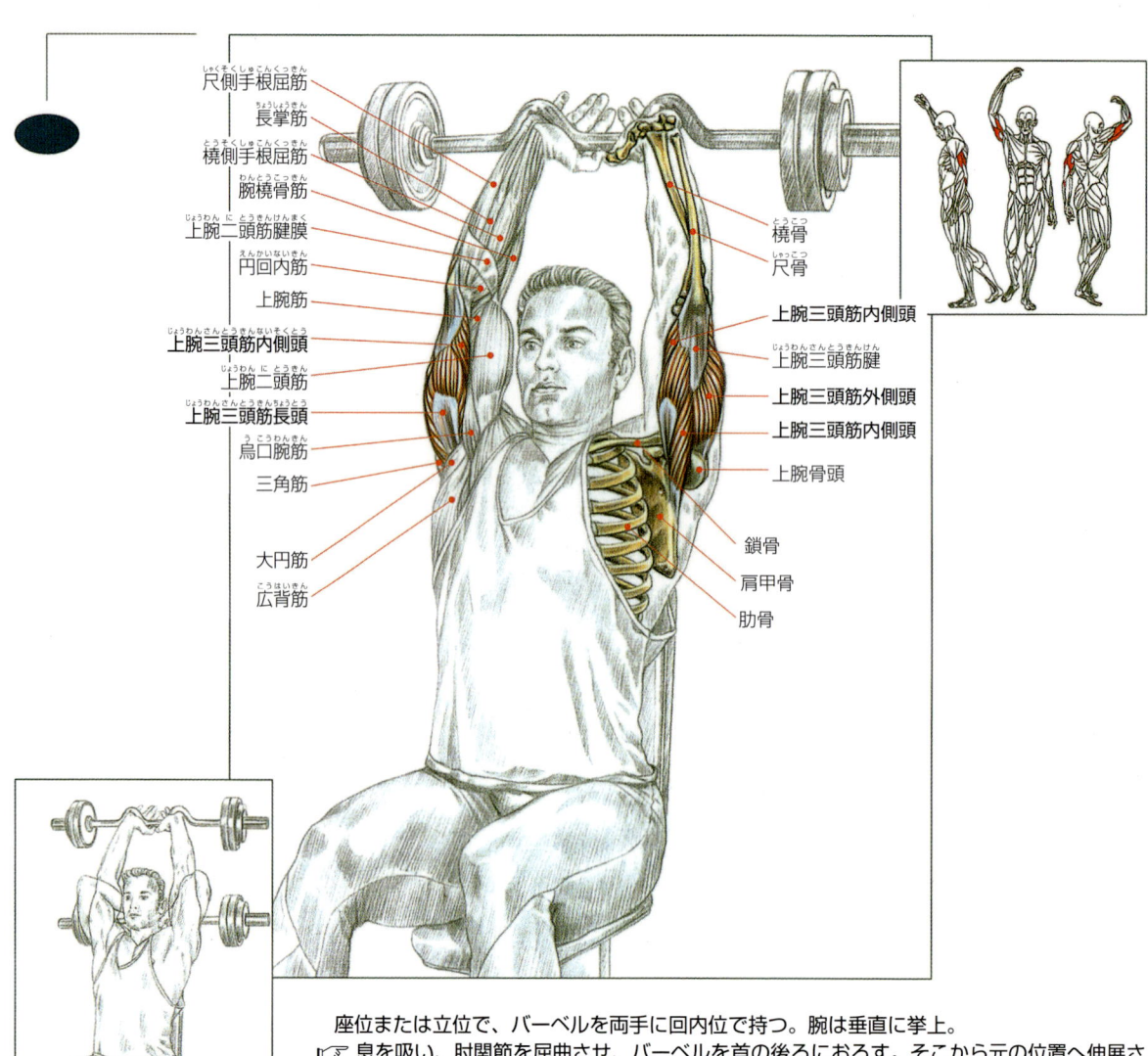

動きの実行

　座位または立位で、バーベルを両手に回内位で持つ。腕は垂直に挙上。
☞ 息を吸い、肘関節を屈曲させ、バーベルを首の後ろにおろす。そこから元の位置へ伸展させる。動きの最後で息を吐く。
　腕を垂直に挙げておくことで、上腕三頭筋長頭をあらかじめ伸展させておき、収縮時にこの部分を刺激しやすくする。
　さらに、回内位で持ったバーベルを伸展させることにより、外側頭の作用も促進する。
　安全のため、背をそらしすぎないようにすべきである。できれば背もたれの低いベンチを使う。

トライセプス9：トライセプスキックバック
（体幹を前傾させ、ダンベルを使って片腕の肘関節の伸展） 20

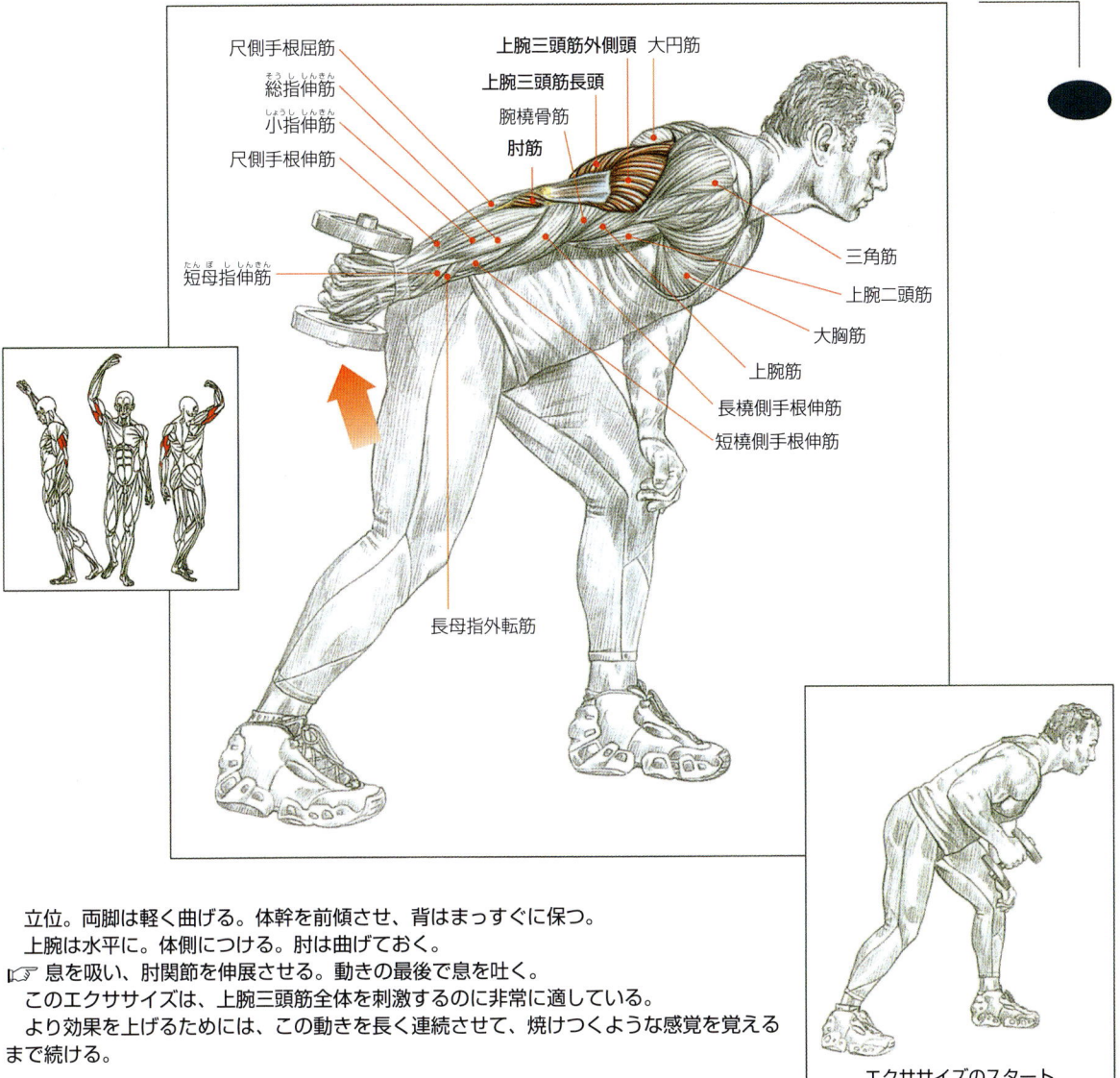

立位。両脚は軽く曲げる。体幹を前傾させ、背はまっすぐに保つ。
上腕は水平に。体側につける。肘は曲げておく。
☞ 息を吸い、肘関節を伸展させる。動きの最後で息を吐く。
このエクササイズは、上腕三頭筋全体を刺激するのに非常に適している。
より効果を上げるためには、この動きを長く連続させて、焼けつくような感覚を覚えるまで続ける。

上腕および前腕

21 トライセプス10：トライセプス・ディップ・ビィトゥイーンザベンチ
（ベンチを2つ使ってプッシュアップ）

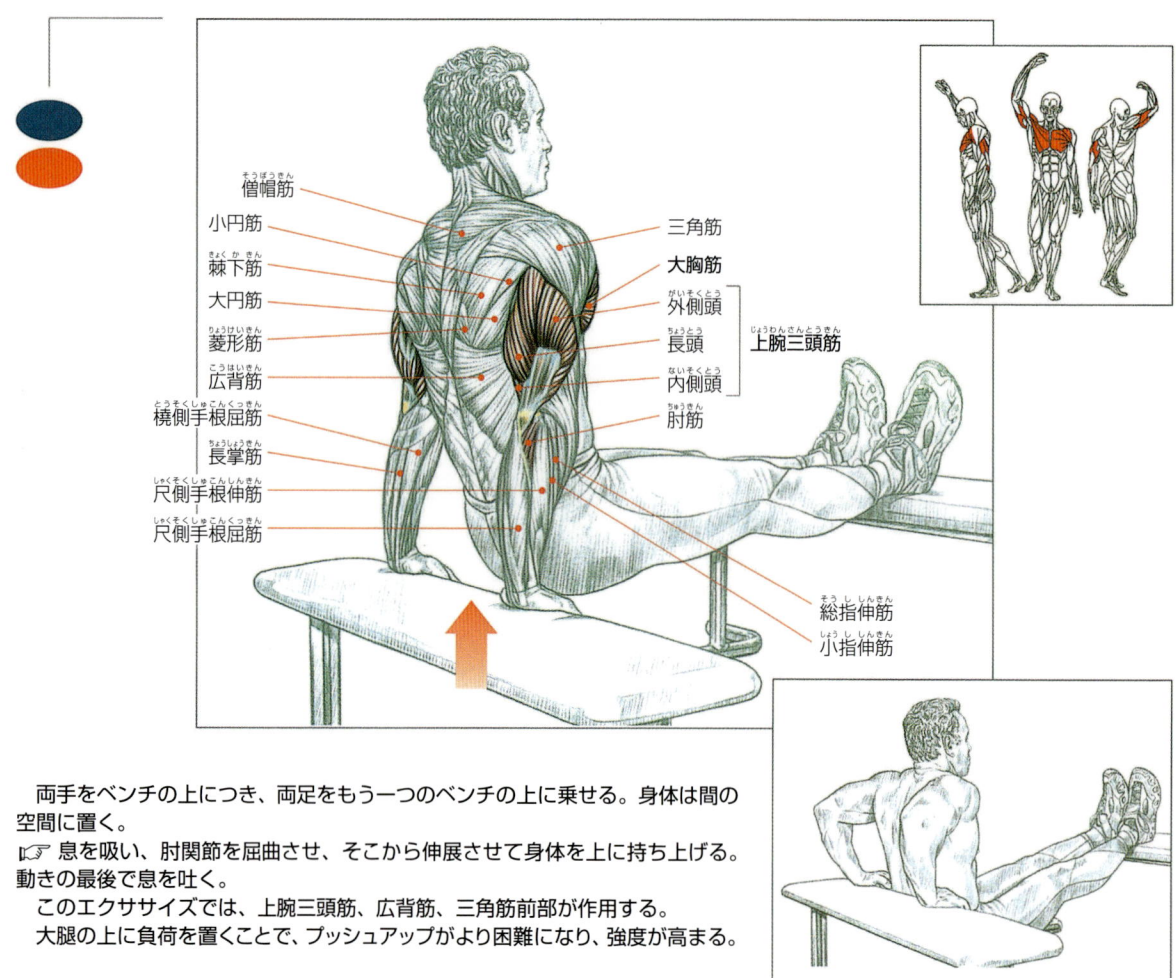

両手をベンチの上につき、両足をもう一つのベンチの上に乗せる。身体は間の空間に置く。

☞ 息を吸い、肘関節を屈曲させ、そこから伸展させて身体を上に持ち上げる。動きの最後で息を吐く。

このエクササイズでは、上腕三頭筋、広背筋、三角筋前部が作用する。

大腿の上に負荷を置くことで、プッシュアップがより困難になり、強度が高まる。

動きのスタート

2　肩部

1. プレス1（バーベルを頚部後面に置いてプレス）
2. プレス2（バーベルを頚部前面に置いてプッシュアップ）
3. プレス3（座位でダンベルを使ってプレス）
4. プレス4（手関節を回旋させながらプッシュアップ）
5. ラテラルレイズ1（ダンベルを使ってラテラルレイズ）
6. ラテラルレイズ2（ベントオーバー・ラテラルレイズ）
7. フロントレイズ1（ダンベルを使って左右交互にフロントレイズ）
8. ラテラルレイズ3（側臥位でラテラルレイズ）
9. ラテラルレイズ4（ロープーリーで片腕のラテラルレイズ）
10. フロントレイズ2（ロープーリーで片腕のフロントレイズ）
11. ラテラルレイズ5（ロープーリーでベントオーバー・ラテラルレイズ）
12. フロントレイズ3（ダンベルを1個使ってフロントレイズ）
13. フロントレイズ4（バーベルを使ってフロントレイズ）
14. アップライトロウ（両腕を離してバーベルの垂直引き上げ）
15. ラテラルレイズ6（専用のマシンを使ってラテラルレイズ）
16. ラテラルレイズ7（専用のマシンを使って肩後面の筋の強化）

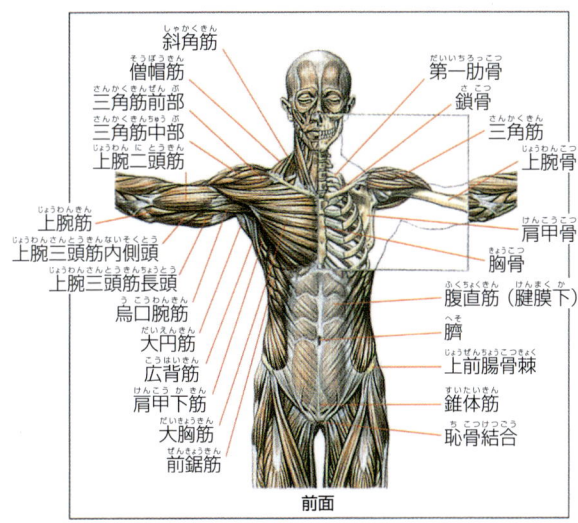
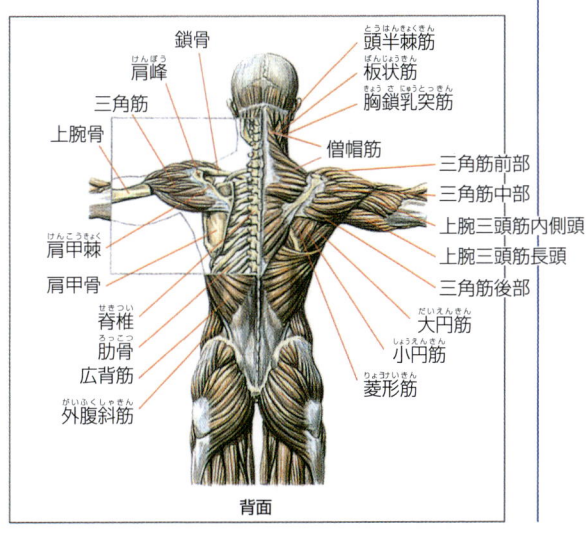

肩部

1 プレス1：バックプレス
（バーベルを頚部後面に置いてプレス）

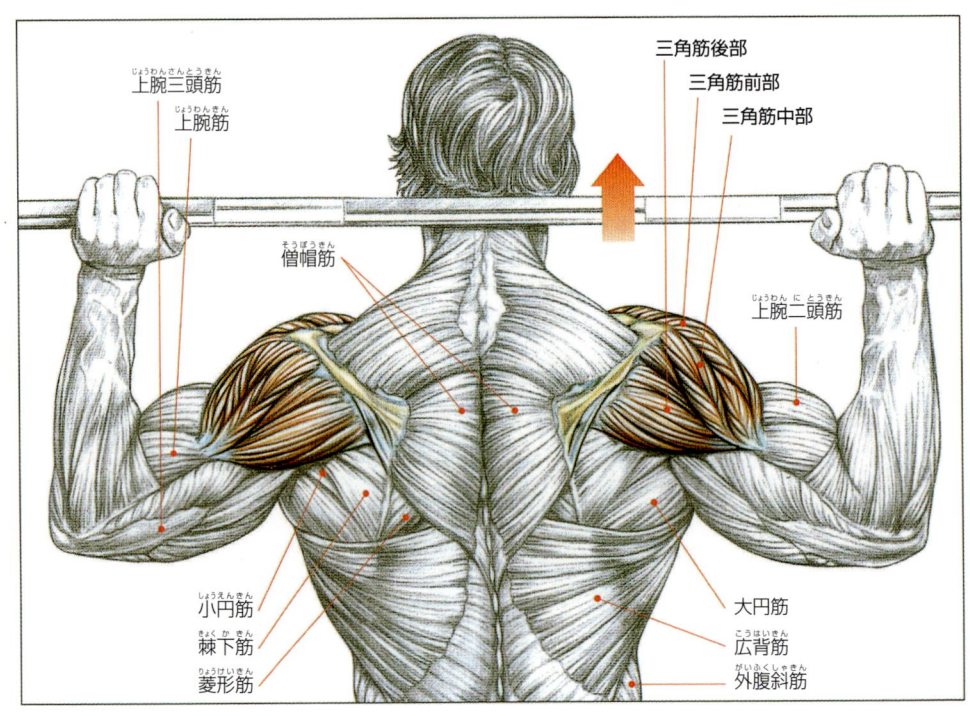

エクササイズの実行

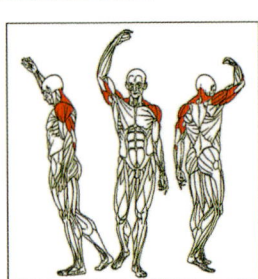

　座って、背筋をまっすぐに伸ばす。バーベルを首の後ろに、回内位で持つ。
☞ 息を吸い、バーベルを垂直に挙上する。腰をそらせすぎないようにする。動きの最後で息を吐く。
　このエクササイズは、三角筋、主に中部と後部、そして僧帽筋、上腕三頭筋、前鋸筋を刺激する。
　この動きは、立位で、あるいはフレームを補助に使って実施することも可能である。
　さらに、このエクササイズには専用のマシンが多数あり、特に集中を高めなくても比較的楽に強化できるものがある。

プレス2：フロントプレス
（バーベルを頚部前面に置いてプッシュアップ）

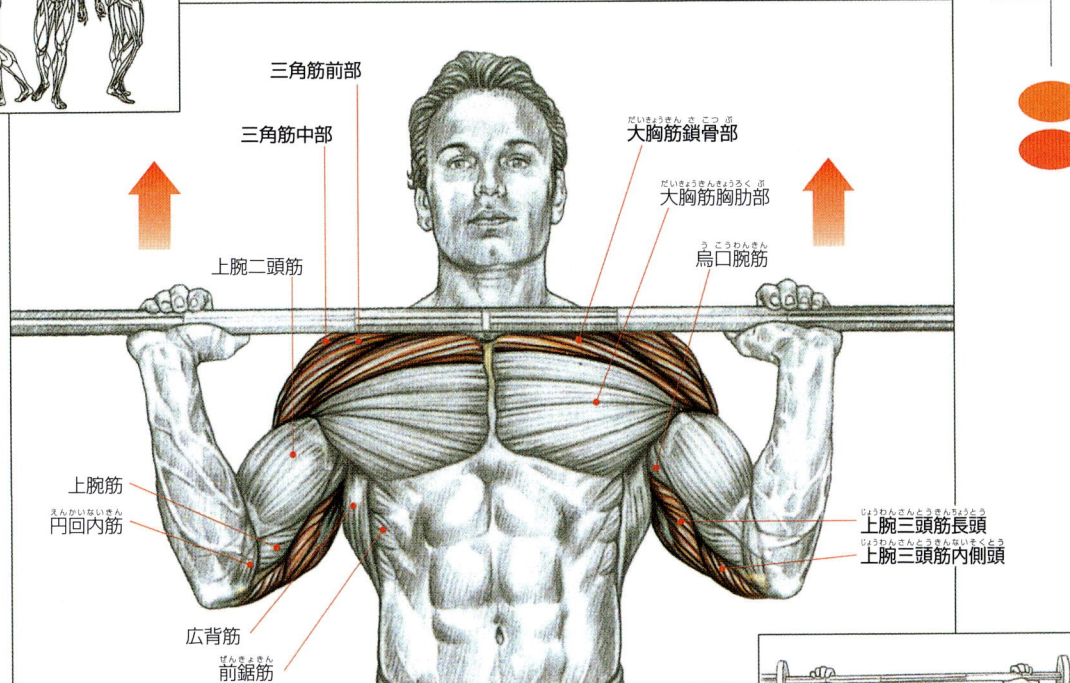

座って、背筋をまっすぐに伸ばす。バーベルを胸の上に、回内位で持つ。
☞ 息を吸い、バーベルを垂直に挙上する。腰をそらせすぎないようにする。動きの最後で息を吐く。

このエクササイズでは、主に以下の筋を刺激する。
☞ 三角筋前部、外側部
☞ 大胸筋鎖骨部
☞ 僧帽筋
☞ 上腕三頭筋
☞ 前鋸筋

このエクササイズは立位で行うことも可能であるが、腰椎がそりすぎないよう背の位置に十分な注意が必要である。

バーベルを挙げるときに肘を前に出すと、三角筋の前面がさらに強く刺激される。

バーベルを挙げるときに両肘を離すと、三角筋の外側部がさらに強く刺激される。

さらに、このエクササイズにはたくさんのマシンや補助のフレームがある。それらを使用すれば、体幹の位置にあまり注意を払う必要がなく、また三角筋の作用を取り出して特に刺激することができる。

動きの実行

1．グリップを狭くして肘を前に出す
三角筋の前部と大胸筋の鎖骨部が特に刺激される。
2．グリップを広くし、両肘を離す
三角筋の前部と中部が特に刺激される。

肩部

3 プレス3：シーティッド・ショルダー・ダンベルプレス
（座位でダンベルを使ってプレス）

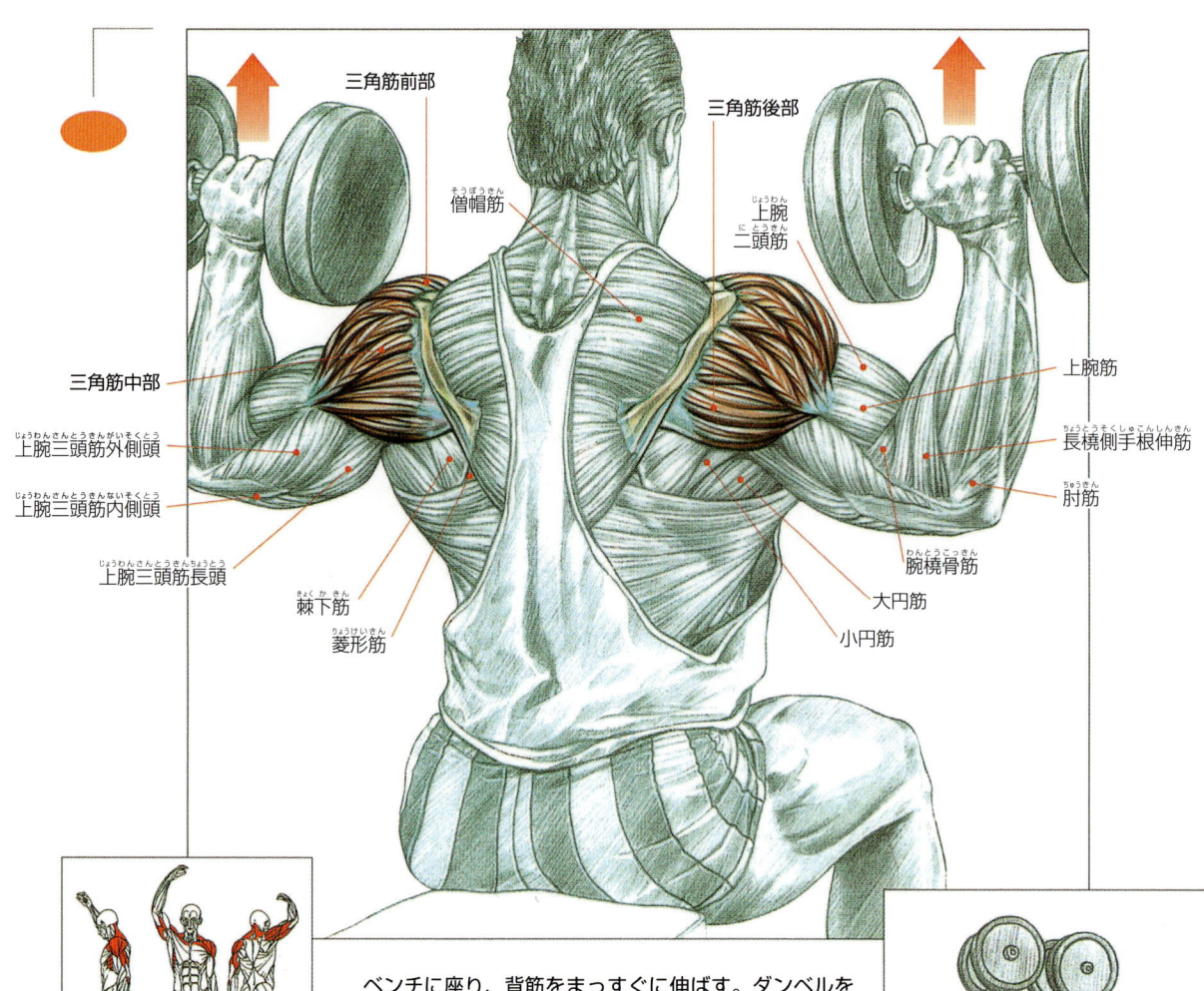

ベンチに座り、背筋をまっすぐに伸ばす。ダンベルを肩の高さで、回内位で持つ。
☞ 息を吸い、腕が垂直になるまで挙上する。動きの最後で息を吐く。

このエクササイズでは三角筋、特に中部、そして僧帽筋、前鋸筋、上腕三頭筋が刺激される。

このエクササイズは立位で行うことが可能である。また片腕ずつ行うことも可能である。さらに、背もたれのある椅子を使用すれば、背のそりすぎを防ぐことができる。

バリエーション：
前腕中間位

プレス4：ワンアーム・ショルダー・ダンベルプレス
（手関節を回旋させながらプッシュアップ）

大胸筋鎖骨部（だいきょうきん さ こつ ぶ）
上腕二頭筋
三角筋前部
円回内筋（えんかいないきん）
上腕筋
上腕三頭筋内側頭
上腕三頭筋長頭
烏口腕筋（う こうわんきん）
三角筋後部
三角筋中部
大円筋
大胸筋胸肋部
広背筋
肩甲下筋（けんこう か きん）
前鋸筋（ぜんきょきん）

ベンチに座り、ダンベルを回外位で、肩の高さに持つ。
☞ 息を吸って、左右交互に腕が垂直になるまでプッシュアップしつつ、手関節を90°回旋させて回内位にする。動きの最後で息を吐く。
　このエクササイズは三角筋、特に前部、大胸筋鎖骨部、僧帽筋、前鋸筋、上腕三頭筋を刺激する。
　この動きは、以下のように行うことも可能である。
☞ 背もたれのあるベンチに座って背をそらしすぎないように
☞ 立位で
☞ 両腕同時に挙上

肩部

5 ラテラルレイズ1
（ダンベルを使ってラテラルレイズ）

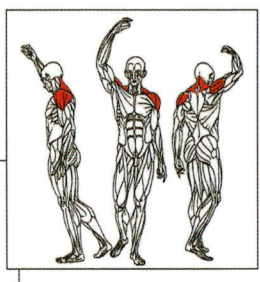

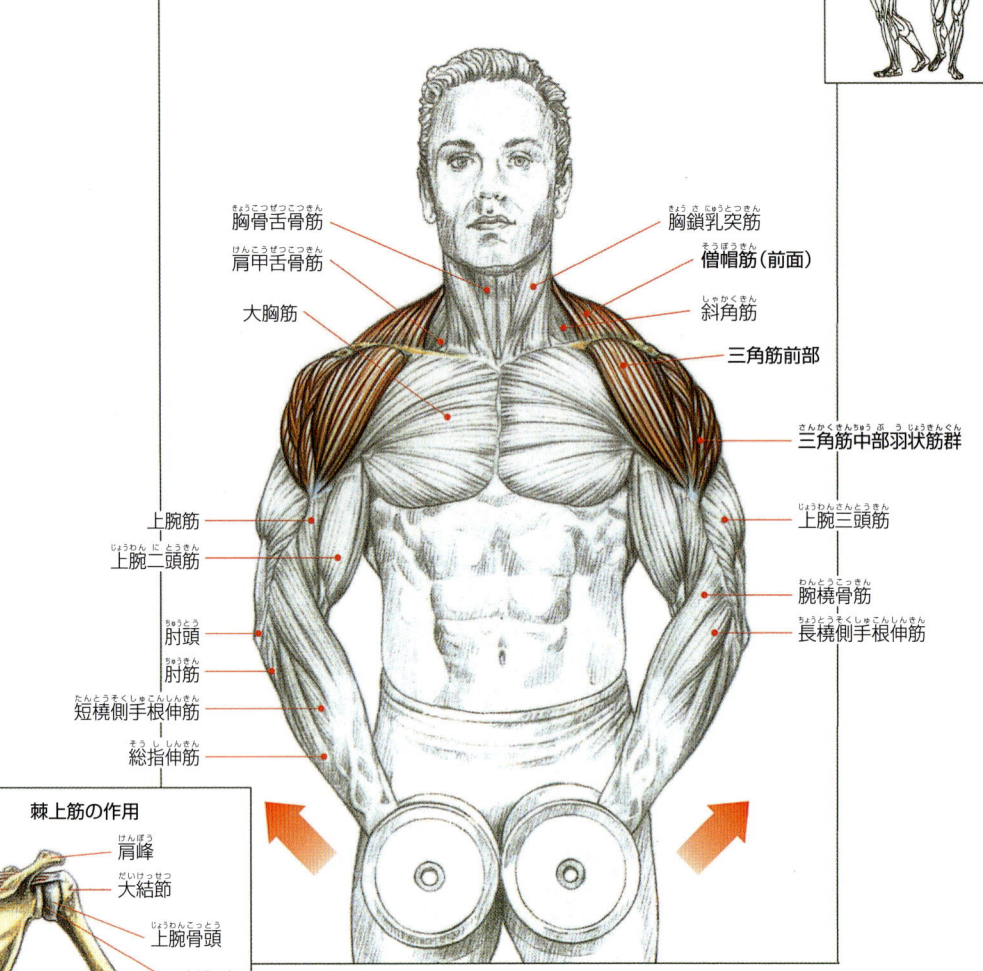

筋肉名（正面図ラベル）：
- 胸骨舌骨筋
- 肩甲舌骨筋
- 大胸筋
- 胸鎖乳突筋
- 僧帽筋（前面）
- 斜角筋
- 三角筋前部
- 三角筋中部羽状筋群
- 上腕筋
- 上腕二頭筋
- 上腕三頭筋
- 腕橈骨筋
- 長橈側手根伸筋
- 肘頭
- 肘筋
- 短橈側手根伸筋
- 総指伸筋

棘上筋の作用
- 棘上筋
- 肩峰
- 肩甲棘
- 大結節
- 肩甲骨
- 上腕骨頭
- 関節窩
- 上腕骨

棘上筋は、三角筋に補助的に働き、腕の側方への挙上に関与し、また上腕骨頭を関節窩に保持するのを助ける。

立って、両脚を軽く開く。背はまっすぐにして、腕は体側に沿わせる。両手にダンベルを一つずつ持つ。

☞ 両腕を水平まで挙上する。肘は少し屈曲させておく。最初の位置に戻る。

このエクササイズは、三角筋、特に中部を刺激する。

三角筋の中部は、上腕骨に付着するいくつかの羽状筋群からなり、かなり重い負荷を保持し、また腕をあらゆる面に正確に動かす機能を持っている。この筋のトレーニングは、この筋の特殊性に適合させることが賢明である。動きのスタートにバリエーションをつけることで（手を臀部の後ろ、横、前から動かす）、三角筋の中部が作用するようにする。

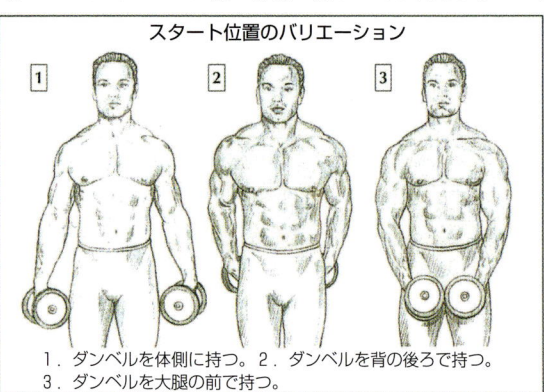

スタート位置のバリエーション
1. ダンベルを体側に持つ。　2. ダンベルを背の後ろで持つ。
3. ダンベルを大腿の前で持つ。

肩部

動きの終わりのバリエーション

1. 水平まで：三角筋の作用　2. 腕を水平以上に挙げる：僧帽筋の上・前部の作用

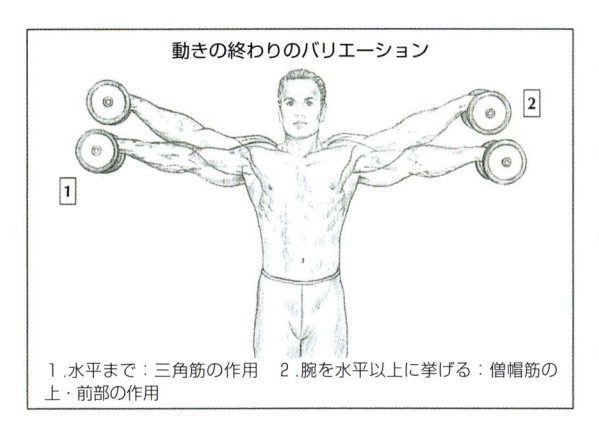

形態には個人差があるため（鎖骨の長さ、肩峰の突出、三角筋の付着の位置）、形態に最適に適合する筋力発揮のアングルを見つけなくてはならない。

ラテラルレイズでは、棘下筋も刺激される。これは深層の肩甲棘下窩の中にあり、上腕骨大結節に付着している。

腕を水平以上に挙上することによって、僧帽筋上部を刺激することができる。しかし、多くのウエイトリフター達は、三角筋の外側部の作用を取り出すために水平を越さないほうを好む。

このエクササイズは、決して重い重量を用いてはならない。10〜25回連続して、アングルに変化をつけ、回復時間をあまりとらず、焼けつくような感覚を覚えるまで継続すると、最高の効果が得られる。

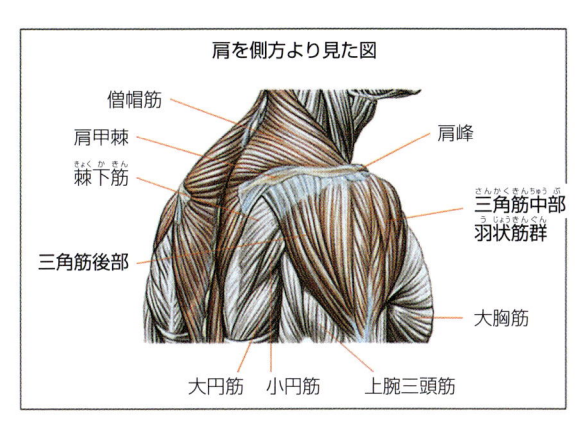

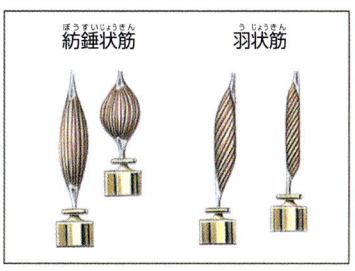

肩を側方より見た図

僧帽筋／肩甲棘／棘下筋／三角筋後部／大円筋／小円筋／上腕三頭筋／肩峰／三角筋中部 羽状筋群／大胸筋

紡錘状筋／羽状筋

羽状筋は紡錘状筋と比較して、より重い負荷を動かすことができるが、距離はより短い。ラテラルレイズの場合、三角筋中部の羽状筋は、力は強いが大きくは動かせない。腕を水平まで挙上するには三角筋の前部と後部との共働が必要である。

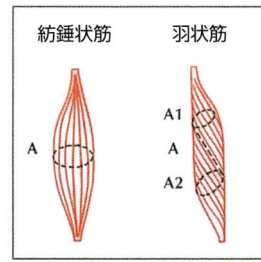

紡錘状筋のアクチンフィラメント＊とミオシンフィラメント＊の合計は、断面Ａと等しい。

羽状筋のアクチンフィラメントとミオシンフィラメントの合計は、Ａ１とＡ２の斜めの断面の合計と等しい。

＊筋の運動要素である最大収縮力は、断面積当たり約5kg/cm²である。

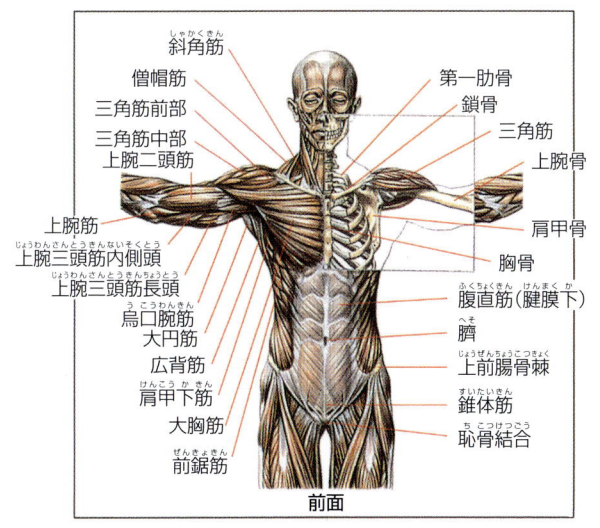

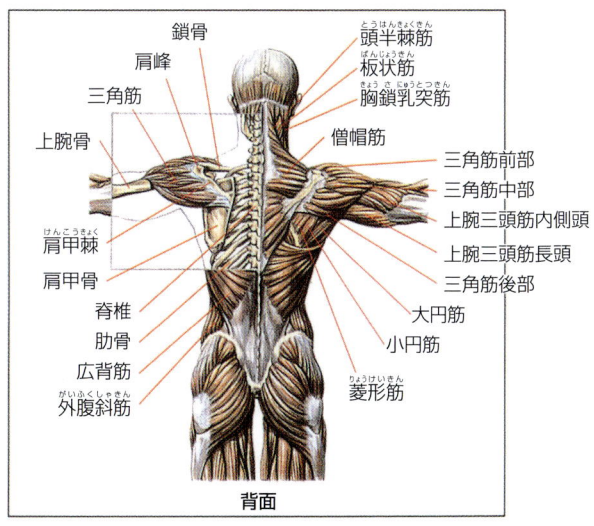

前面

斜角筋／僧帽筋／三角筋前部／三角筋中部／上腕二頭筋／上腕筋／上腕三頭筋内側頭／上腕三頭筋長頭／烏口腕筋／大円筋／広背筋／肩甲下筋／大胸筋／前鋸筋／第一肋骨／鎖骨／三角筋／上腕骨／肩甲骨／胸骨／腹直筋（腱膜下）／臍／上前腸骨棘／錐体筋／恥骨結合

背面

鎖骨／肩峰／三角筋／上腕骨／肩甲棘／肩甲骨／脊椎／肋骨／広背筋／外腹斜筋／頭半棘筋／板状筋／胸鎖乳突筋／僧帽筋／三角筋前部／三角筋中部／上腕三頭筋内側頭／上腕三頭筋長頭／三角筋後部／大円筋／小円筋／菱形筋

肩部

6　ラテラルレイズ2：ベントオーバー・ラテラルレイズ

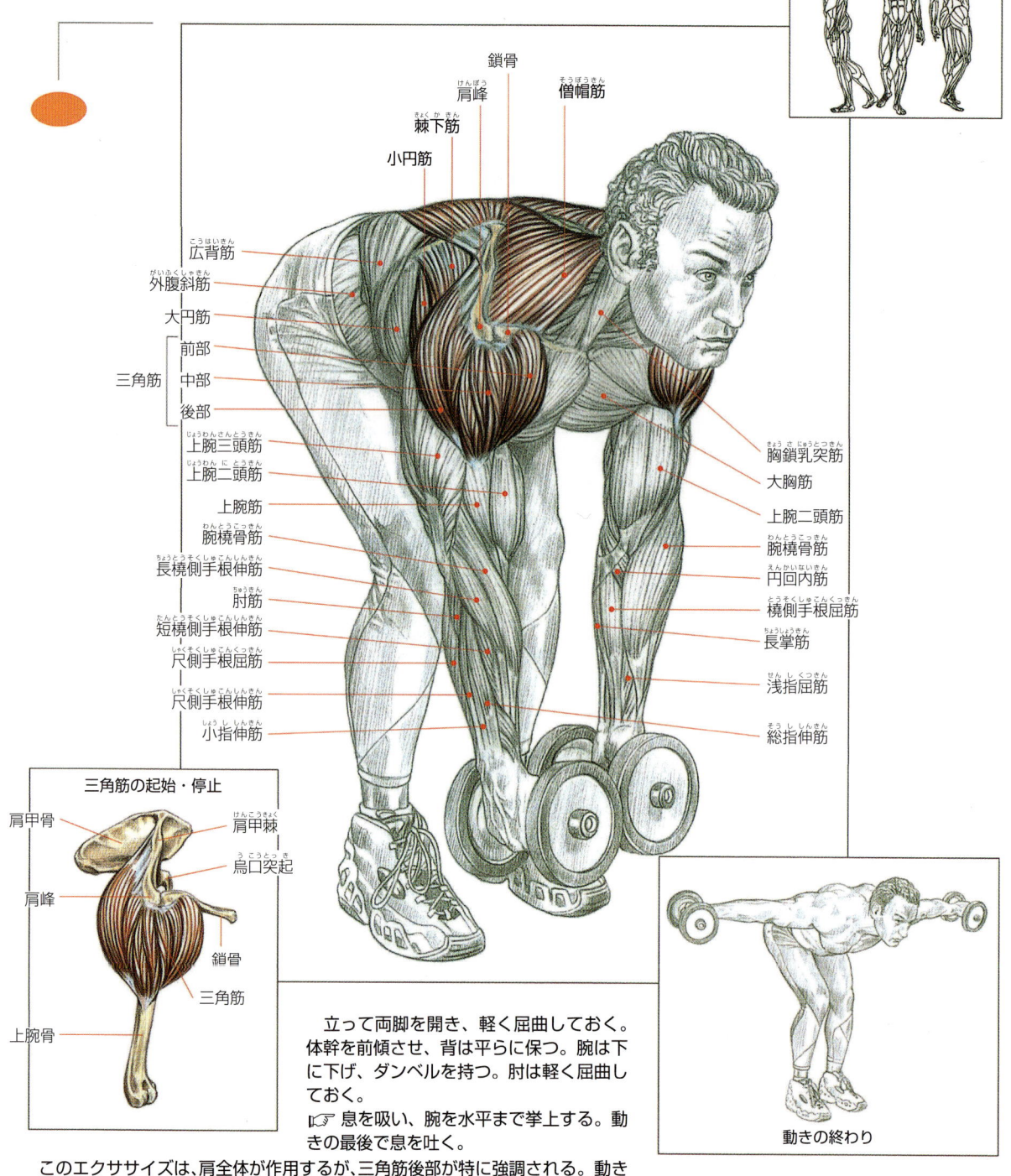

筋肉ラベル（上部中央）:
- 鎖骨
- 肩峰
- 棘下筋
- 小円筋
- 僧帽筋

筋肉ラベル（左側）:
- 広背筋
- 外腹斜筋
- 大円筋
- 三角筋（前部／中部／後部）
- 上腕三頭筋
- 上腕二頭筋
- 上腕筋
- 腕橈骨筋
- 長橈側手根伸筋
- 肘筋
- 短橈側手根伸筋
- 尺側手根屈筋
- 尺側手根伸筋
- 小指伸筋

筋肉ラベル（右側）:
- 胸鎖乳突筋
- 大胸筋
- 上腕二頭筋
- 腕橈骨筋
- 円回内筋
- 橈側手根屈筋
- 長掌筋
- 浅指屈筋
- 総指伸筋

三角筋の起始・停止:
- 肩甲骨
- 肩甲棘
- 烏口突起
- 肩峰
- 鎖骨
- 三角筋
- 上腕骨

立って両脚を開き、軽く屈曲しておく。体幹を前傾させ、背は平らに保つ。腕は下に下げ、ダンベルを持つ。肘は軽く屈曲しておく。

☞ 息を吸い、腕を水平まで挙上する。動きの最後で息を吐く。

動きの終わり

　このエクササイズは、肩全体が作用するが、三角筋後部が特に強調される。動きの最後で肩甲骨を引き寄せると、僧帽筋中部と下部、菱形筋、棘下筋が刺激される。
バリエーション：このエクササイズは、インクラインベンチの上にうつぶせになって行うことも可能である。

肩部

フロントレイズ1 7
（ダンベルを使って左右交互にフロントレイズ）

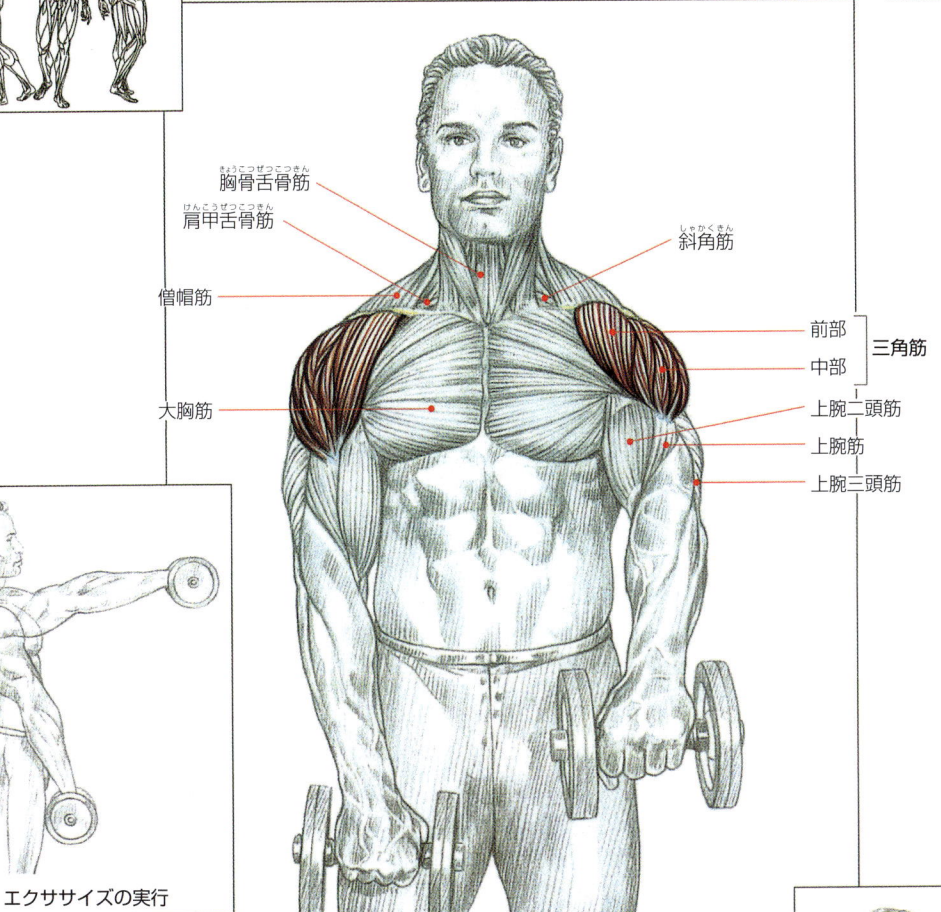

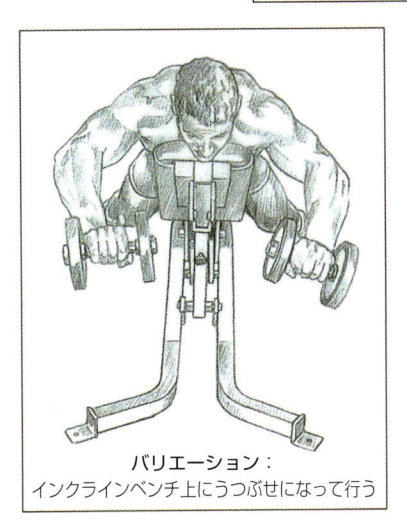

胸骨舌骨筋
肩甲舌骨筋
僧帽筋
斜角筋
前部
中部 — 三角筋
大胸筋
上腕二頭筋
上腕筋
上腕三頭筋

エクササイズの実行

立って両脚を軽く開く。ダンベルを回内位で持ち、大腿の上、または少し横。
☞ 息を吸い、左右交互に腕を前方、目の高さまで挙上する。最後に息を吐く。
このエクササイズは、主に三角筋の前部、大胸筋の鎖骨部を刺激する。また、三角筋の残りの部分も刺激される。
腕の挙上動作の全体を通して、肩甲骨を胸郭上に固定させるのに関与する筋、前鋸筋、僧帽筋も刺激され、上腕骨が安定して上下動できるようにしている。

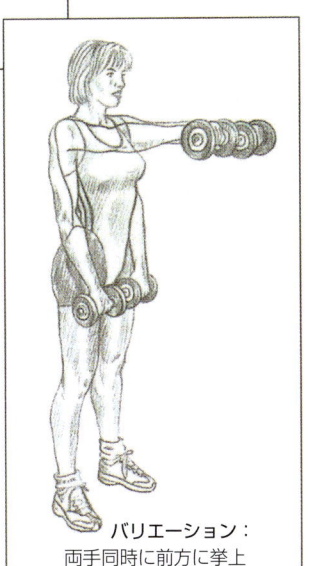

バリエーション：
インクラインベンチ上にうつぶせになって行う

バリエーション：
両手同時に前方に挙上

31

肩部

8 ラテラルレイズ 3：サイド・ライイング・ラテラルレイズ
（側臥位でラテラルレイズ）

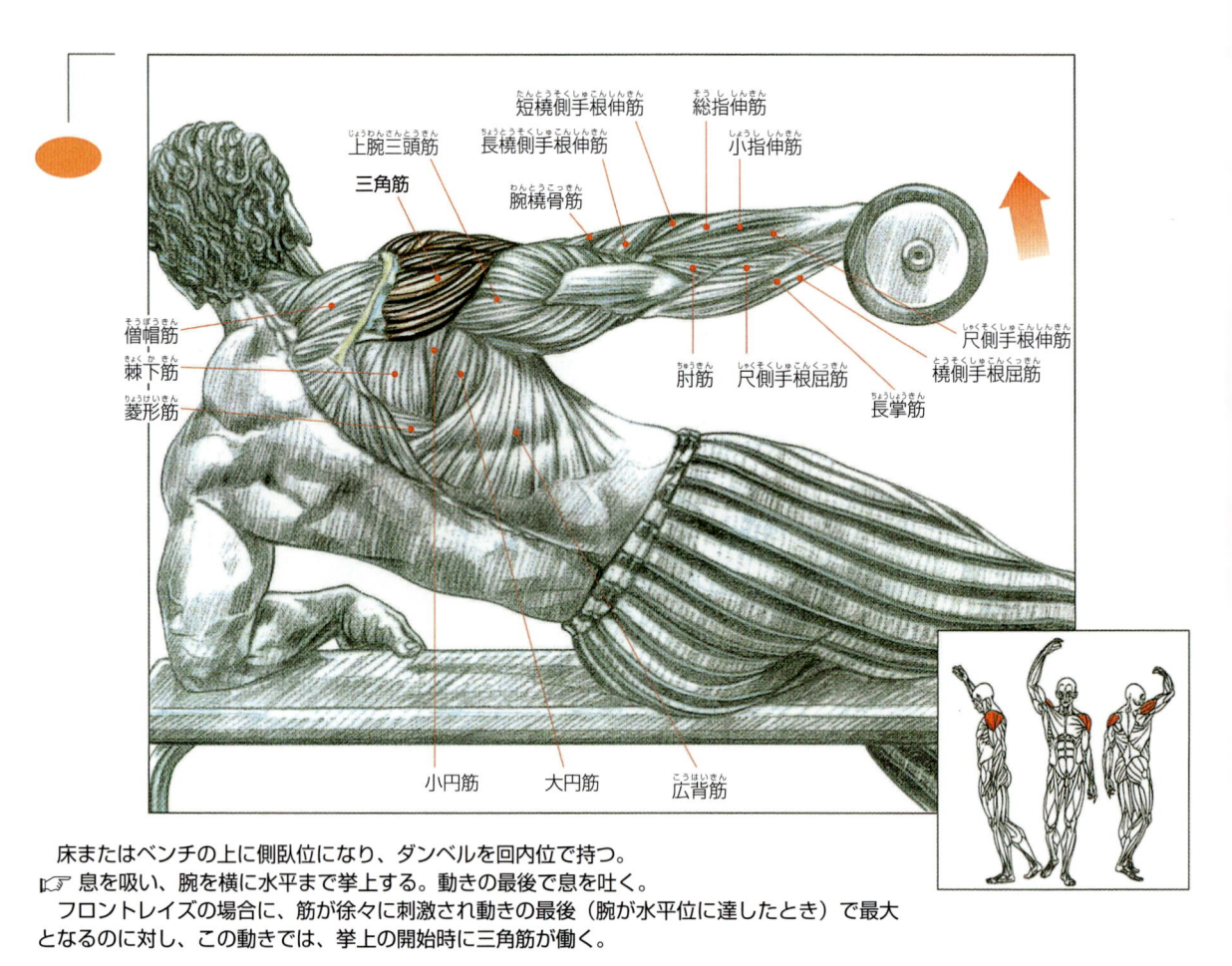

床またはベンチの上に側臥位になり、ダンベルを回内位で持つ。
☞ 息を吸い、腕を横に水平まで挙上する。動きの最後で息を吐く。
フロントレイズの場合に、筋が徐々に刺激され動きの最後（腕が水平位に達したとき）で最大となるのに対し、この動きでは、挙上の開始時に三角筋が働く。

備考：この動きでは、棘下筋が刺激される。この筋は、挙上のスタート時に主に働く。開始位置を様々に変えることで（ダンベルを前、大腿の上、後）、三角筋のあらゆる部分を刺激することが可能となる。

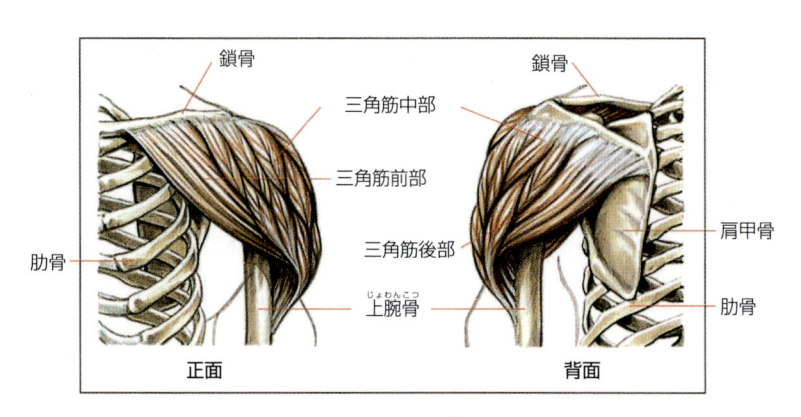

肩部

ラテラルレイズ4：ロープーリー・ラテラルレイズ　9
（ロープーリーで片腕のラテラルレイズ）

筋肉名（図中ラベル）：
胸鎖乳突筋（きょうさにゅうとつきん）
斜角筋（しゃかくきん）
僧帽筋
前部
中部　三角筋
後部
小円筋
大円筋
上腕三頭筋
上腕二頭筋
上腕筋
腕橈骨筋
肘筋
小指伸筋
尺側手根伸筋
尺側手根屈筋

大胸筋
長橈側手根伸筋
短橈側手根伸筋
総指伸筋

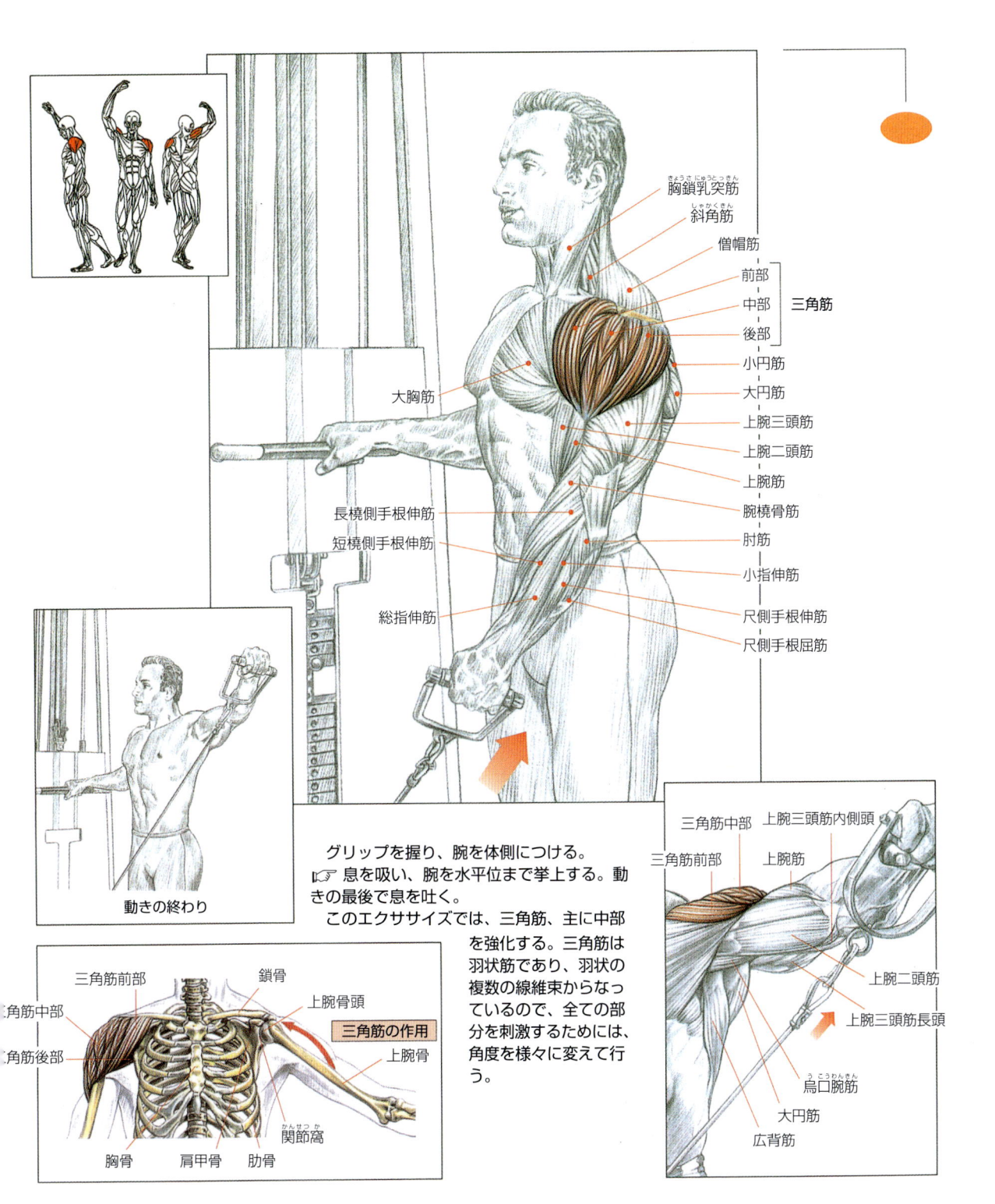

動きの終わり

三角筋前部
三角筋中部
三角筋後部
鎖骨
上腕骨頭
上腕骨
関節窩（かんせつか）
胸骨
肩甲骨
肋骨

三角筋の作用

三角筋中部
三角筋前部
上腕三頭筋内側頭
上腕筋
上腕二頭筋
上腕三頭筋長頭
烏口腕筋（うこうわんきん）
大円筋
広背筋

グリップを握り、腕を体側につける。
☞ 息を吸い、腕を水平位まで挙上する。動きの最後で息を吐く。

このエクササイズでは、三角筋、主に中部を強化する。三角筋は羽状筋であり、羽状の複数の線維束からなっているので、全ての部分を刺激するためには、角度を様々に変えて行う。

肩部

10 フロントレイズ2：ロープーリー・フロントレイズ
（ロープーリーで片腕のフロントレイズ）

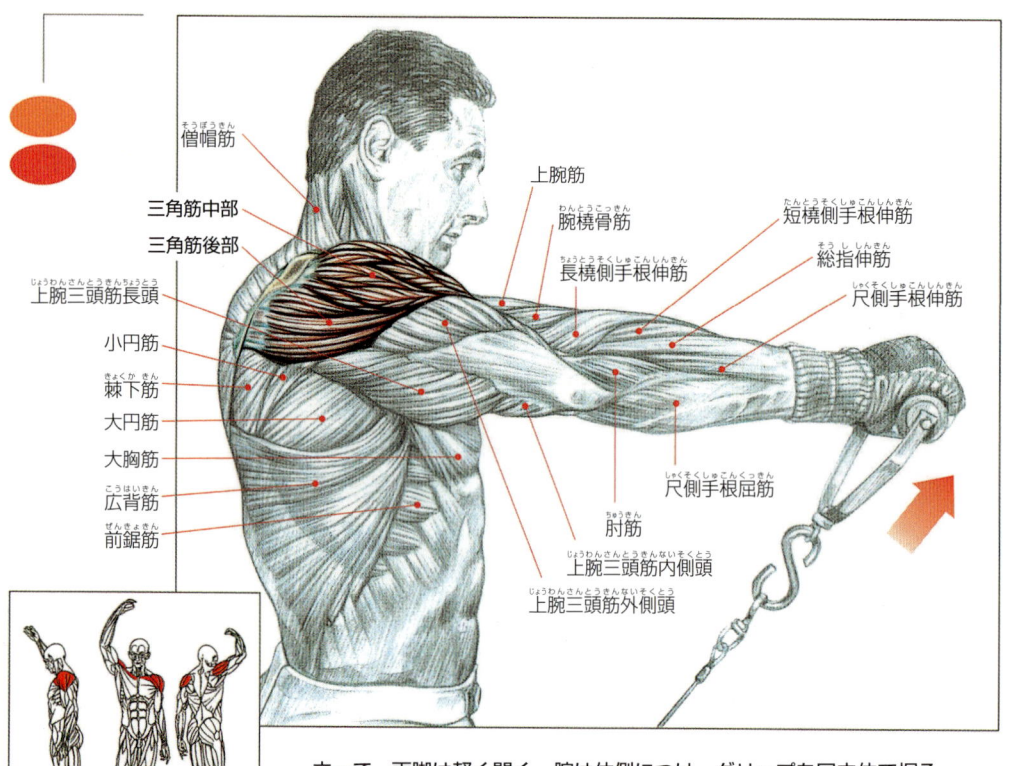

立って、両脚は軽く開く。腕は体側につけ、グリップを回内位で握る。
☞ 息を吸い、腕を前方に挙上して目の高さまで。動きの最後で息を吐く。
　このエクササイズでは、三角筋（主に前部）、大胸筋鎖骨部、そして、わずかではあるが上腕二頭筋短頭が刺激される。

ラテラルレイズ5：ロープーリー・ベントオーバー・ラテラルレイズ（ロープーリーでベントオーバー・ラテラルレイズ） 11

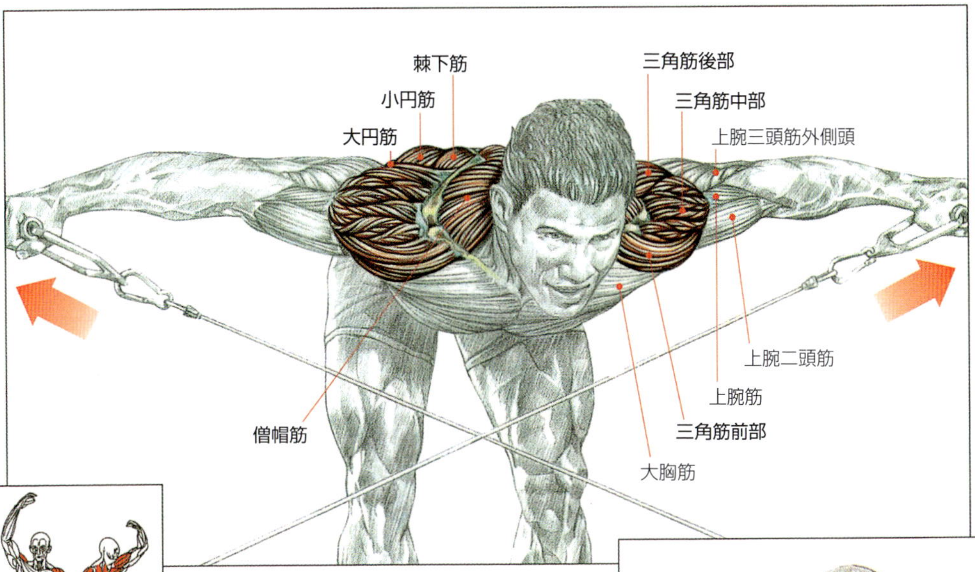
棘下筋
小円筋
大円筋
三角筋後部
三角筋中部
上腕三頭筋外側頭
上腕二頭筋
上腕筋
三角筋前部
僧帽筋
大胸筋

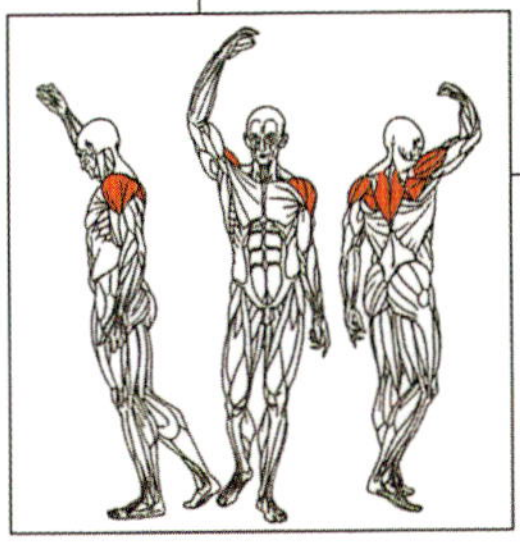

立って両脚を開く。膝は軽く曲げる。上体を前傾させ、背を平らにする。腕は下げ、グリップを両手で一つずつ握る。ケーブルはクロスさせる。

☞ 息を吸い、腕を水平位まで挙上する。動きの最後で息を吐く。

このエクササイズは、三角筋、主に後部が働く。動きの最後で、肩甲骨が互いに近づく際、僧帽筋（中部および下部）と菱形筋が刺激される。

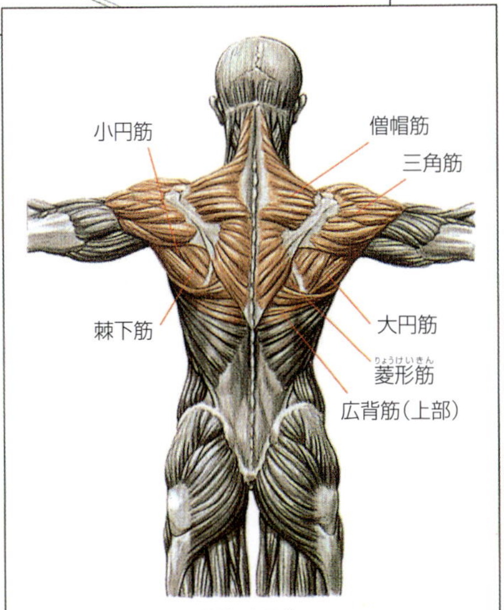
小円筋
僧帽筋
三角筋
棘下筋
大円筋
菱形筋
広背筋（上部）

関与する筋

肩部

12 フロントレイズ３：ワンダンベル・フロントレイズ
（ダンベルを１個使ってフロントレイズ）

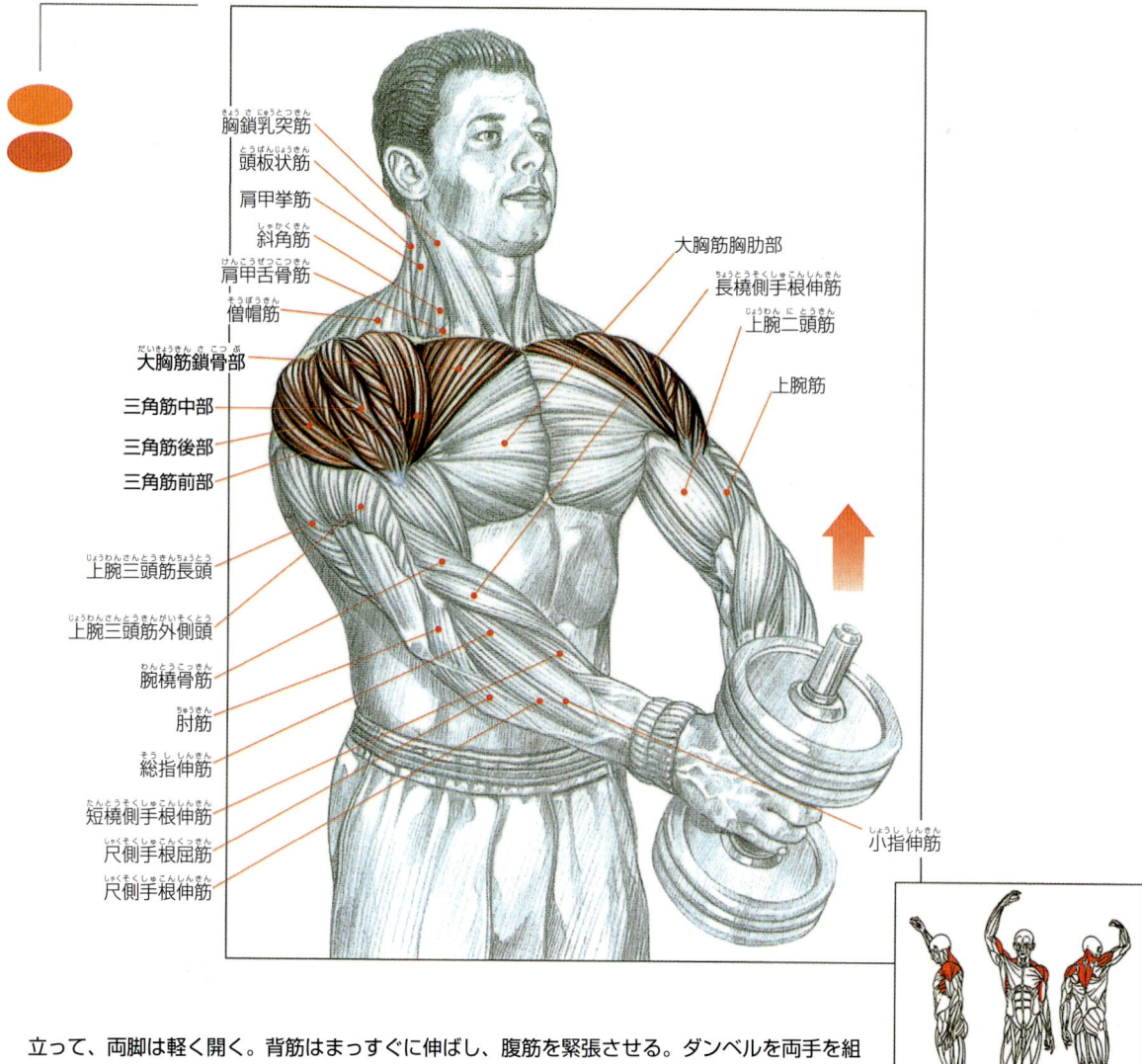

胸鎖乳突筋
頭板状筋
肩甲挙筋
斜角筋
肩甲舌骨筋
僧帽筋
大胸筋鎖骨部
三角筋中部
三角筋後部
三角筋前部
上腕三頭筋長頭
上腕三頭筋外側頭
腕橈骨筋
肘筋
総指伸筋
短橈側手根伸筋
尺側手根屈筋
尺側手根伸筋

大胸筋胸肋部
長橈側手根伸筋
上腕二頭筋
上腕筋
小指伸筋

　立って、両脚は軽く開く。背筋はまっすぐに伸ばし、腹筋を緊張させる。ダンベルを両手を組み合わせて持ち、大腿の前に下ろす。両腕は伸ばす。
☞ 息を吸ってダンベルを目の高さまで挙上し、ゆっくりとコントロールしながら下ろす。動きの最後で息を吐く。
　このエクササイズでは、三角筋の主に前部、そして大胸筋鎖骨部、上腕二頭筋短頭が刺激される。アイソメトリックの収縮で肩甲骨固定に関与する筋が刺激され、上腕を安定して動かすことが可能になっている。

肩部

フロントレイズ4：バーベル・フロントレイズ 13
（バーベルを使ってフロントレイズ）

筋肉ラベル：
- 胸鎖乳突筋
- 斜角筋
- 僧帽筋
- 肩甲舌骨筋
- 三角筋（前部／中部／後部）
- 大円筋
- 広背筋
- 上腕三頭筋
- 上腕筋
- 肘筋
- 総指伸筋
- 小指伸筋
- 大胸筋鎖骨部
- 大胸筋胸肋部
- 上腕二頭筋
- 円回内筋
- 長橈側手根伸筋
- 腕橈骨筋
- 橈側手根屈筋
- 尺側手根伸筋
- 尺側手根屈筋

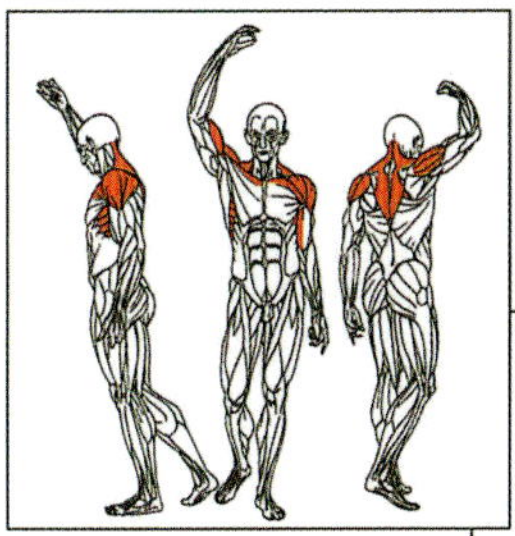

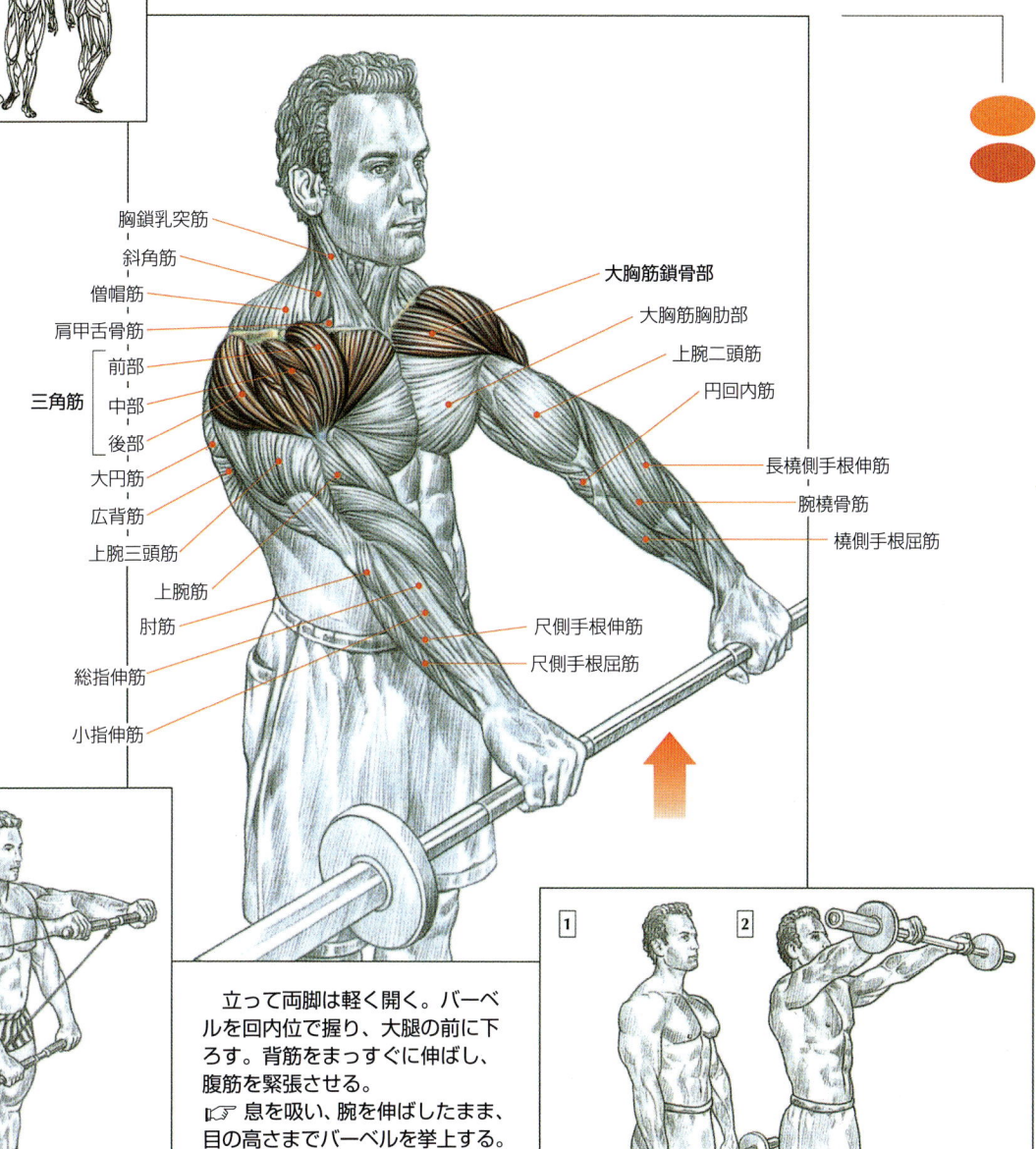

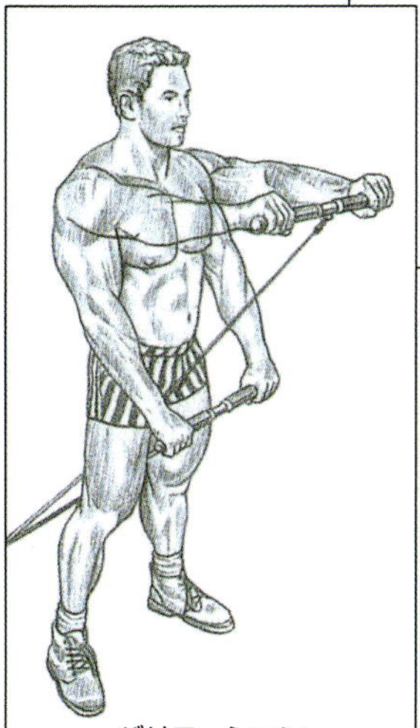

バリエーション
ロープーリーでフロントレイズ

動きの実行
1.スタート　2.終わり

立って両脚は軽く開く。バーベルを回内位で握り、大腿の前に下ろす。背筋をまっすぐに伸ばし、腹筋を緊張させる。

☞ 息を吸い、腕を伸ばしたまま、目の高さまでバーベルを挙上する。動きの最後で息を吐く。

このエクササイズでは、三角筋前部、大胸筋鎖骨部、棘下筋、そしてわずかではあるが僧帽筋、前鋸筋、上腕二頭筋短頭が刺激される。挙上を続けると、三角筋後部が働いてほかの筋の作用を強化し、腕を垂直まで挙上可能にする。

このエクササイズではロープーリーを使って行うことも可能である。その場合はマシンを背にして立ち、ケーブルを脚の間に通す。

備考：腕の前方挙上には、上腕二頭筋がわずかではあるが関与する。

肩部

14 アップライトロウ
（両腕を離してバーベルの垂直引き上げ）

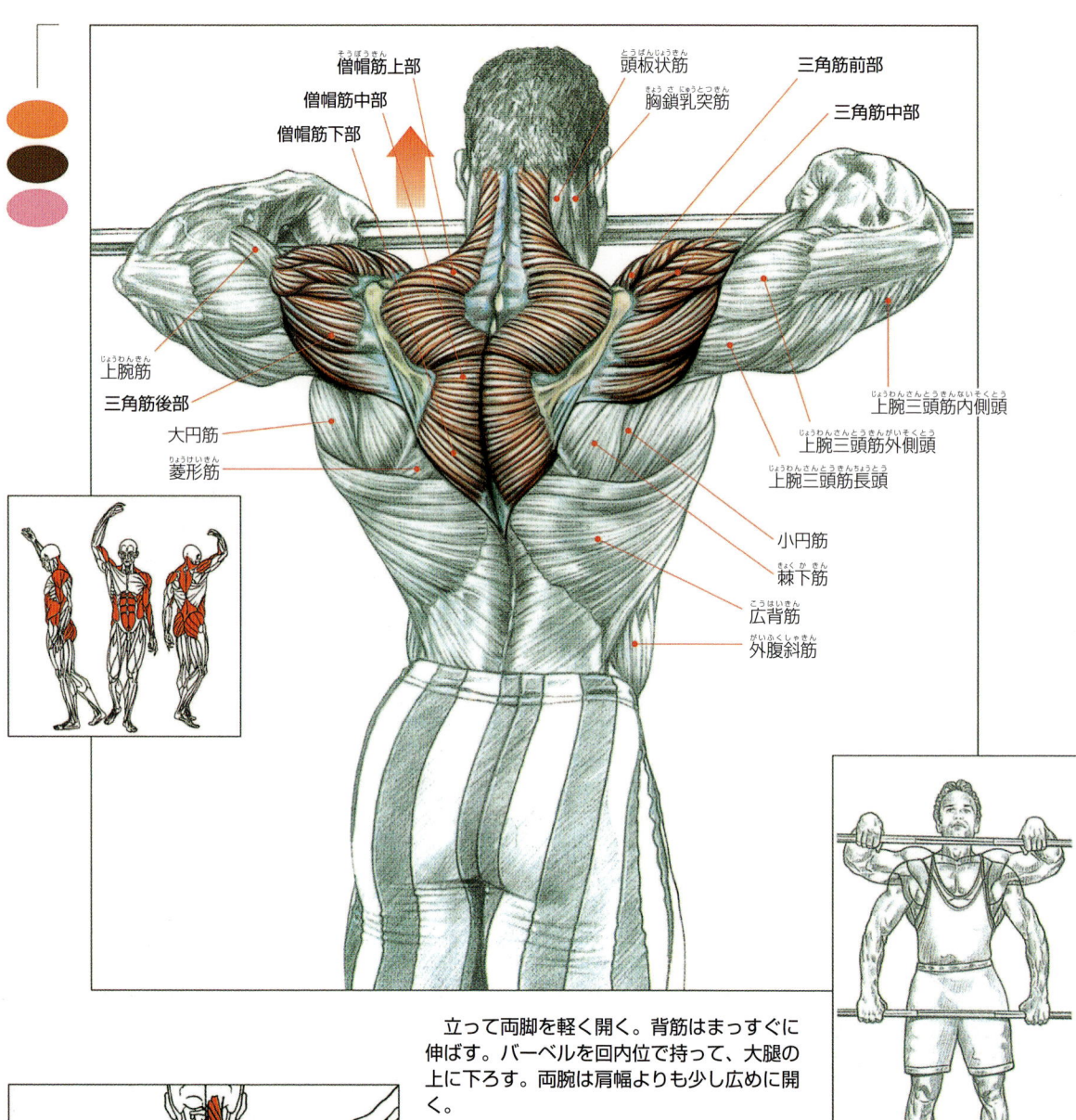

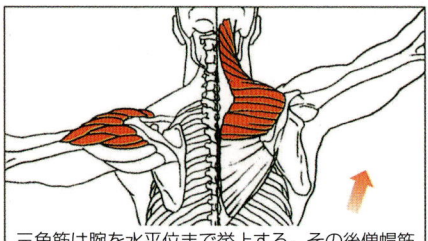

僧帽筋上部
僧帽筋中部
僧帽筋下部
頭板状筋
胸鎖乳突筋
三角筋前部
三角筋中部
上腕筋
三角筋後部
大円筋
菱形筋
上腕三頭筋内側頭
上腕三頭筋外側頭
上腕三頭筋長頭
小円筋
棘下筋
広背筋
外腹斜筋

三角筋は腕を水平位まで挙上する。その後僧帽筋が引き継いで肩甲骨を動かし、腕をさらに挙上することを可能にする。

立って両脚を軽く開く。背筋はまっすぐに伸ばす。バーベルを回内位で持って、大腿の上に下ろす。両腕は肩幅よりも少し広めに開く。

☞ 息を吸い、バーベルを、体に沿って顎まで引き上げる。肘をできるだけ高く上げる。ゆっくりとコントロールしながら下ろす。動きの最後で息を吐く。

このエクササイズでは、主に三角筋全体、僧帽筋、上腕二頭筋、そして前腕の筋、殿筋、腰仙部の筋、腹筋が刺激される。この動きは力強い身体づくりのための非常に基本的な動きである。

動きの実行

38

肩部

ラテラルレイズ6：マシン・ラテラルレイズ
（専用のマシンを使ってラテラルレイズ）　15

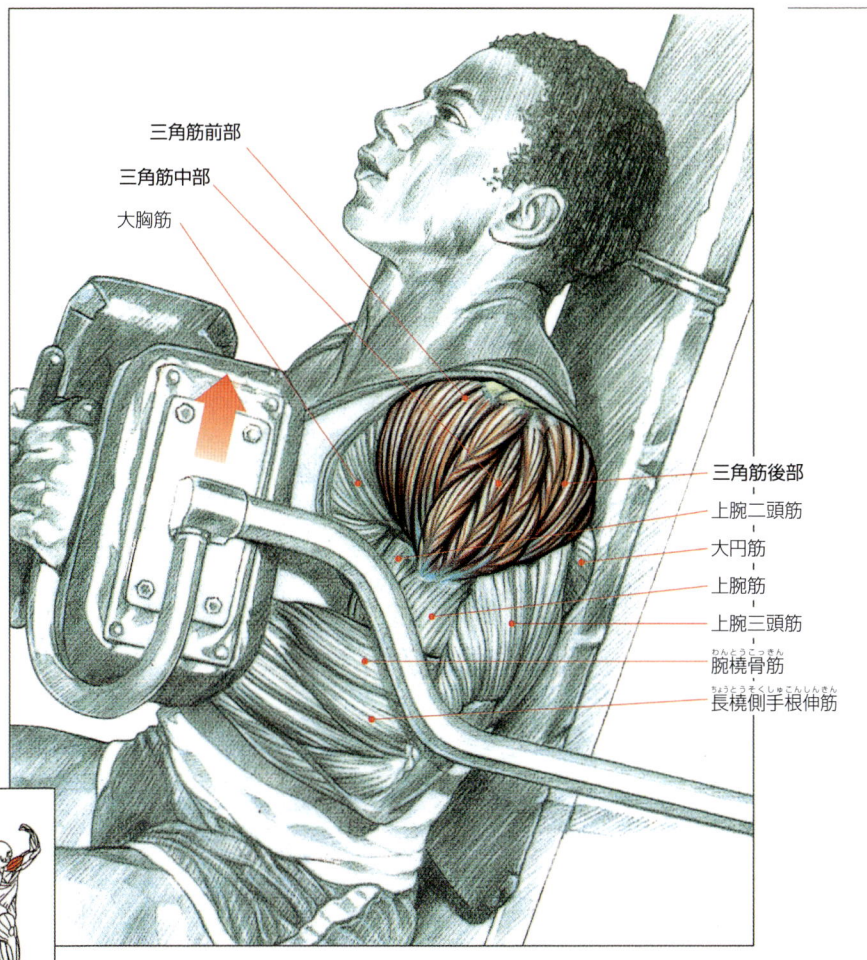

三角筋前部
三角筋中部
大胸筋

三角筋後部
上腕二頭筋
大円筋
上腕筋
上腕三頭筋
腕橈骨筋
長橈側手根伸筋

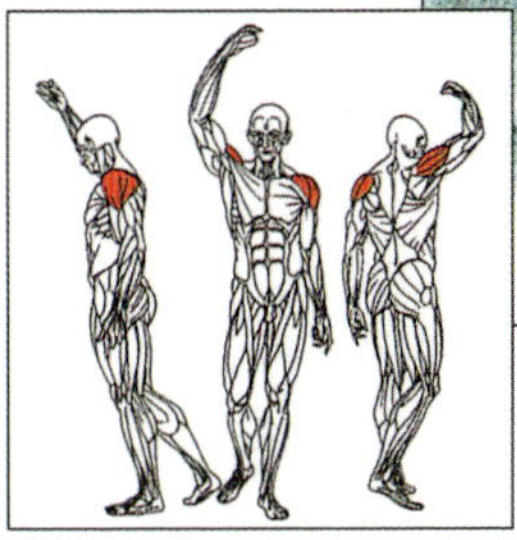

　マシンに座り、グリップを握る。
☞ 息を吸い、肘を水平まで挙上させる。動きの最後で息を吐く。
　このエクササイズでは三角筋、主に中部を刺激する。
　これは、初心者にとって非常によい動きである。姿勢や位置に集中する必要がなく、また回数多く反復することができる。

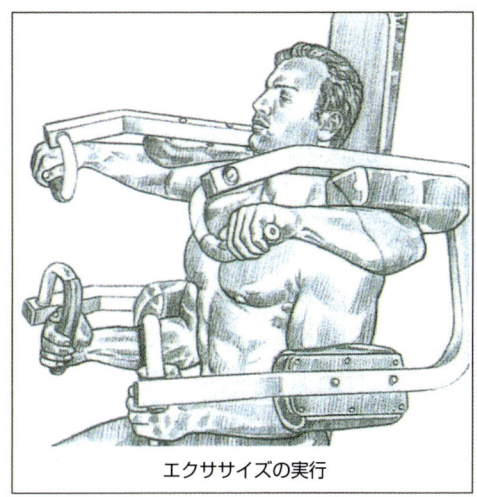

エクササイズの実行

肩部

16 ラテラルレイズ7：ペクデック・マシン・リアーラテラルレイズ
（専用のマシンを使って肩後面の筋の強化）

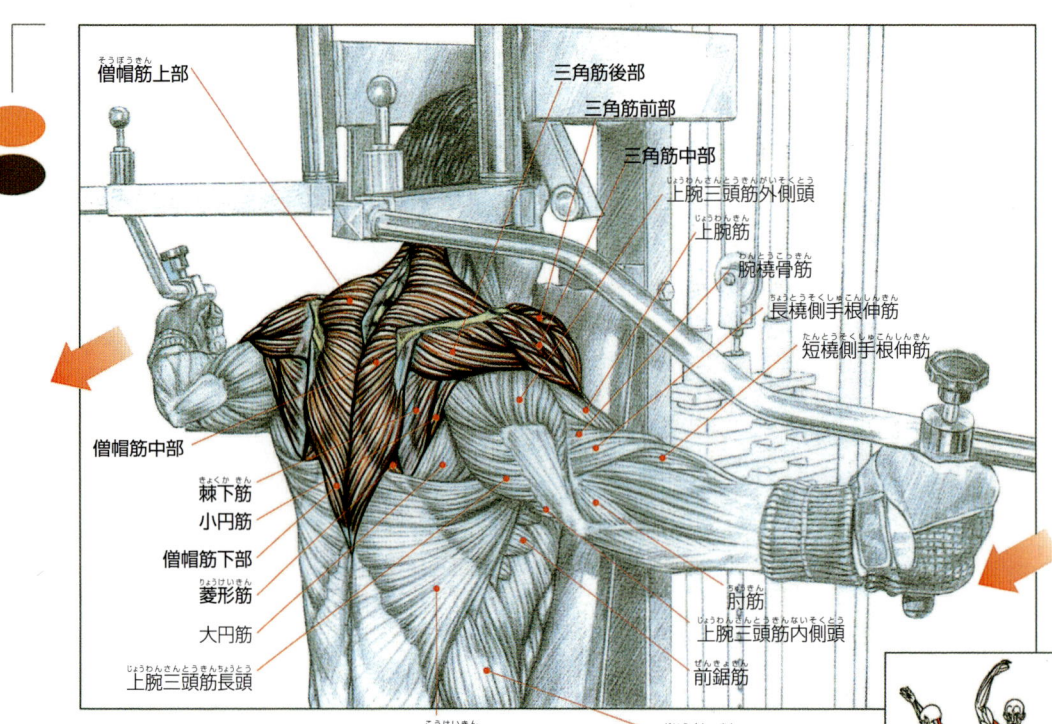

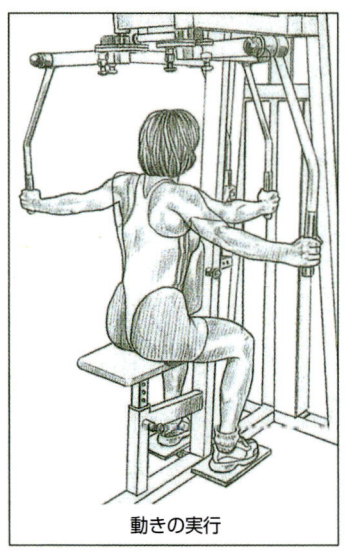

僧帽筋上部
三角筋後部
三角筋前部
三角筋中部
上腕三頭筋外側頭
上腕筋
腕橈骨筋
長橈側手根伸筋
短橈側手根伸筋
僧帽筋中部
棘下筋
小円筋
僧帽筋下部
菱形筋
大円筋
上腕三頭筋長頭
肘筋
上腕三頭筋内側頭
前鋸筋
広背筋
外腹斜筋

動きの実行

　マシンに向かって座り、胸をベンチの背もたれにつける。腕を前方に伸ばし、グリップを握る。
☞ 息を吸い、両腕を開いて、動きの最後に両肩甲骨を引き締める。息を吐く。
　このエクササイズでは、以下の筋を刺激する。
☞ 三角筋、主に後部
☞ 棘下筋
☞ 小円筋
　動きの最後で両肩甲骨を近づける際には、以下の筋が刺激される。
☞ 僧帽筋
☞ 菱形筋

3 胸部

1. ベンチプレス１
2. ベンチプレス２（両手の幅を狭めてベンチプレス）
3. ベンチプレス３（インクラインでのベンチプレス）
4. ベンチプレス４（デクラインベンチでのベンチプレス）
5. プッシュアップ（腕立て伏せ）
6. パラレルバー・ディップ（パラレルバーを使ってディップ）
7. ベンチプレス５（ダンベルを使ってベンチプレス）
8. フライ１（ダンベルを使ってフライ）
9. ベンチプレス６（ダンベルを使ってインクライン・ベンチプレス）
10. フライ２（ダンベルを使ってインクラインフライ）
11. フライ３（バタフライマシンを使ってフライ）
12. フライ４（プーリーを使って、立位でフライ）
13. プルオーバー１（ダンベルを使ってプルオーバー）
14. プルオーバー２（水平ベンチを使って、バーベルでプルオーバー）

胸部

1 ベンチプレス1

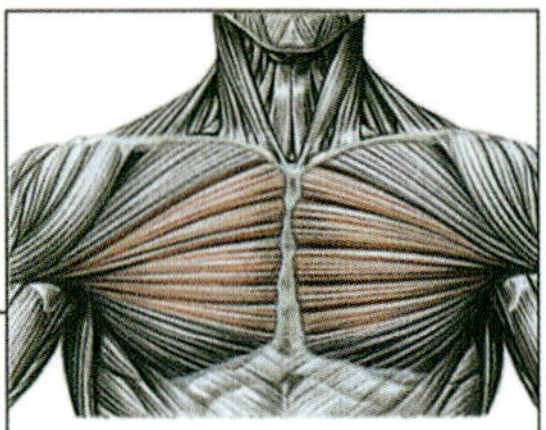

主に刺激される胸部の筋

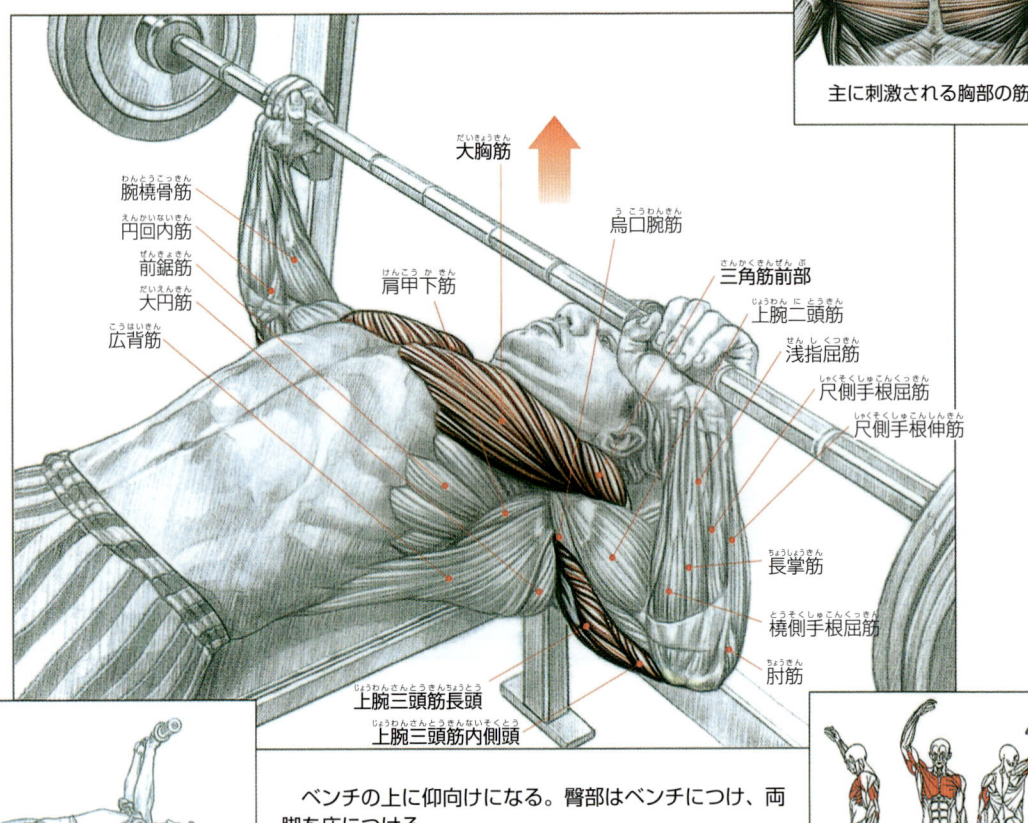

大胸筋
腕橈骨筋
円回内筋
前鋸筋
大円筋
広背筋
肩甲下筋
烏口腕筋
三角筋前部
上腕二頭筋
浅指屈筋
尺側手根屈筋
尺側手根伸筋
長掌筋
橈側手根屈筋
肘筋
上腕三頭筋長頭
上腕三頭筋内側頭

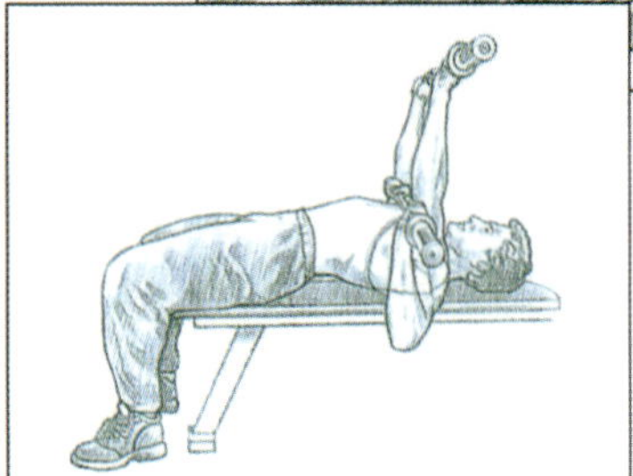

動きの実行

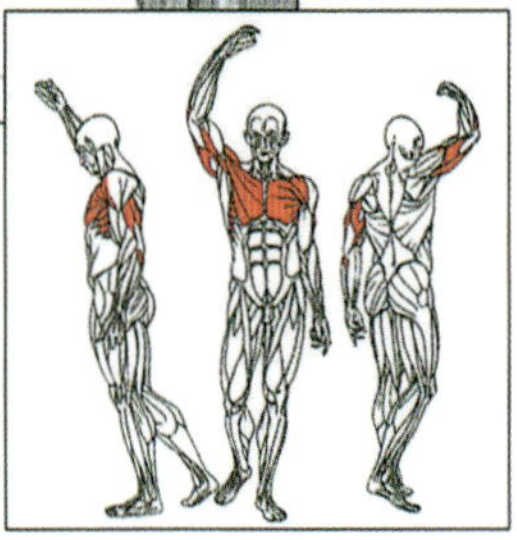

伝統的なベンチプレス：
両足を床につけるとより安定する

　ベンチの上に仰向けになる。臀部はベンチにつけ、両脚を床につける。
☞ 腕を肩幅よりも広く開き、回内位でバーベルを握る。
☞ 息を吸い、コントロールした動きでバーベルを胸まで下ろす。
☞ バーベルを挙上し、動きの最後で息を吐く。
　このエクササイズでは、大胸筋全体、小胸筋、上腕三頭筋、三角筋前部、前鋸筋、烏口腕筋が刺激される。

バリエーション：
(1)「パワーリフター」のように背をそらせて行う。この体勢の場合、大胸筋の腹部をより強く動員することになり、より重い重量を挙げることが可能となる。しかしながら、このバリエーションは、背中を保護するために慎重に行う必要がある。
(2) 肘を締めて体側につける。この場合、三角筋の前部を集中的に使う。
(3) 腕の開きを変えることで、刺激される筋が変わる。
　☞ より近づけることで、大胸筋の中央部が刺激される。
　☞ より離すことで、大胸筋の外側部が刺激される。
(4) バーベルの下ろす位置を変えることで、刺激される筋が変わる。
　☞ 肋軟骨の端に下ろすことで、大胸筋の腹部が刺激される。
　☞ 大胸筋の中央部に下ろすことで、大胸筋胸肋部が刺激される。
　☞ 胸骨上端に下ろすことで、大胸筋鎖骨部が刺激される。
(5) 腰痛がある場合、あるいは大胸筋の作用をより取り出して強化したい場合は、膝を曲げ、大腿を胸に引きつけて行う。
(6) ベンチプレスは、スミスマシンを使って行うこともある。

胸部

背をそらせて行うバリエーション

パワーリフターのように背をそらせて行うと、より重い負荷を挙げることが可能となる。非常に力の強い大胸筋下部がより強く動員されるためである。
パワーリフティングの競技では、足と頭は動かしてはならない。さらに、臀部は常にベンチに接していなくてはならない。
腰痛がある場合には、このバリエーションはすべきではない。

両脚を挙げて行うバリエーション

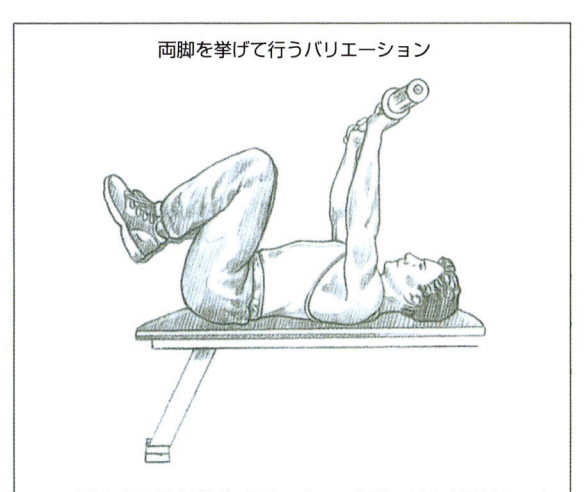

この動きを両脚を挙げて行うことで、腰椎の前弯を避けることができ、腰痛のある人の場合によい。
また、このバリエーションでは大胸筋の腹部の動員を抑え、中部と鎖骨部をより使うようになる。

大胸筋
鎖骨／大胸筋鎖骨部／肩峰／大胸筋胸肋部／節間溝／胸骨／大胸筋腱／上腕骨／大胸筋が腹筋の腱膜に移行／肋骨

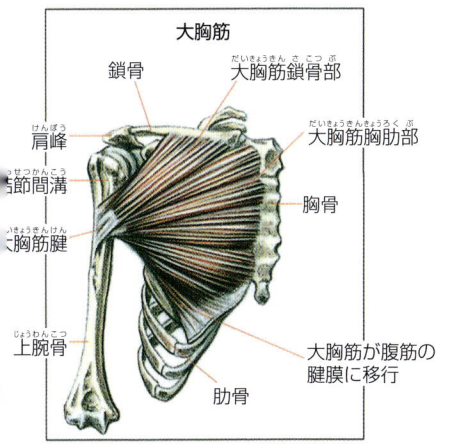

大胸筋の起始と停止
鎖骨／胸骨／肩甲骨／上腕骨／肋骨

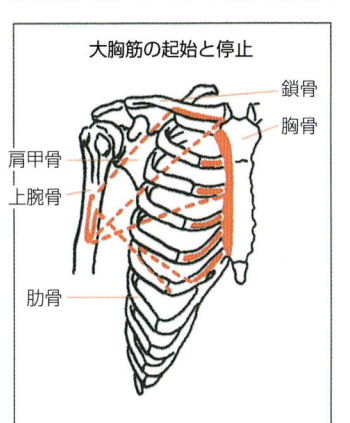

専用のマシンを使ったバリエーション：
座るか、またはマシンに寄りかかり、バーまたはグリップを握る。
☞ 息を吸って前方に押し出し、動きの最後で息を吐く。
このエクササイズは危険がなく、初心者に適している。また、姿勢や位置を気にすることなく大胸筋を刺激することができる。筋力トレーニングの初心者にとって、フリーウエイトでのベンチプレスへ移行が容易になる。
筋力強化を重ねたアスリートの場合は、マシンを使い分けることによって、大胸筋の上部、中部、下部を特に取り出してトレーニングしやすくなる。また、そうすることで、筋の形をバランスよく強化することができる。

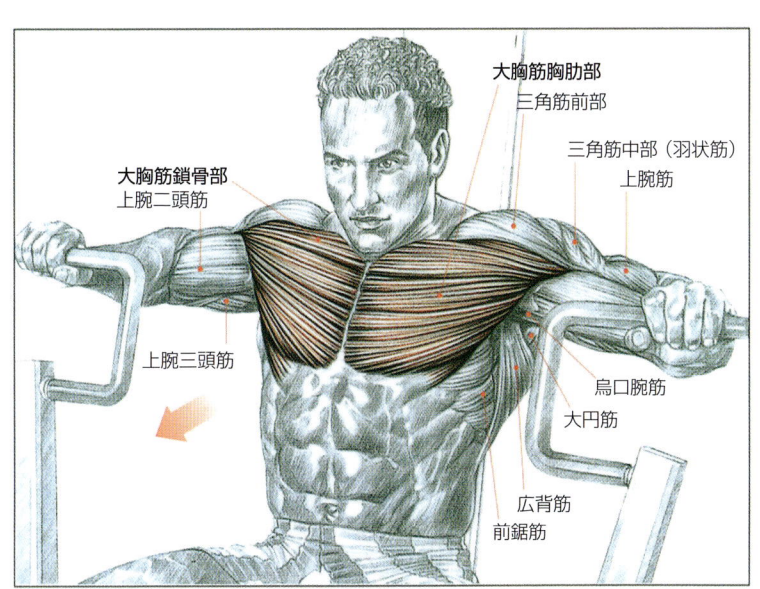

大胸筋鎖骨部／上腕二頭筋／大胸筋胸肋部／三角筋前部／三角筋中部（羽状筋）／上腕筋／上腕三頭筋／烏口腕筋／大円筋／広背筋／前鋸筋

胸部

2 ベンチプレス2：クローズグリップ・ベンチプレス
（両手の幅を狭めてベンチプレス）

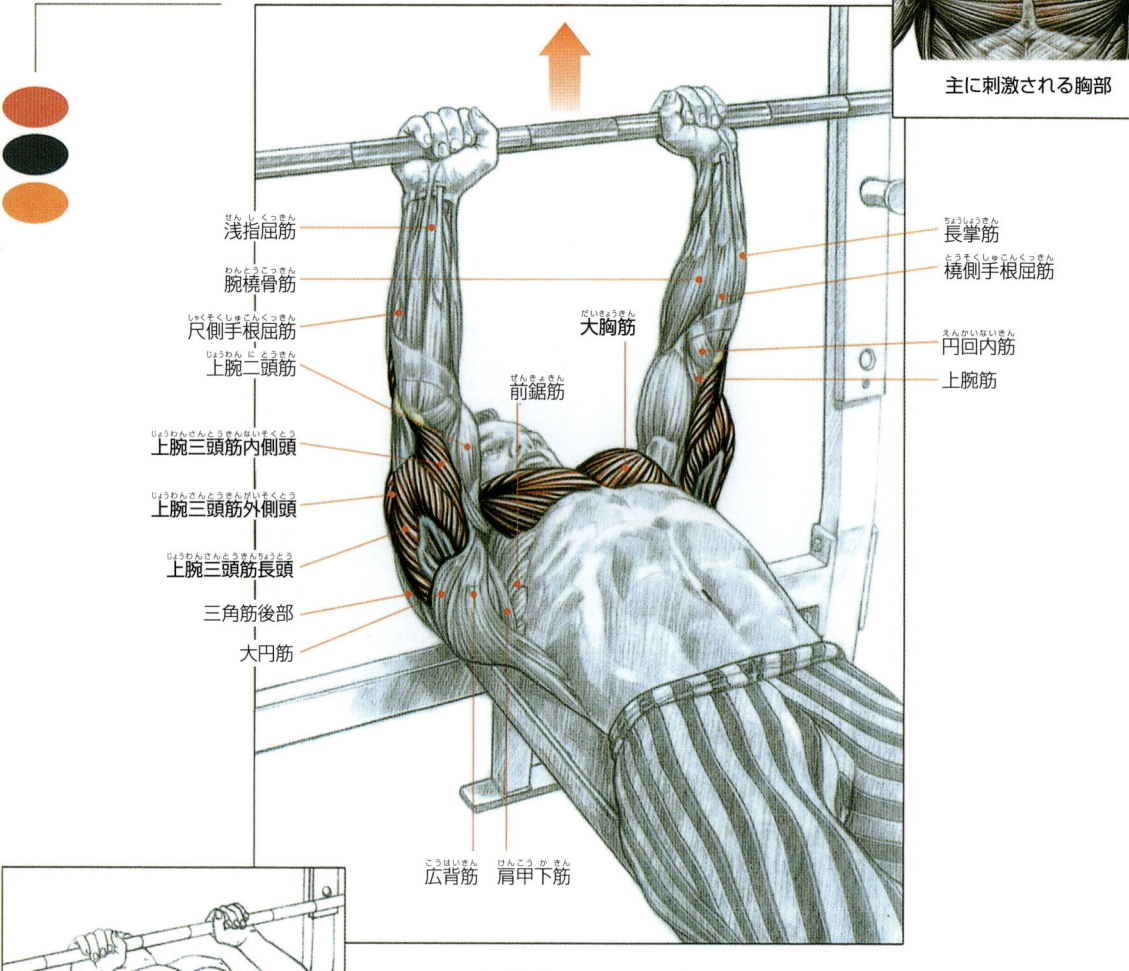

主に刺激される胸部

浅指屈筋
腕橈骨筋
尺側手根屈筋
上腕二頭筋
上腕三頭筋内側頭
上腕三頭筋外側頭
上腕三頭筋長頭
三角筋後部
大円筋
前鋸筋
大胸筋
長掌筋
橈側手根屈筋
円回内筋
上腕筋
広背筋　肩甲下筋

肘を開いて行うと、
上腕三頭筋がより刺激される

　ベンチの上に仰向けになる。臀部はベンチにつけ、両脚を床につける。手を回内位にしてバーを握る。両手の間隔は、手首の柔軟性に応じて10〜40cm。
☞ 息を吸い、バーベルを胸まで下ろす。肘は開く。動きをコントロールして行う。
☞ バーベルを挙上し、動きの最後で息を吐く。
　このエクササイズは大胸筋の胸骨角（胸骨のほぼ中央）の高さ、上腕三頭筋（この意味では、このエクササイズは腕の強化のプログラムの項に含まれうる）の強化に適している。
　肘を体側につけて行うと、三角筋の前面が主に作用する。この動きはスミスマシンを使って行うこともできる。

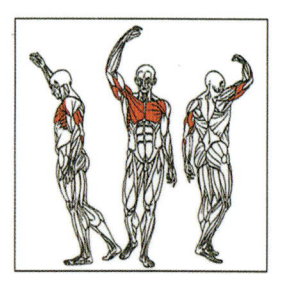

ベンチプレス 3：インクラインプレス
（インクラインベンチでのベンチプレス）

主に刺激される胸部

- 大胸筋鎖骨部
- 大胸筋胸肋部
- 烏口腕筋
- 三角筋前部
- 上腕二頭筋
- 前鋸筋
- 肩甲下筋
- 広背筋
- 大円筋
- 上腕三頭筋長頭
- 上腕筋
- 上腕三頭筋内側頭

45°〜60°のインクラインベンチの上に仰向けになる。手を回内位にしてバーを握る。両手の間隔は肩幅。

☞ 息を吸い、バーベルを頸切痕まで下ろす。肘は開く。バーベルを挙上し、動きの最後で息を吐く。

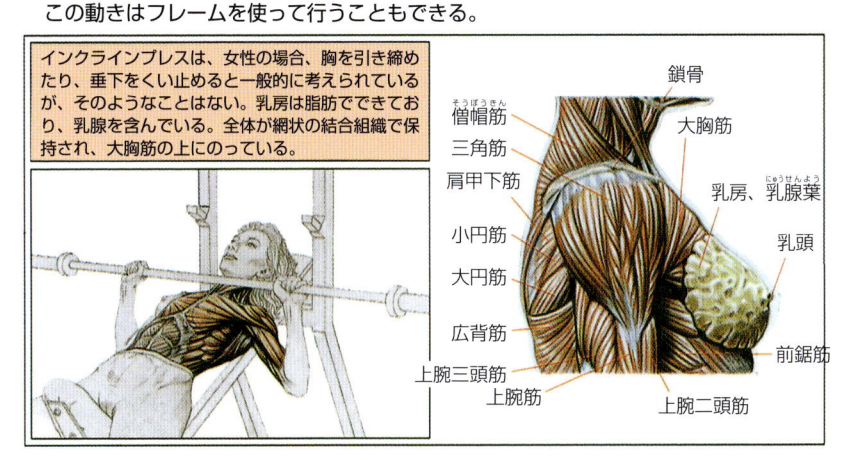

このエクササイズは大胸筋、主に鎖骨部、三角筋前部、上腕三頭筋、前鋸筋、小円筋を刺激する。

この動きはフレームを使って行うこともできる。

インクラインプレスは、女性の場合、胸を引き締めたり、垂下をくい止めると一般的に考えられているが、そのようなことはない。乳房は脂肪でできており、乳腺を含んでいる。全体が網状の結合組織で保持され、大胸筋の上にのっている。

- 僧帽筋
- 三角筋
- 肩甲下筋
- 小円筋
- 大円筋
- 広背筋
- 上腕三頭筋
- 上腕筋
- 鎖骨
- 大胸筋
- 乳房、乳腺葉
- 乳頭
- 前鋸筋
- 上腕二頭筋

胸部

4 ベンチプレス4：デクラインプレス
（デクラインベンチでのベンチプレス）

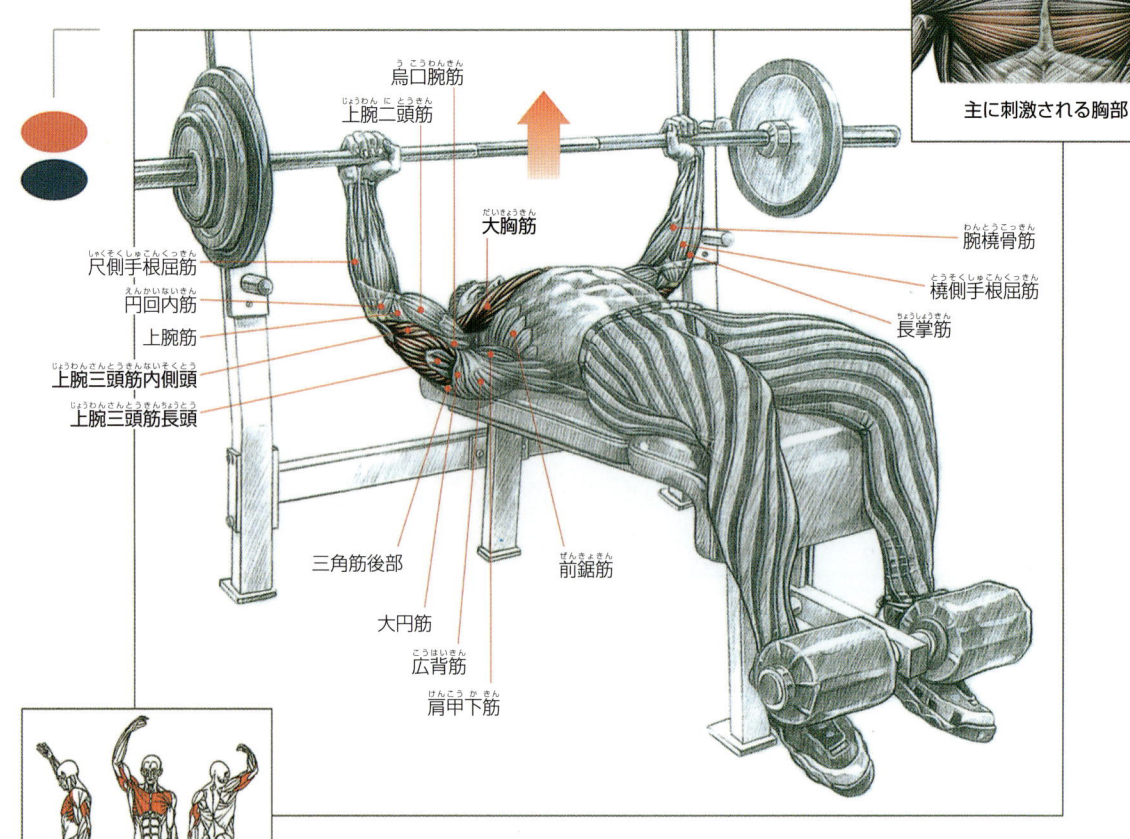

主に刺激される胸部

烏口腕筋
上腕二頭筋
大胸筋
腕橈骨筋
尺側手根屈筋
円回内筋
上腕筋
上腕三頭筋内側頭
上腕三頭筋長頭
橈側手根屈筋
長掌筋
三角筋後部
前鋸筋
大円筋
広背筋
肩甲下筋

　ベンチに仰向けになる。ベンチは少し傾け（20°〜40°）頭を下げる。両脚を固定して、滑り落ちないようにする。回内位でバーを握る。両手の幅は肩幅と同じか少し広め。
☞ 息を吸って、動きをコントロールして、胸の上にバーを下ろす。バーベルを挙上し、動きの最後で息を吐く。
　このエクササイズは大胸筋、主に腹部、上腕三頭筋、三角筋前部を刺激する。
　この動きでは、大胸筋の下角が強調される。さらに、バーを頸の高さに下ろすと、大胸筋が適度に引き伸ばされることにより柔軟になる。
　この動きはフレームを使って行うこともできる。

胸部

プッシュアップ（腕立て伏せ） 5

主に刺激される胸部

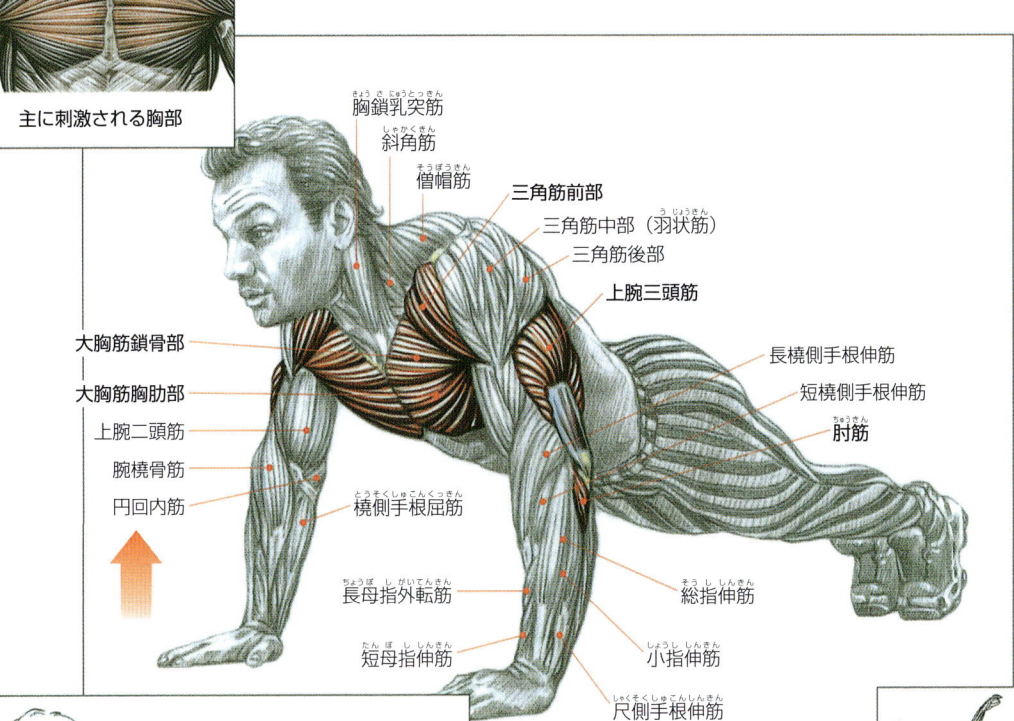

- 胸鎖乳突筋
- 斜角筋
- 僧帽筋
- **三角筋前部**
- 三角筋中部（羽状筋）
- 三角筋後部
- **上腕三頭筋**
- 長橈側手根伸筋
- 短橈側手根伸筋
- **肘筋**
- **大胸筋鎖骨部**
- **大胸筋胸肋部**
- 上腕二頭筋
- 腕橈骨筋
- 円回内筋
- 橈側手根屈筋
- 長母指外転筋
- 総指伸筋
- 短母指伸筋
- 小指伸筋
- 尺側手根伸筋

エクササイズのスタート

腕立て伏せを実行している間、前鋸筋は収縮することによって肩甲骨を胸郭状に保持し、腕を胸に連動させる。

　床にうつぶせになり、両手を伸ばす。手は肩幅（もしくは少し広め）、両脚は揃えるか、もしくは少し開く。
☞ 息を吸って両腕を曲げ、胸郭を床に近づける。腰部が過度にくぼまないようにする。
☞ 両腕が完全に伸展するまで押し上げる。
☞ 動きの最後に息を吐く。
　このエクササイズは、大胸筋および上腕三頭筋の強化に適している。このエクササイズはどこででも行うことができる。
　胸部の傾きを変えることで、作用する筋が変わる。
☞ 大胸筋鎖骨部：両足を高くする。
☞ 大胸筋下部：胸を高くする。

胸部

6 パラレルバー・ディップ
（パラレルバーを使ってディップ）

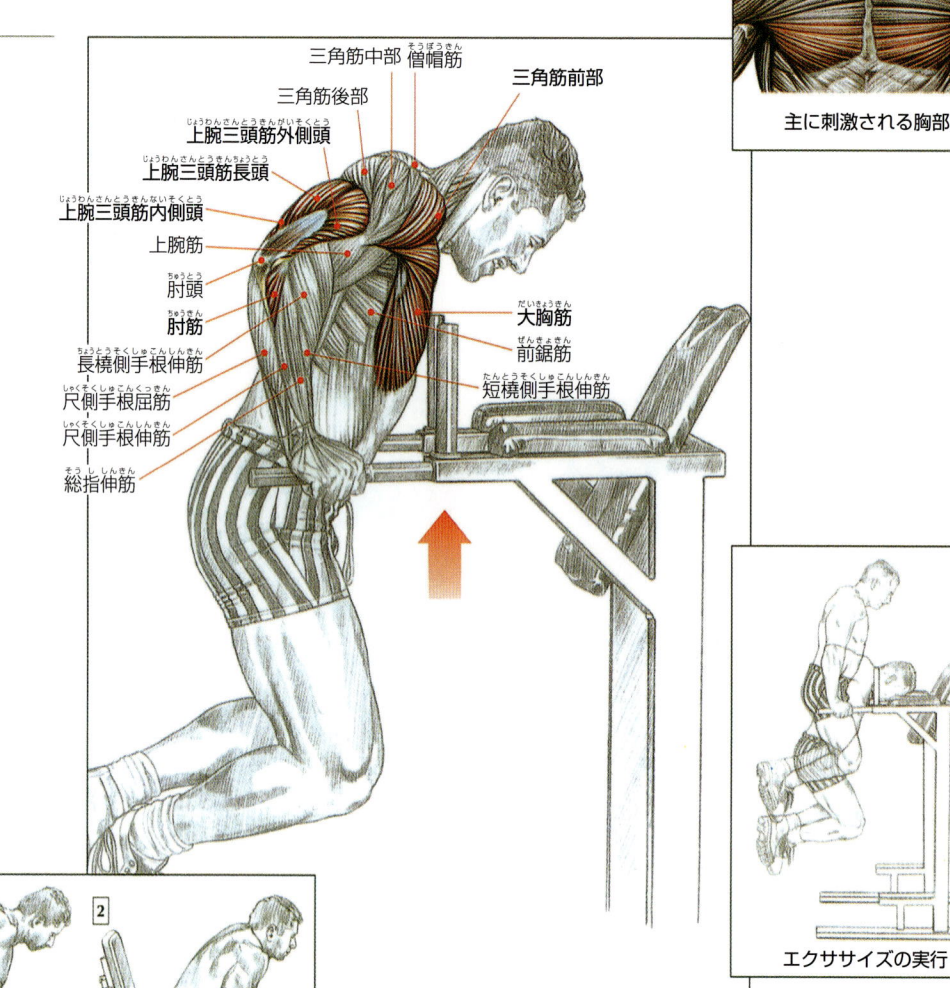

主に刺激される胸部

三角筋中部　僧帽筋
三角筋後部
三角筋前部
上腕三頭筋外側頭
上腕三頭筋長頭
上腕三頭筋内側頭
上腕筋
肘頭
肘筋
大胸筋
前鋸筋
長橈側手根伸筋
尺側手根屈筋
短橈側手根伸筋
尺側手根伸筋
総指伸筋

エクササイズの実行

専用マシンを使ったディップ
1. 開始；2. 終了

平行のバーで身体を支え、腕は伸ばす。両足は浮かせる。
☞ 息を吸い、肘を屈曲させ、胸がバーの高さにくるまで下げる。
☞ 肘を伸展させもとの高さまでもどる。動きの最後で息を吐く。
　胸が傾くほど、大胸筋（胸骨下部）の関与がより重要となる。反対に、胸部がまっすぐなほど、上腕二頭筋が刺激される。
　このエクササイズは、大胸筋を引き伸ばし、肩甲帯の柔軟性を高めるのに適している。しかし、これにはあらかじめある程度の筋力を獲得している必要があるため、初心者には勧められない。
そのため、ディップの専用マシンでこの動きに慣れることが可能である。
　10～20回の反復で、最高の効果が得られる。
　さらに筋力ならびに筋量をつけたい場合は、この動きを習得したアスリートであれば、ウエストまたは足に負荷をつけて行ってもよい。

備考：いずれにせよ、ディップは肩関節を痛めないよう、慎重に行うべきである。

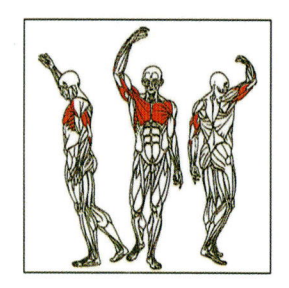

胸部

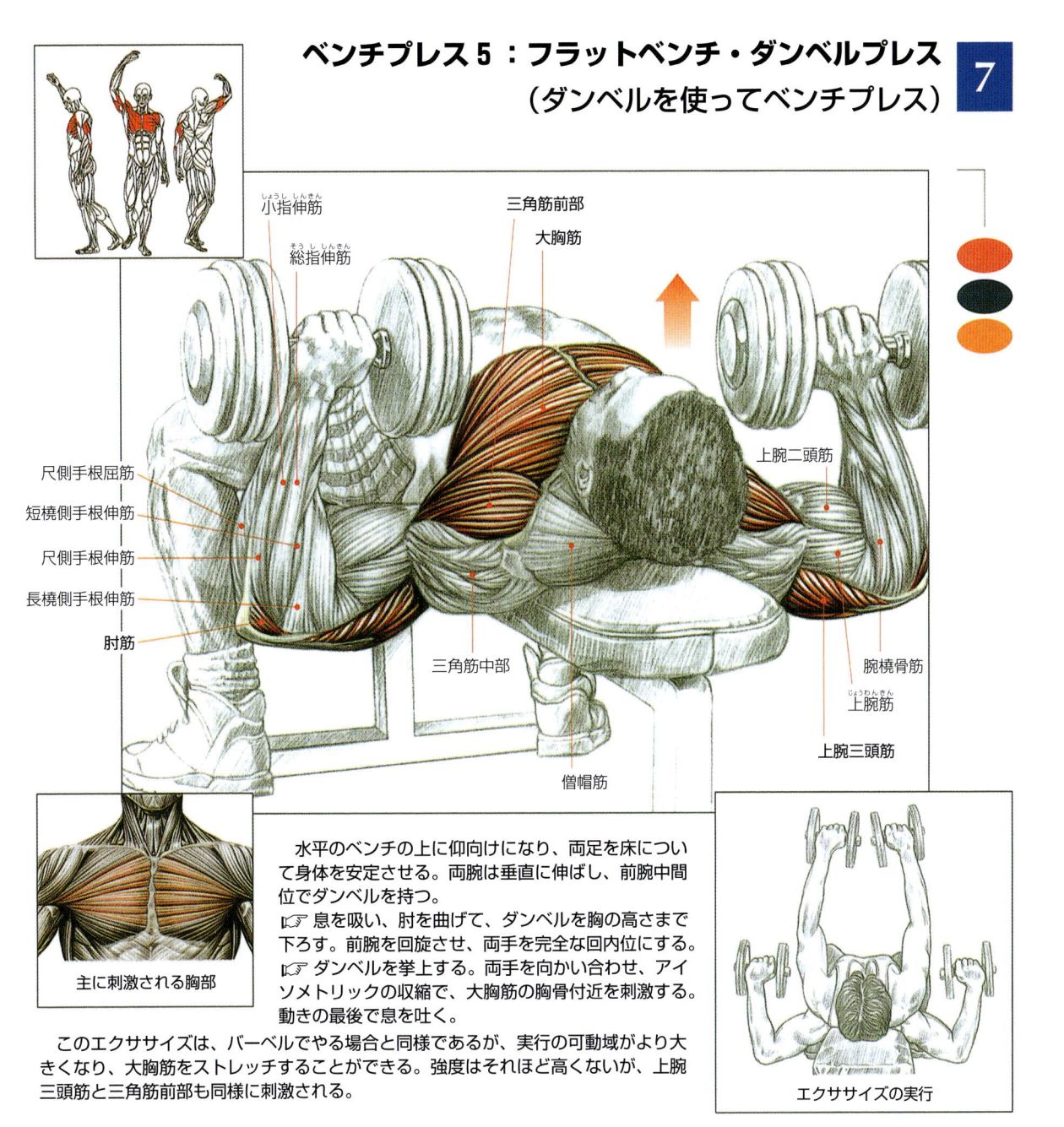

ベンチプレス5：フラットベンチ・ダンベルプレス
（ダンベルを使ってベンチプレス）

7

筋肉ラベル:
- 小指伸筋
- 総指伸筋
- 三角筋前部
- 大胸筋
- 尺側手根屈筋
- 短橈側手根伸筋
- 尺側手根伸筋
- 長橈側手根伸筋
- 肘筋
- 上腕二頭筋
- 三角筋中部
- 腕橈骨筋
- 上腕筋
- 上腕三頭筋
- 僧帽筋

主に刺激される胸部

水平のベンチの上に仰向けになり、両足を床について身体を安定させる。両腕は垂直に伸ばし、前腕中間位でダンベルを持つ。

☞ 息を吸い、肘を曲げて、ダンベルを胸の高さまで下ろす。前腕を回旋させ、両手を完全な回内位にする。

☞ ダンベルを挙上する。両手を向かい合わせ、アイソメトリックの収縮で、大胸筋の胸骨付近を刺激する。動きの最後で息を吐く。

このエクササイズは、バーベルでやる場合と同様であるが、実行の可動域がより大きくなり、大胸筋をストレッチすることができる。強度はそれほど高くないが、上腕三頭筋と三角筋前部も同様に刺激される。

エクササイズの実行

胸部

8 フライ1：ダンベルフライ
（ダンベルを使ってフライ）

主に刺激される胸部

前鋸筋
三角筋前部
三角筋中部
大胸筋
上腕三頭筋
上腕二頭筋
上腕筋

総指伸筋
短橈側手根伸筋
長橈側手根伸筋
腕橈骨筋
僧帽筋

エクササイズの実行

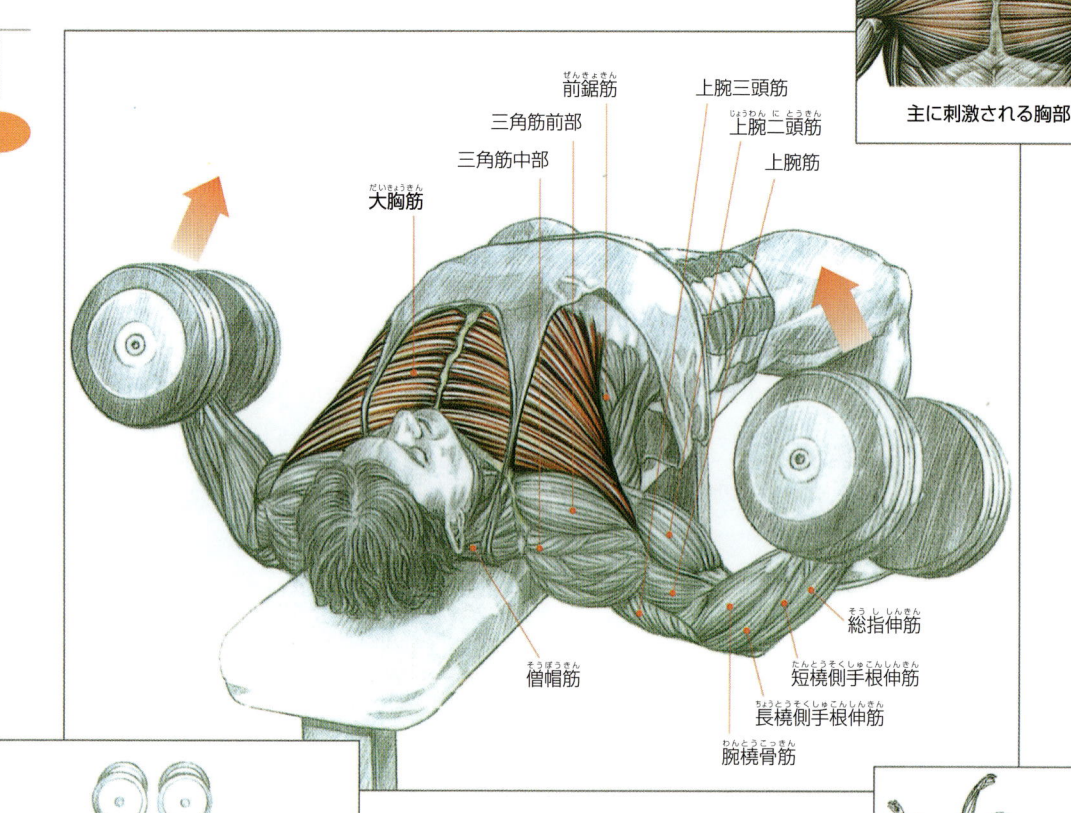

　幅の狭いベンチに仰向けになる。肩の動きが妨げられないような幅をとる。両手にダンベルを持つ。腕は伸ばすが、肘を軽く曲げ、関節にかかる負担をやわらげる。
☞ 息を吸い、腕を水平位まで開く。
☞ 息を吐きながら、腕を垂直まで挙上する。
☞ 動きの最後で少しアイソメトリックの収縮をして、大胸筋胸肋部の作用を強調する。
　このエクササイズを重い負荷で行ってはならない。このエクササイズの作用は主に大胸筋に限られる。これは、胸郭を広げるための基本的なエクササイズであり、肺活量を増大させるのに役立つ。さらに、筋の柔軟性を高めるのにも適した動きである。

胸部

ベンチプレス 6：インクライン・ダンベルプレス
（ダンベルを使ってインクライン・ベンチプレス）

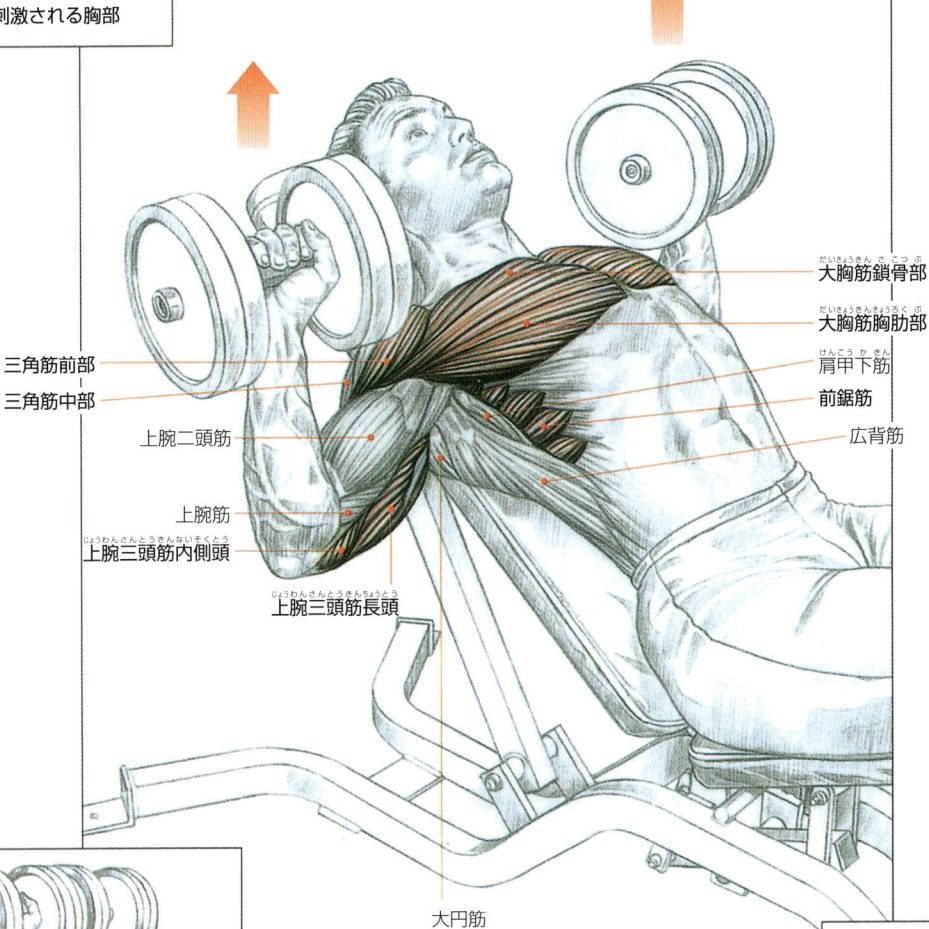

9

主に刺激される胸部

大胸筋鎖骨部
大胸筋胸肋部
肩甲下筋
前鋸筋
広背筋

三角筋前部
三角筋中部
上腕二頭筋
上腕筋
上腕三頭筋内側頭
上腕三頭筋長頭

大円筋

動きの最後

　いくらか傾斜のついたベンチに座る（三角筋に負担をかけすぎないよう、６０°をこえないように）、肘関節を屈曲し、回内位でダンベルを持つ。
☞ 息を吸い、腕を垂直に挙上し、ダンベルを近づける。動きの最後で息を吐く。
　このエクササイズは、バーベルを使ったインクラインベンチプレスとダンベルを使ったインクラインフライの中間に当たり、大胸筋、主に鎖骨部を刺激し、柔軟性を高める。
また、三角筋前部、前鋸筋および小円筋（両方とも肩甲骨を固定し、腕を胸に連動させる）を刺激する。また、バーベルを使用したときほどではないが、上腕三頭筋も刺激する。

バリエーション：手を回内位で開始し、挙上しながら手首を回旋させて半回内位にもってきて、ダンベルを向かい合わせる。こうすることで、大胸筋の胸骨部が刺激される。

51

胸部

10 フライ２：インクライン・ダンベルフライ
（ダンベルを使ってインクラインフライ）

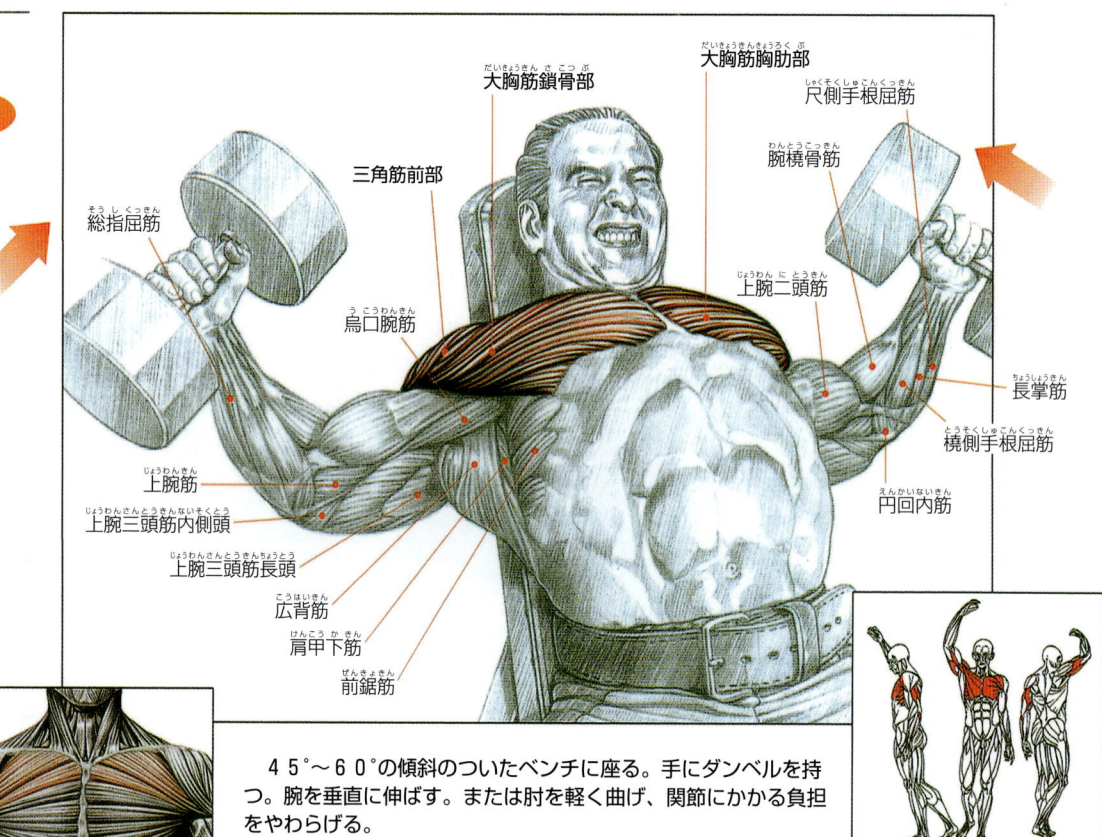

解剖図ラベル：
- 総指屈筋（そうしくっきん）
- 三角筋前部
- 大胸筋鎖骨部（だいきょうきんさこつぶ）
- 大胸筋胸肋部（だいきょうきんきょうろくぶ）
- 尺側手根屈筋（しゃくそくしゅこんくっきん）
- 腕橈骨筋（わんとうこっきん）
- 烏口腕筋（うこうわんきん）
- 上腕二頭筋（じょうわんにとうきん）
- 長掌筋（ちょうしょうきん）
- 橈側手根屈筋（とうそくしゅこんくっきん）
- 円回内筋（えんかいないきん）
- 上腕筋（じょうわんきん）
- 上腕三頭筋内側頭（じょうわんさんとうきんないそくとう）
- 上腕三頭筋長頭（じょうわんさんとうきんちょうとう）
- 広背筋（こうはいきん）
- 肩甲下筋（けんこうかきん）
- 前鋸筋（ぜんきょきん）

主に刺激される胸部

４５°～６０°の傾斜のついたベンチに座る。手にダンベルを持つ。腕を垂直に伸ばす。または肘を軽く曲げ、関節にかかる負担をやわらげる。
☞ 息を吸い、腕を水平位まで開く。
☞ 息を吐きながら、腕を垂直に挙げる。
　この動きは重い負荷で行ってはならない。作用は大胸筋、主に鎖骨部に集中する。「プルオーバー」とともに、胸郭を広げるための基本的なエクササイズである。

胸部

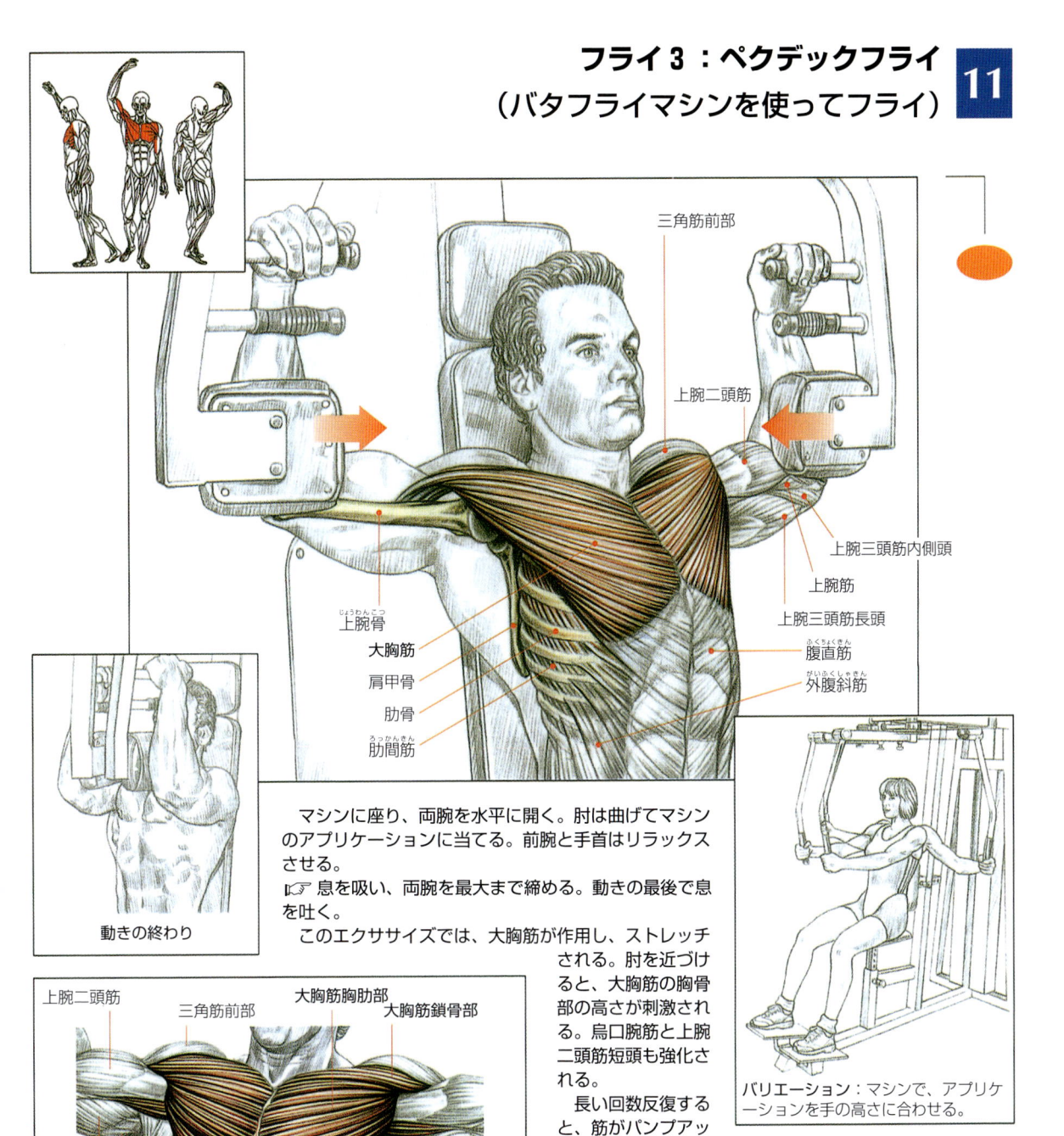

フライ3：ペクデックフライ 11
（バタフライマシンを使ってフライ）

三角筋前部
上腕二頭筋
上腕三頭筋内側頭
上腕筋
上腕三頭筋長頭
上腕骨（じょうわんこつ）
大胸筋
肩甲骨
肋骨
肋間筋（ろっかんきん）
腹直筋（ふくちょくきん）
外腹斜筋（がいふくしゃきん）

動きの終わり

上腕二頭筋
三角筋前部
大胸筋胸肋部
大胸筋鎖骨部
上腕三頭筋長頭
烏口腕筋
胸骨
前鋸筋
肩甲下筋
大円筋
広背筋

マシンに座り、両腕を水平に開く。肘は曲げてマシンのアプリケーションに当てる。前腕と手首はリラックスさせる。

☞ 息を吸い、両腕を最大まで締める。動きの最後で息を吐く。

このエクササイズでは、大胸筋が作用し、ストレッチされる。肘を近づけると、大胸筋の胸骨部の高さが刺激される。烏口腕筋と上腕二頭筋短頭も強化される。

長い回数反復すると、筋がパンプアップする。初心者の場合は、十分な筋力がついてからより複合的な動きに移行することを勧める。

バリエーション：マシンで、アプリケーションを手の高さに合わせる。

53

胸部

12 フライ4：ケーブル・クロスオーバーフライ
（プーリーを使って、立位でフライ）

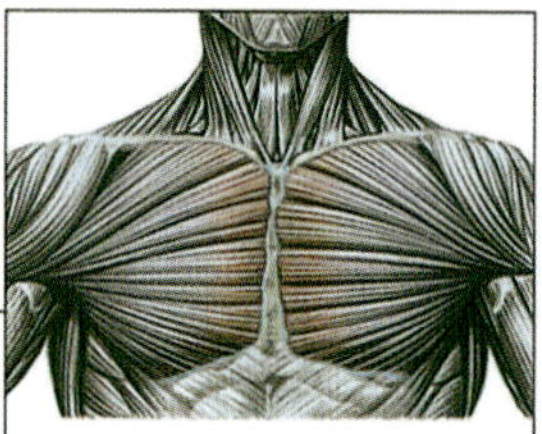

主に刺激される胸部

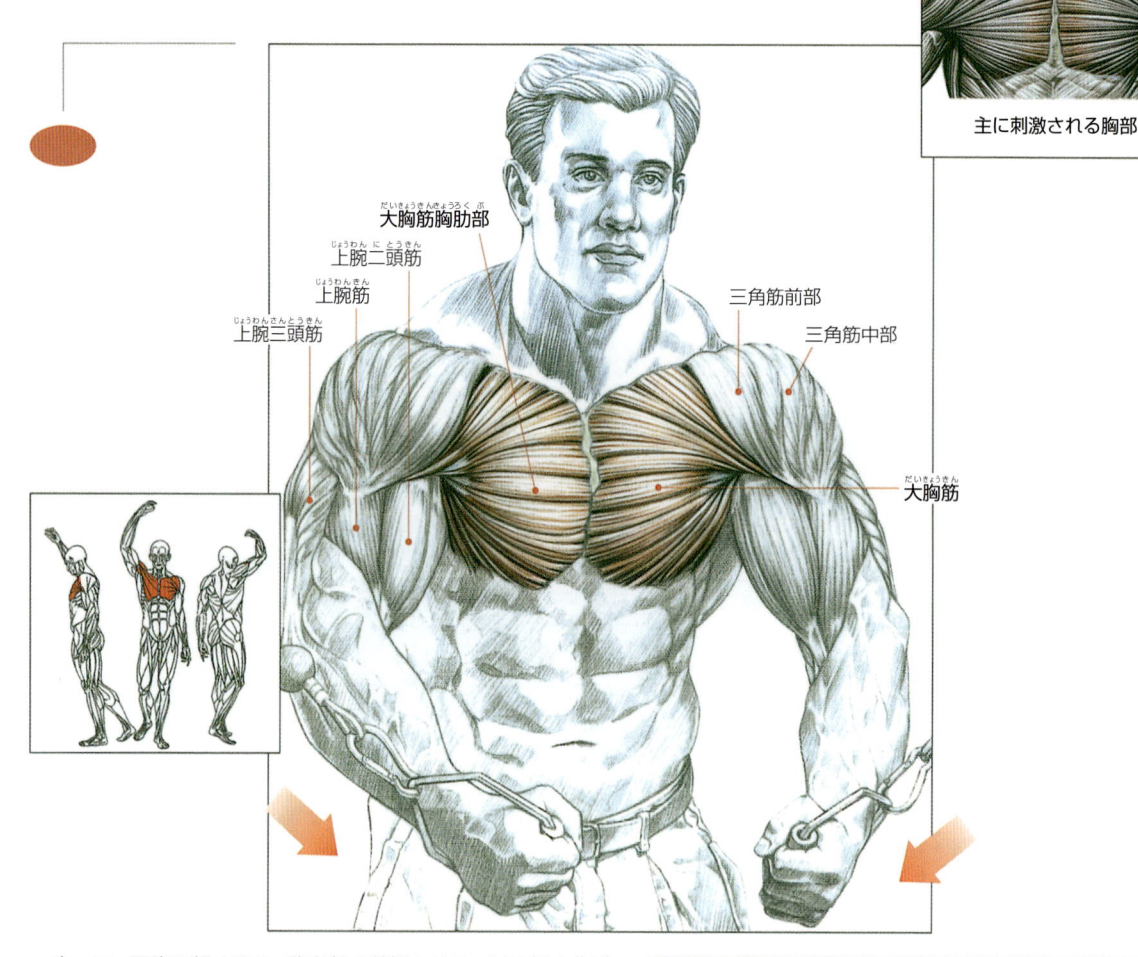

大胸筋胸肋部
上腕二頭筋
上腕筋
上腕三頭筋
三角筋前部
三角筋中部
大胸筋

立って、両脚は軽く開く。胸を軽く前傾させる。肘は軽く曲げ、グリップを握り、両腕を開く。
☞ 息を吸って、腕を閉じてグリップを合わせる。動きの最後で息を吐く。

大胸筋の強化に適している。長く反復すると、筋がパンプアップする。胸部の前傾と腕の角度を変えることで、大胸筋全体を刺激することができる。

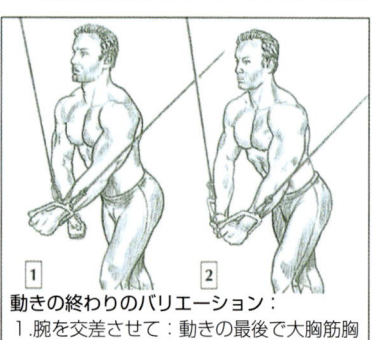

動きの終わりのバリエーション：
1. 腕を交差させて：動きの最後で大胸筋胸肋部の作用が増大
2. 通常の実行

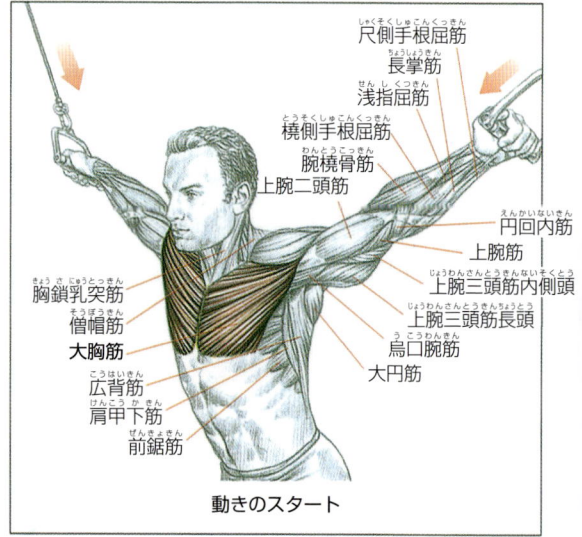

尺側手根屈筋
長掌筋
浅指屈筋
橈側手根屈筋
腕橈骨筋
上腕二頭筋
胸鎖乳突筋
僧帽筋
大胸筋
広背筋
肩甲下筋
前鋸筋
円回内筋
上腕筋
上腕三頭筋内側頭
上腕三頭筋長頭
烏口腕筋
大円筋

動きのスタート

胸部

プルオーバー1：ダンベル・プルオーバー
（ダンベルを使ってプルオーバー） 13

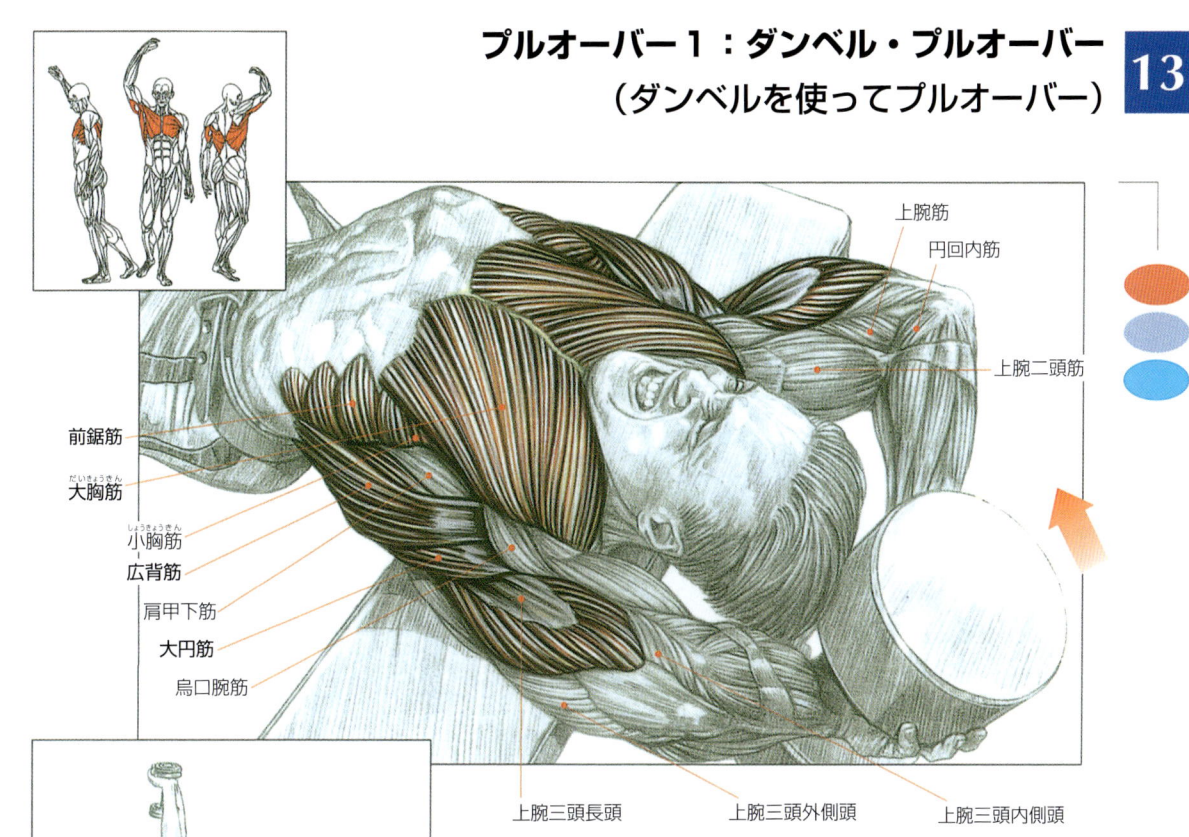

上腕筋
円回内筋
上腕二頭筋

前鋸筋
大胸筋
小胸筋
広背筋
肩甲下筋
大円筋
烏口腕筋

上腕三頭長頭　　上腕三頭外側頭　　上腕三頭内側頭

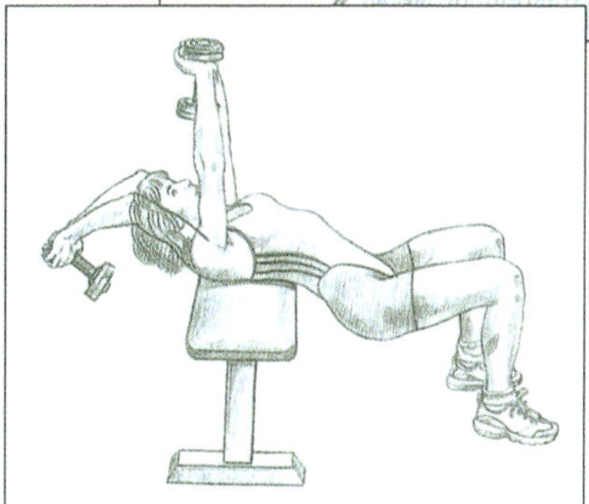

ベンチに仰向けになり、足は床につける。両手でダンベルを持ち、腕を伸ばす。ディスクを手のひらに載せ、親指と人差し指でグリップを握る。

☞ 息を吸い、ダンベルを頭の後ろに下ろす。肘は軽く曲げておく。
☞ 息を吐きながら元の位置に戻す。

このエクササイズは、大胸筋、上腕三頭筋長頭、大円筋、広背筋、前鋸筋、菱形筋、小胸筋、肩甲骨を安定させ、上腕骨を安定して動かすための筋を強化する。

このエクササイズは、胸郭の拡大のためにも行われる。この場合、軽い負荷で行い、肘は曲げすぎないようにする。可能であれば凸状のベンチを使い、または、ベンチを横に使って、骨盤を肩甲帯よりも低くする。動きのはじめに息を最大に吸い、動きの最後まで吐かないことが重要である。

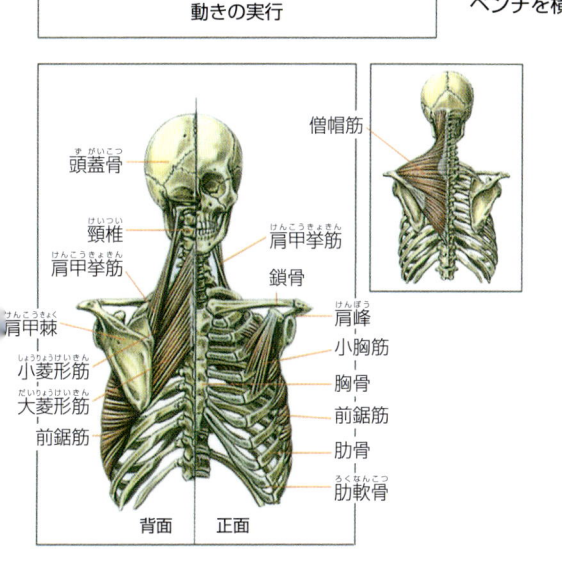

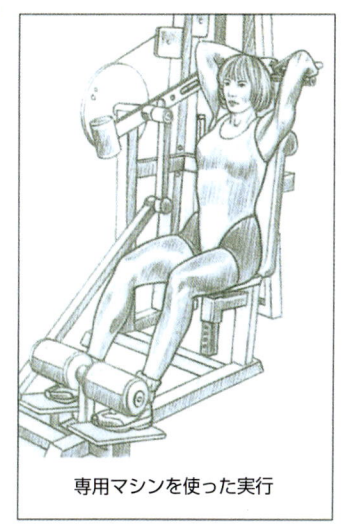

動きの実行

僧帽筋
頭蓋骨
頸椎
肩甲挙筋
肩甲挙筋
鎖骨
肩甲棘
肩峰
小胸筋
小菱形筋
胸骨
大菱形筋
前鋸筋
前鋸筋
肋骨
肋軟骨

背面　正面

専用マシンを使った実行

55

胸部

14 プルオーバー2：バーベル・プルオーバー
（水平ベンチを使って、バーベルでプルオーバー）

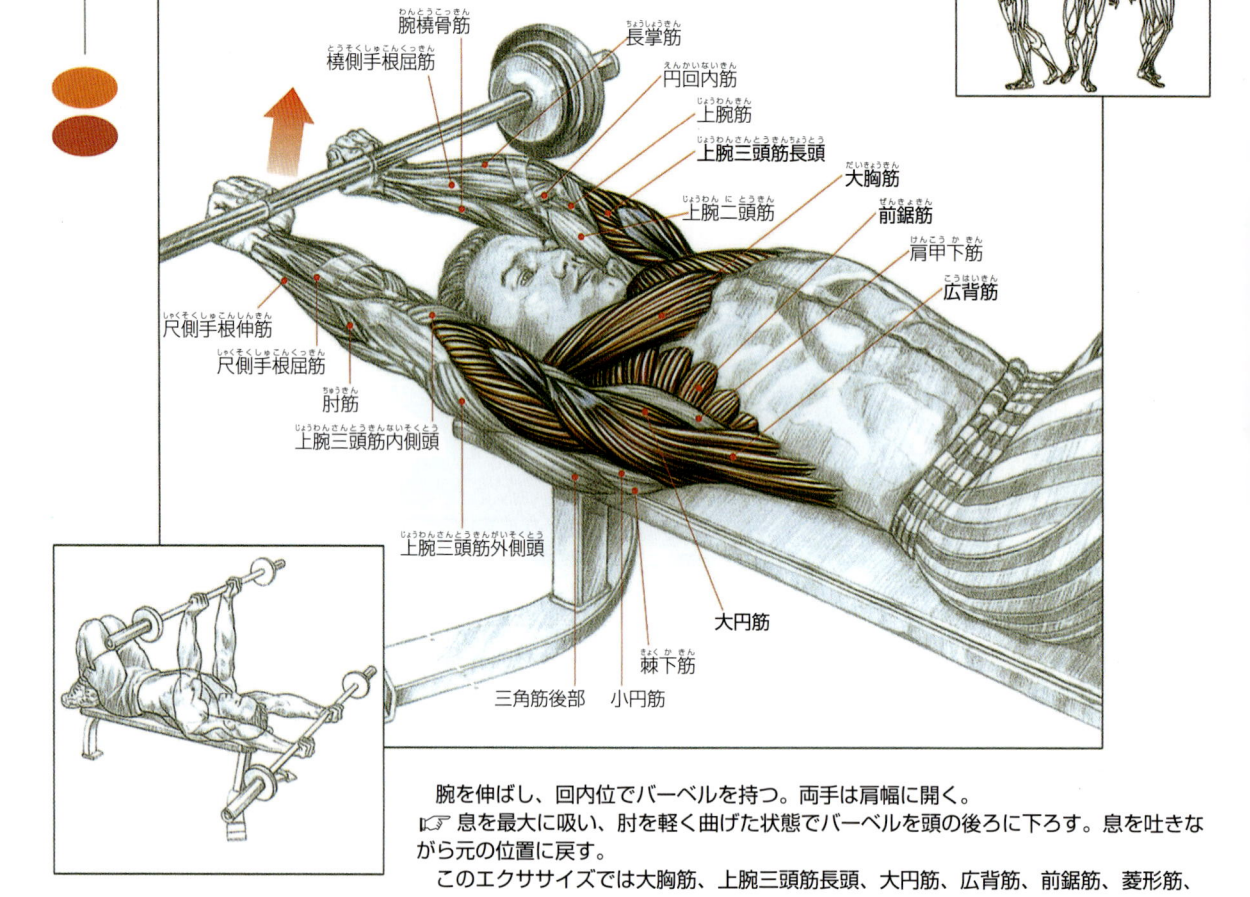

ラベル（上部の図）:
- 腕橈骨筋
- 橈側手根屈筋
- 長掌筋
- 円回内筋
- 上腕筋
- 上腕三頭筋長頭
- 大胸筋
- 上腕二頭筋
- 前鋸筋
- 肩甲下筋
- 広背筋
- 尺側手根伸筋
- 尺側手根屈筋
- 肘筋
- 上腕三頭筋内側頭
- 上腕三頭筋外側頭
- 大円筋
- 棘下筋
- 三角筋後部
- 小円筋

腕を伸ばし、回内位でバーベルを持つ。両手は肩幅に開く。
☞ 息を最大に吸い、肘を軽く曲げた状態でバーベルを頭の後ろに下ろす。息を吐きながら元の位置に戻す。
このエクササイズでは大胸筋、上腕三頭筋長頭、大円筋、広背筋、前鋸筋、菱形筋、小胸筋を強化する。
ストレッチングの動きで、胸郭を拡大するのに適している。軽い負荷で行い、特に位置と呼吸に注意すること。

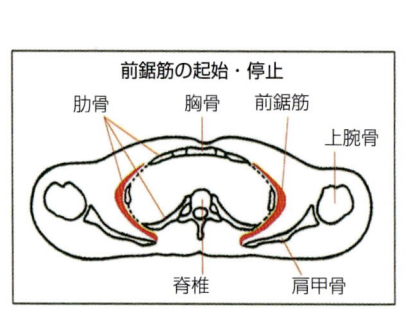

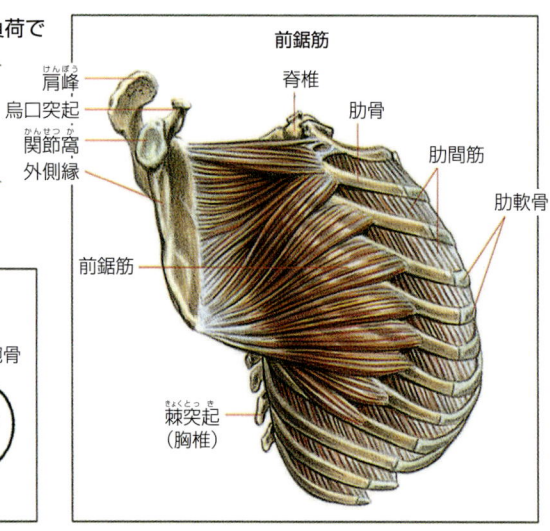

前鋸筋（右下の図）:
- 肩峰
- 烏口突起
- 関節窩
- 外側縁
- 肩甲骨
- 脊椎
- 肋骨
- 肋間筋
- 肋軟骨
- 前鋸筋
- 棘突起（胸椎）

前鋸筋の起始・停止:
- 肋骨
- 胸骨
- 前鋸筋
- 上腕骨
- 脊椎
- 肩甲骨

56

4 背部

1. 懸垂1
2. 懸垂2（バーを回外位で持って懸垂）
3. プルダウン1（ハイプーリーを用いてプルダウン）
4. プルダウン2（ハイプーリーを用いて、首に向けてプルダウン）
5. プルダウン3（ハイプーリーを用いたプルダウン。両グリップを近づけて）
6. プルダウン4（ハイプーリーを用いて、腕を伸ばしてプルダウン）
7. プル1（ロープーリーを用いて、両手を閉じて回内位でプル）
8. プル2（ダンベルを使ってプル）
9. プル3（バーを回内位で持ってプル）
10. プル4（Tバーを使ってプル）
11. デッドリフト1（床からのデッドリフト）
12. デッドリフト2（脚を伸ばしてデッドリフト）
13. バックエクステンション（専用ベンチでバックエクステンション）
14. アップライトロウ（両手の幅を狭めてアップライトロウ）
15. シュラッグ1（バーベルを使ってシュラッグ）
16. シュラッグ2（ダンベルを使ってシュラッグ＆ローテーション）
17. シュラッグ3（フレームまたは専用マシンを使ってシュラッグ）

背部

1 懸垂1：チンニング

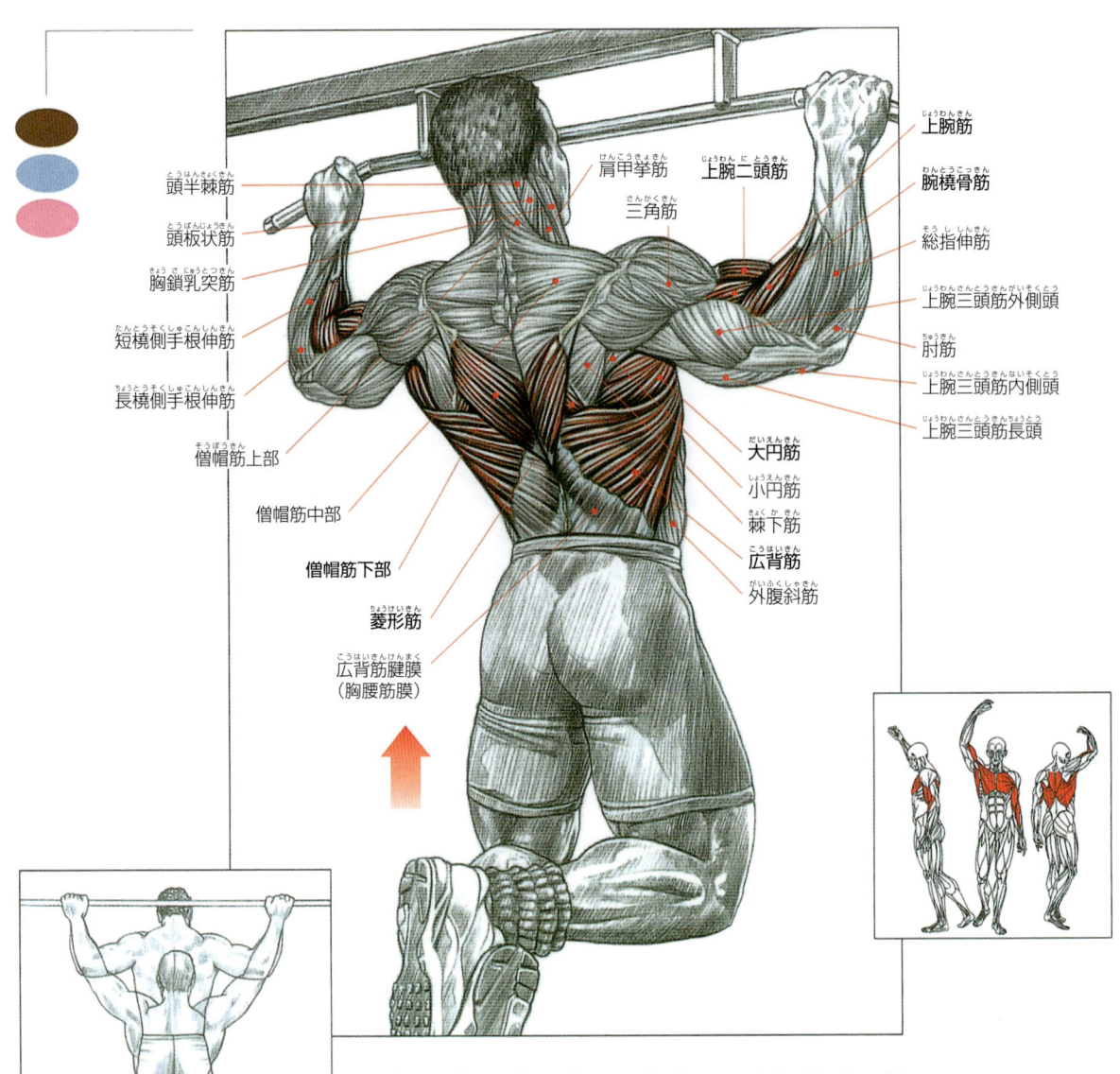

筋肉名（左側、上から）:
- 頭半棘筋
- 頭板状筋
- 胸鎖乳突筋
- 短橈側手根伸筋
- 長橈側手根伸筋
- 僧帽筋上部
- 僧帽筋中部
- 僧帽筋下部
- 菱形筋
- 広背筋腱膜（胸腰筋膜）

筋肉名（中央・右側）:
- 肩甲挙筋
- 三角筋
- 上腕二頭筋
- 大円筋
- 小円筋
- 棘下筋
- 広背筋
- 外腹斜筋
- 上腕筋
- 腕橈骨筋
- 総指伸筋
- 上腕三頭筋外側頭
- 肘筋
- 上腕三頭筋内側頭
- 上腕三頭筋長頭

動きの実行：バーを首へ

固定したバーにぶら下がり、両手を離して回内位（順手）で握る。
☞ 息を吸い、懸垂をして、頸をバーに近づける。動きの最後で息を吐く。
このエクササイズは、ある程度の筋力が必要である。背部全体の強化に適している。上腕二頭筋、上腕筋、腕橈骨筋、大胸筋も刺激される。

背部

腕を体側につけて、バーを頸の後ろに持ってくる場合	肘を後方に引き、バーを胸に持ってくる場合
作用は主に広背筋の外側下部に集中する。	作用は広背筋の内側上部に集中する。

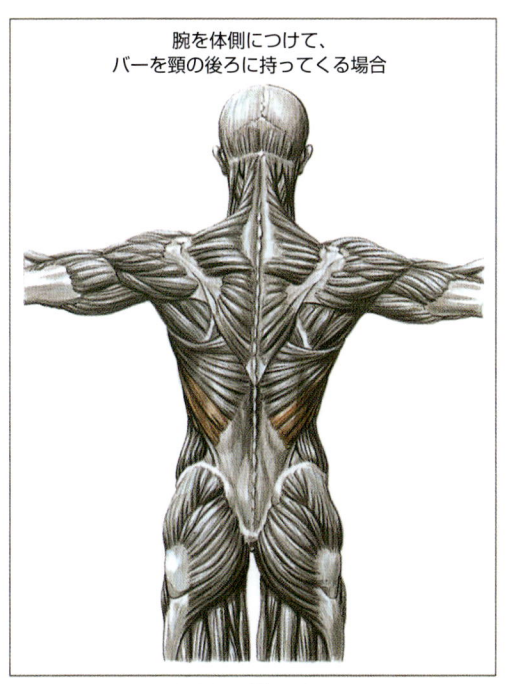

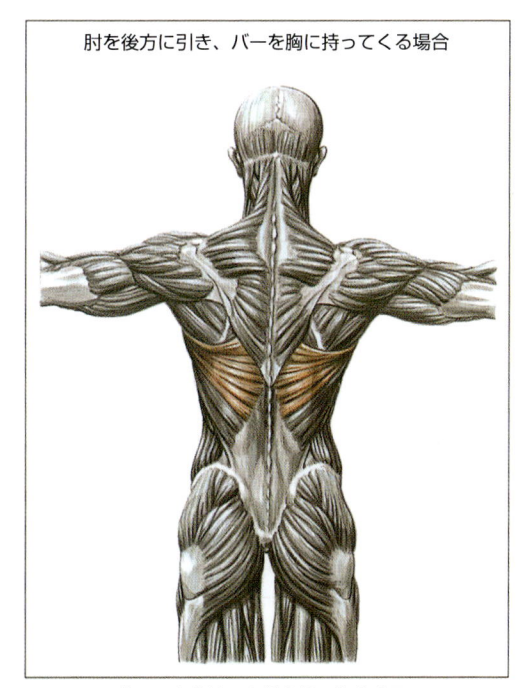

バリエーション：
　胸を前に出し、顎までで行ってもよい。強度を高めるには、適度な負荷をつけて行う方法もある。
　バイオメカニクス的観点から見ると、肘を体側につけると、主に広背筋の外側部を刺激し、背部全体が強化される。
　肘を後方に引き、顎をバーに持っていくと、主に広背筋の上部、中部、ならびに大円筋が刺激される。
　このエクササイズは背部全体を強化する。肩甲骨を近づけると、菱形筋と僧帽筋下部も同様に刺激される。

背部

2 懸垂2：リバース・チンニング
（バーを回外位で持って懸垂）

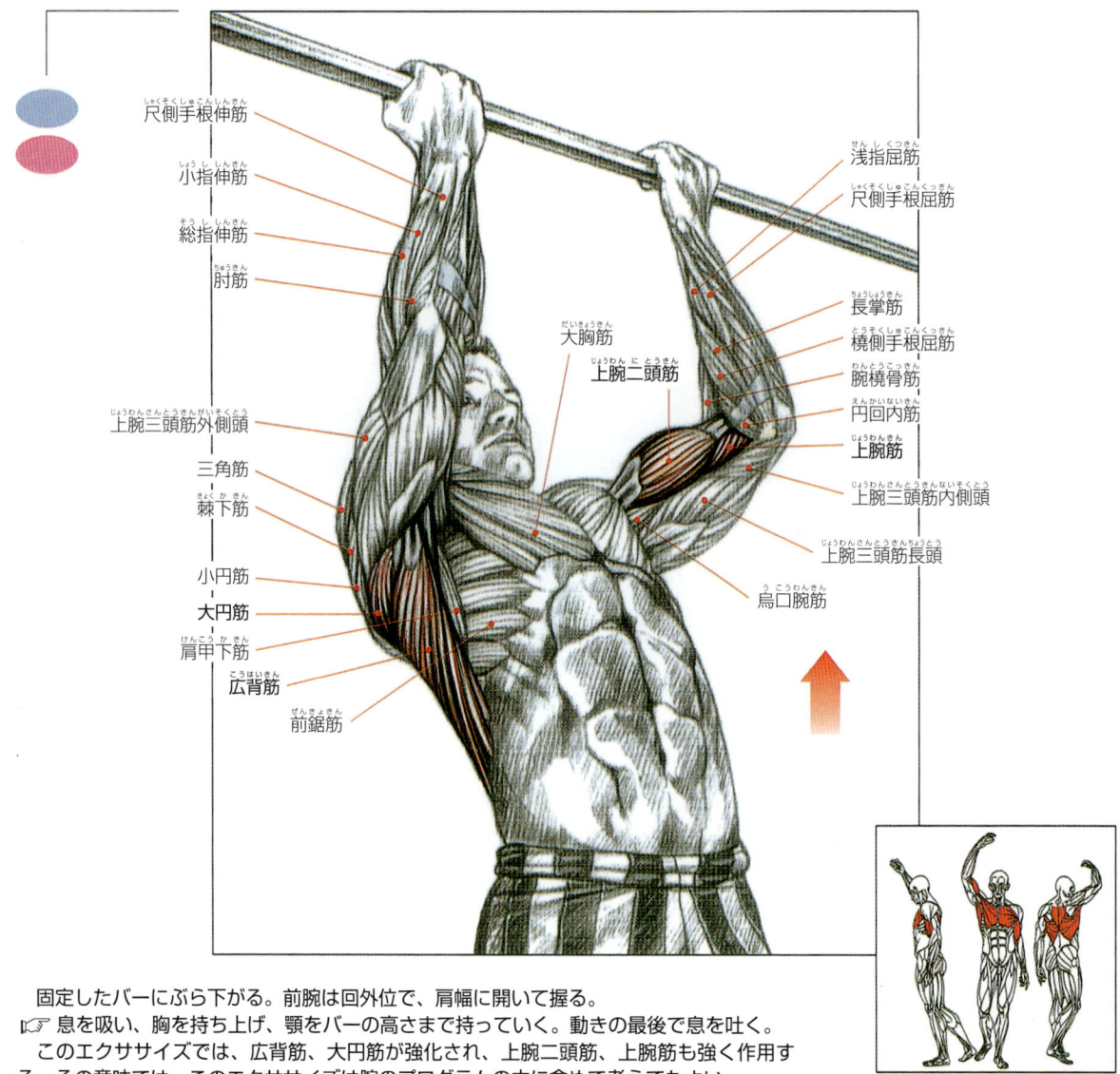

尺側手根伸筋
小指伸筋
総指伸筋
肘筋
上腕三頭筋外側頭
三角筋
棘下筋
小円筋
大円筋
肩甲下筋
広背筋
前鋸筋

大胸筋
上腕二頭筋

浅指屈筋
尺側手根屈筋
長掌筋
橈側手根屈筋
腕橈骨筋
円回内筋
上腕筋
上腕三頭筋内側頭
上腕三頭筋長頭
烏口腕筋

　固定したバーにぶら下がる。前腕は回外位で、肩幅に開いて握る。
☞ 息を吸い、胸を持ち上げ、顎をバーの高さまで持っていく。動きの最後で息を吐く。
　このエクササイズでは、広背筋、大円筋が強化され、上腕二頭筋、上腕筋も強く作用する。その意味では、このエクササイズは腕のプログラムの中に含めて考えてもよい。
　同様に、僧帽筋（中部、下部）、菱形筋、大胸筋も刺激される。
　このエクササイズを行うには、ある程度の筋力が必要である。より簡単に行うには、ハイプーリーを用いる方法もある。

背部

プルダウン1：フロント・ラットプルダウン
（ハイプーリーを用いてプルダウン） 3

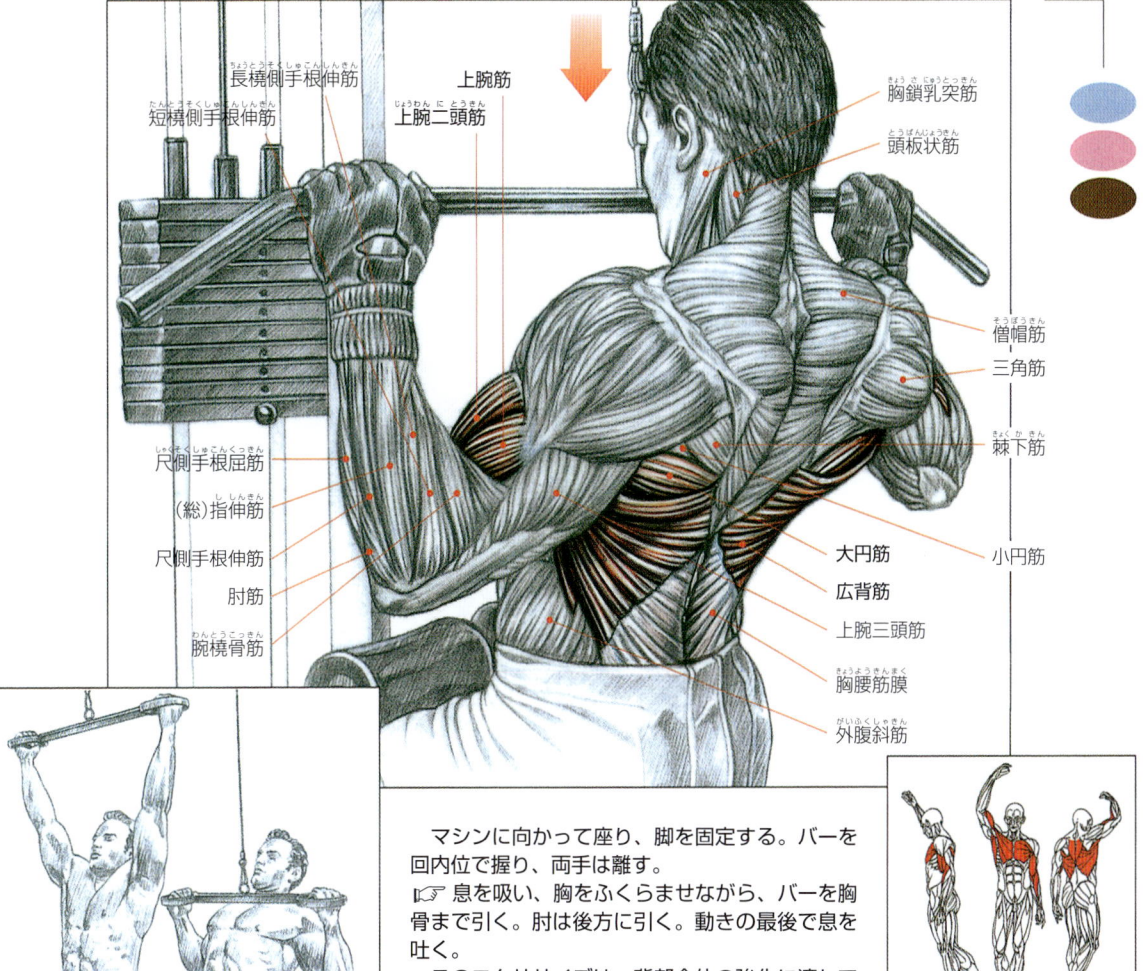

長橈側手根伸筋
短橈側手根伸筋
上腕筋
上腕二頭筋
胸鎖乳突筋
頭板状筋
僧帽筋
三角筋
棘下筋
尺側手根屈筋
（総）指伸筋
尺側手根伸筋
肘筋
腕橈骨筋
大円筋
小円筋
広背筋
上腕三頭筋
胸腰筋膜
外腹斜筋

マシンに向かって座り、脚を固定する。バーを回内位で握り、両手は離す。

☞ 息を吸い、胸をふくらませながら、バーを胸骨まで引く。肘は後方に引く。動きの最後で息を吐く。

このエクササイズは、背部全体の強化に適している。主に広背筋の上・中央部が作用する。同様に、僧帽筋（中・下部）、菱形筋、上腕二頭筋、上腕筋、そしてわずかではあるが、大胸筋も刺激される。

バーを前腕中間位で握ったバリエーション

背部

4 プルダウン2：バック・ラットプルダウン
（ハイプーリーを用いて、首に向けてプルダウン）

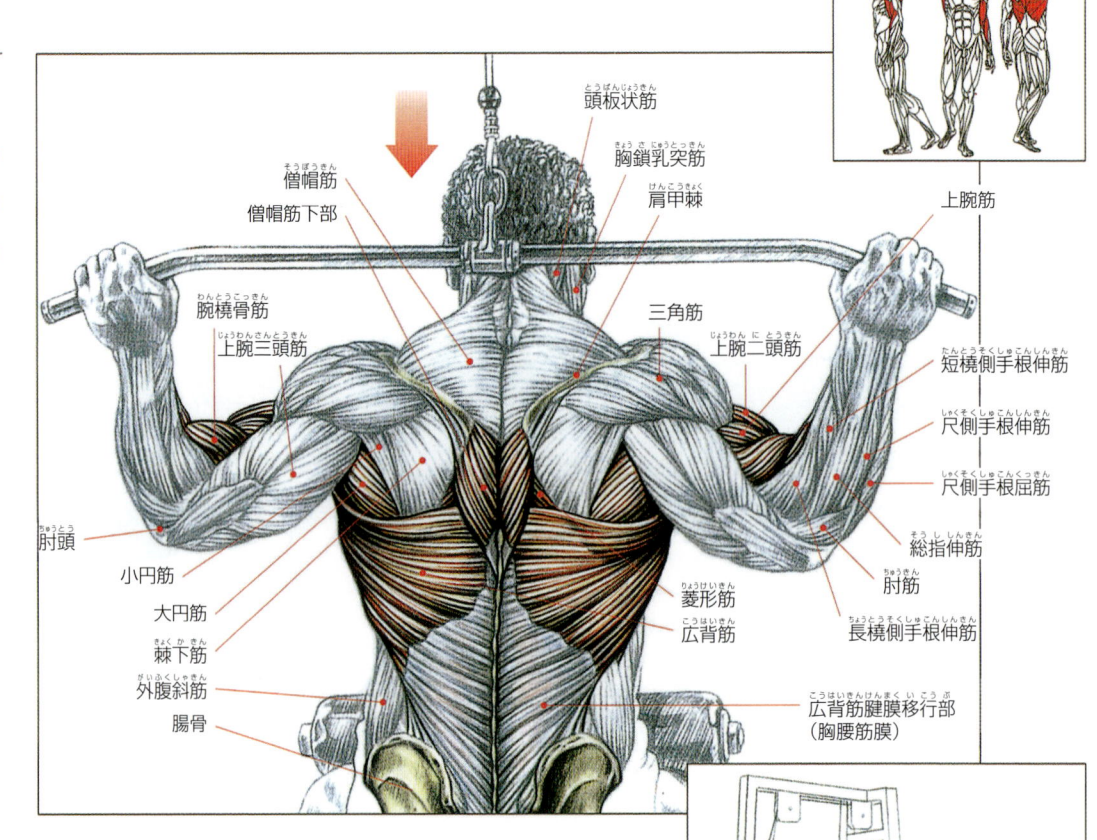

部位ラベル（背面図）：
頭板状筋、胸鎖乳突筋、僧帽筋、僧帽筋下部、肩甲棘、上腕筋、腕橈骨筋、上腕三頭筋、三角筋、上腕二頭筋、短橈側手根伸筋、尺側手根伸筋、尺側手根屈筋、総指伸筋、肘筋、長橈側手根伸筋、肘頭、小円筋、大円筋、棘下筋、外腹斜筋、腸骨、菱形筋、広背筋、広背筋腱膜移行部（胸腰筋膜）

マシンに向かって座り、両脚を固定する。バーを回内位で握り、両手は離す。
☞ 息を吸い、バーを頸に向けて引く。肘は体側につける。
☞ 動きの最後で息を吐く。

このエクササイズは、背部全体の強化に適している。広背筋（主に外・上部）を大円筋が作用する。同様に、肘関節屈筋、（上腕二頭筋、上腕筋、腕橈骨筋）、および菱形筋、僧帽筋下部も刺激される。菱形筋と僧帽筋は、肩甲骨を引き寄せる際に作用する。

初心者の場合は、ハイプーリーのプルダウンは非常に有効である。バーを使った懸垂へ移行するための筋力を獲得することができる。

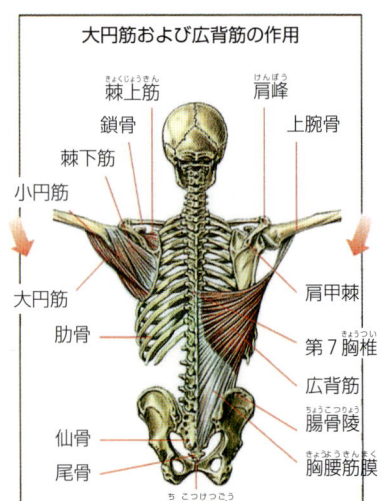

大円筋および広背筋の作用
棘上筋、肩峰、鎖骨、上腕骨、棘下筋、小円筋、大円筋、肋骨、肩甲棘、第7胸椎、広背筋、仙骨、腸骨稜、尾骨、胸腰筋膜、恥骨結合

軸を固定したマシンを使ったバリエーション

背部

プルダウン3：クローズグリップ・ラットプルダウン
（ハイプーリーを用いたプルダウン。両グリップを近づけて）

5

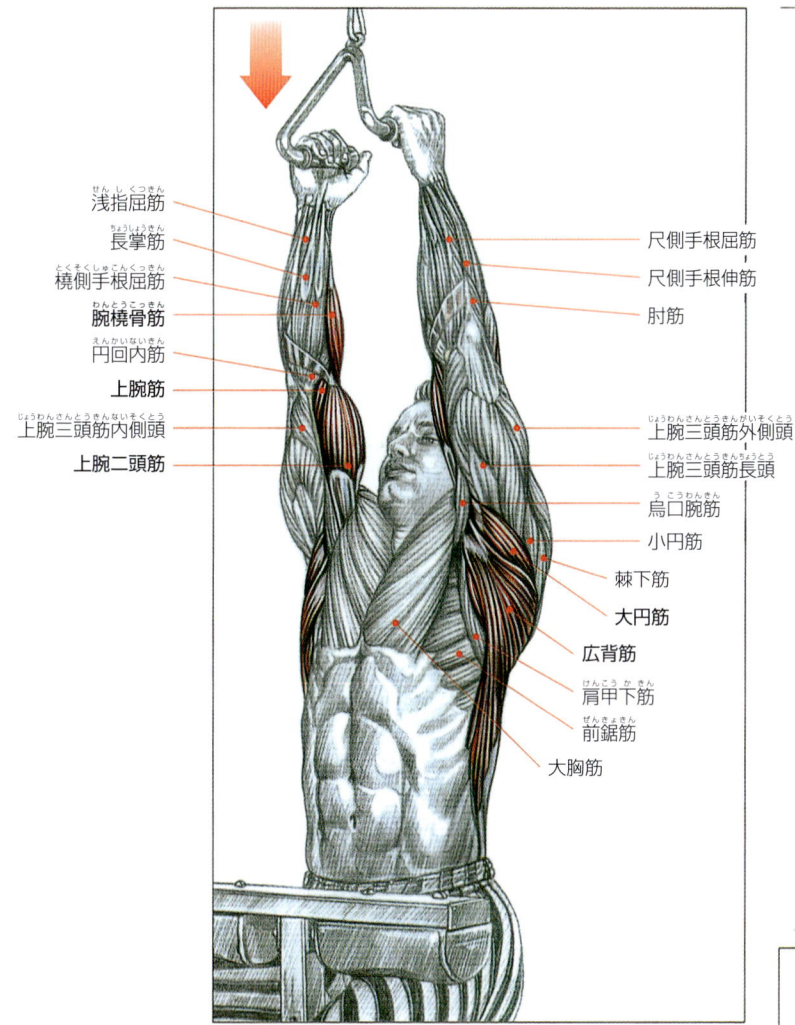

浅指屈筋
長掌筋
橈側手根屈筋
腕橈骨筋
円回内筋
上腕筋
上腕三頭筋内側頭
上腕二頭筋

尺側手根屈筋
尺側手根伸筋
肘筋

上腕三頭筋外側頭
上腕三頭筋長頭
烏口腕筋
小円筋
棘下筋
大円筋
広背筋
肩甲下筋
前鋸筋
大胸筋

マシンに向かって座り、両脚を固定する。
☞ 息を吸い、胸をふくらませながら、バーを胸骨まで引く。肘は後方に引く。胸を軽く後傾させる。動きの最後で息を吐く。
　このエクササイズは、広背筋および大円筋の強化に適している。 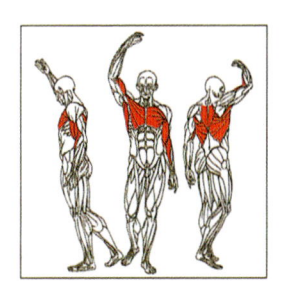
　肩甲骨を近づける際に、菱形筋、僧帽筋、三角筋後部が刺激される。
　他のプル種目と同様、上腕二頭筋と上腕筋が関与する。前腕を中間位にすることで、腕橈骨筋が大きく関与する。

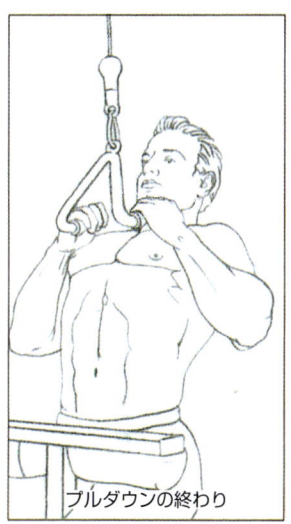

プルダウンの終わり

63

背部

6　プルダウン4：ストレートアーム・ラットプルダウン
（ハイプーリーを用いて、腕を伸ばしてプルダウン）

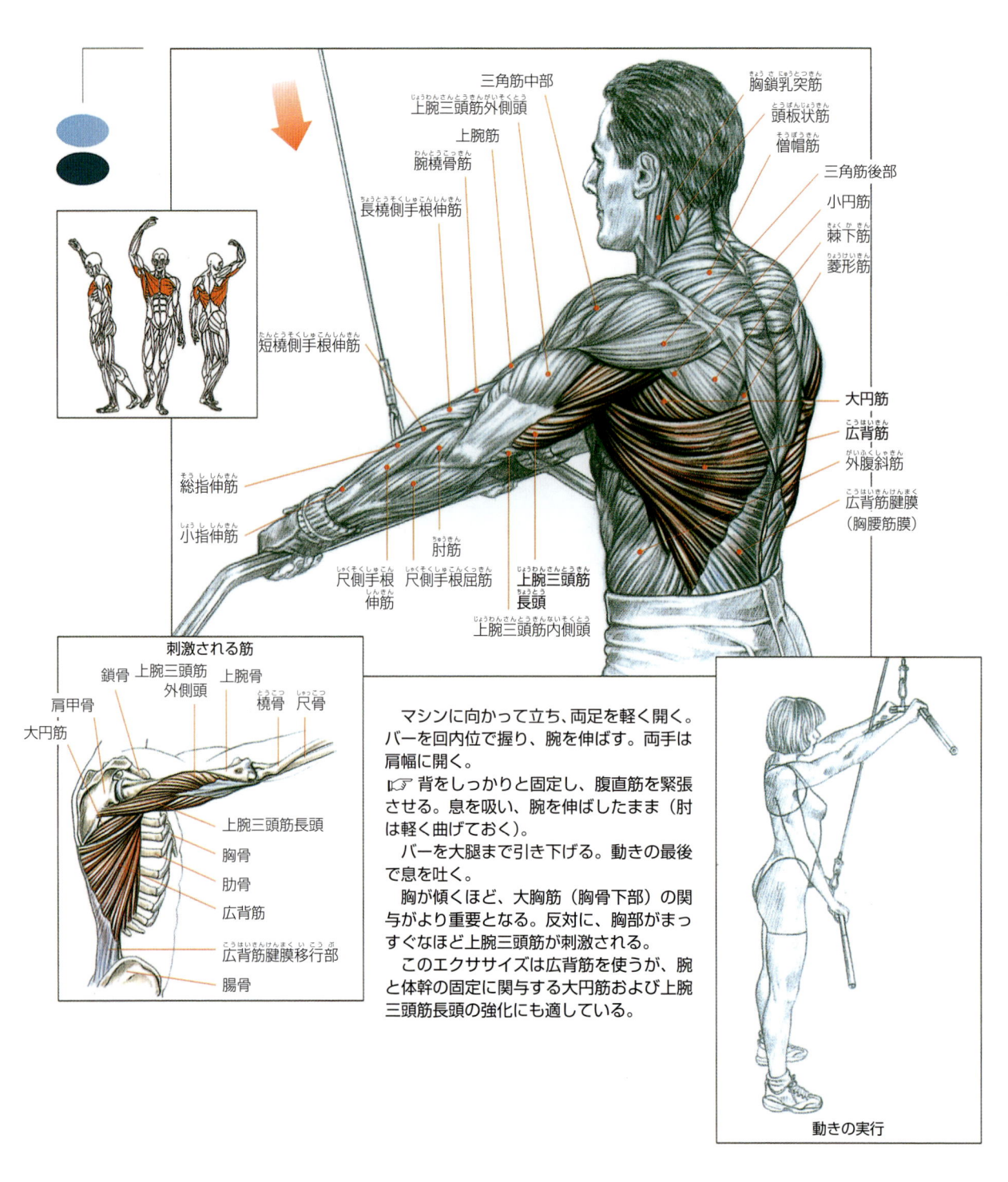

図中ラベル（上から、被写体周り）：
- 三角筋中部
- 上腕三頭筋外側頭
- 上腕筋
- 腕橈骨筋
- 長橈側手根伸筋
- 短橈側手根伸筋
- 総指伸筋
- 小指伸筋
- 尺側手根伸筋
- 尺側手根屈筋
- 肘筋
- 上腕三頭筋長頭
- 上腕三頭筋内側頭
- 胸鎖乳突筋
- 頭板状筋
- 僧帽筋
- 三角筋後部
- 小円筋
- 棘下筋
- 菱形筋
- 大円筋
- 広背筋
- 外腹斜筋
- 広背筋腱膜（胸腰筋膜）

刺激される筋（下図）：
- 肩甲骨
- 大円筋
- 鎖骨
- 上腕三頭筋外側頭
- 上腕骨
- 橈骨
- 尺骨
- 上腕三頭筋長頭
- 胸骨
- 肋骨
- 広背筋
- 広背筋腱膜移行部
- 腸骨

マシンに向かって立ち、両足を軽く開く。バーを回内位で握り、腕を伸ばす。両手は肩幅に開く。

☞ 背をしっかりと固定し、腹直筋を緊張させる。息を吸い、腕を伸ばしたまま（肘は軽く曲げておく）。

バーを大腿まで引き下げる。動きの最後で息を吐く。

胸が傾くほど、大胸筋（胸骨下部）の関与がより重要となる。反対に、胸部がまっすぐなほど上腕三頭筋が刺激される。

このエクササイズは広背筋を使うが、腕と体幹の固定に関与する大円筋および上腕三頭筋長頭の強化にも適している。

動きの実行

背部

プル1：シーティッドロウ 7
（ロープーリーを用いて、両手を閉じて回内位でプル）

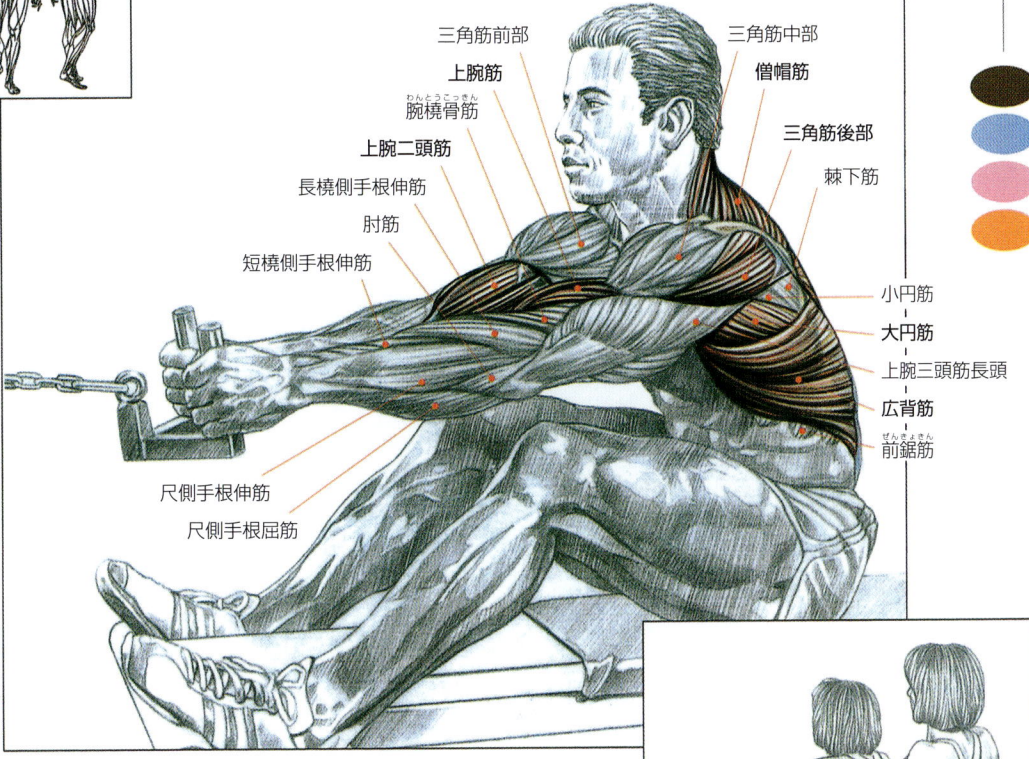

筋肉名（図中ラベル）：
- 三角筋前部
- 三角筋中部
- 上腕筋
- 僧帽筋
- 腕橈骨筋
- 三角筋後部
- 上腕二頭筋
- 棘下筋
- 長橈側手根伸筋
- 肘筋
- 短橈側手根伸筋
- 小円筋
- 大円筋
- 上腕三頭筋長頭
- 広背筋
- 前鋸筋
- 尺側手根伸筋
- 尺側手根屈筋

マシンに向かって座り、両足をステップにのせる。胸を前傾する。

☞ 息を吸い、グリップを胸骨の下部に向けて引く。肘を後方に引きながら胸を起こす。動きの最後で息を吐く。

このエクササイズは、背部全体を強化するのに適している。広背筋、大円筋、三角筋後部、上腕二頭筋、上腕筋、腕橈骨筋、動きの最後で肩甲骨を近づける際に僧帽筋と菱形筋が作用する。

この動きは、負荷を戻す局面で背部全体がストレッチされる。

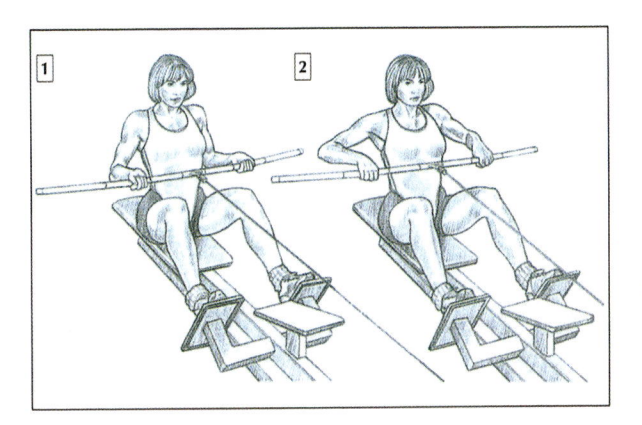

動きの実行

大きなバーを使ったバリエーション：
1. 回外位（逆手）で握ることで、僧帽筋下部、菱形筋、上腕二頭筋が刺激される。
2. 回内位（順手）で握ることで、三角筋後部と僧帽筋中部が刺激される。

65

背部

8 プル2：ワンアーム・ダンベルロウ
（ダンベルを使ってプル）

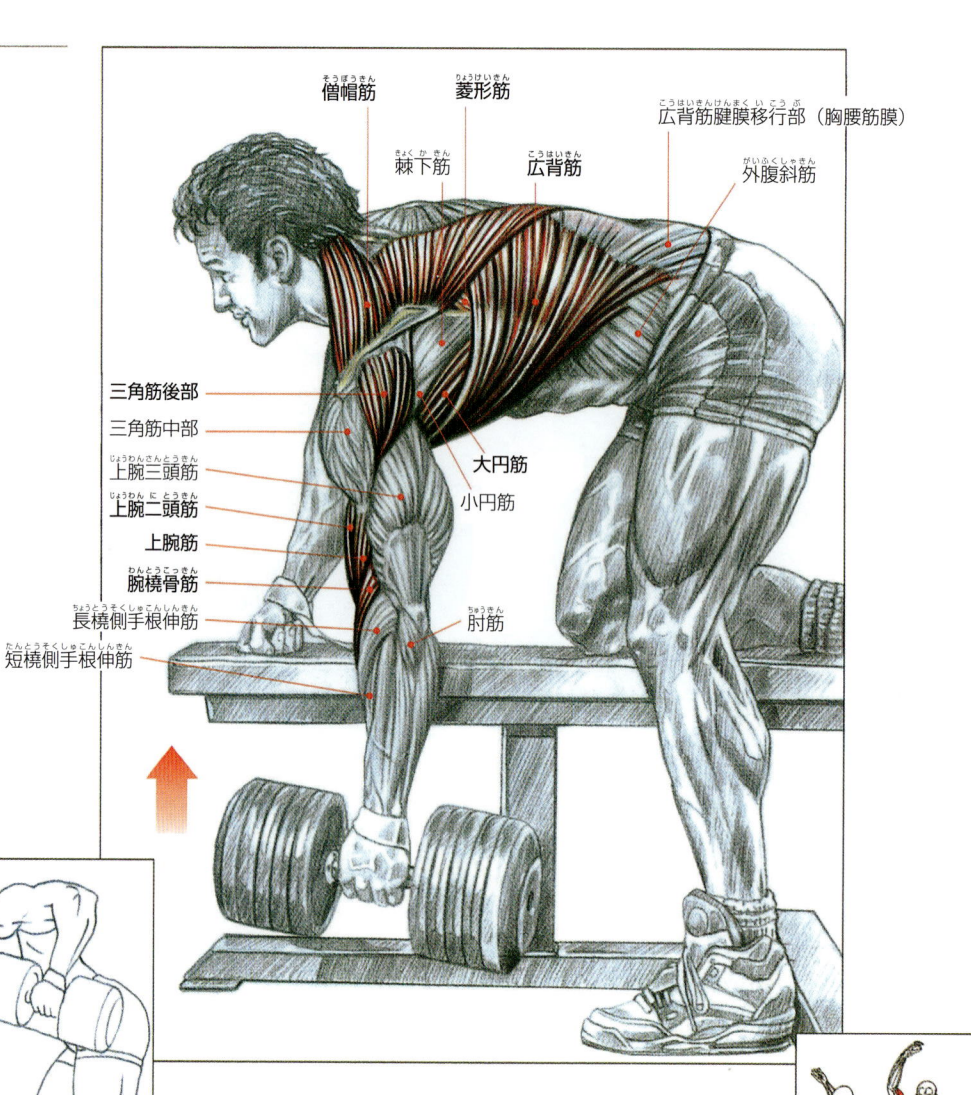

筋肉ラベル：
- 僧帽筋（そうぼうきん）
- 菱形筋（りょうけいきん）
- 広背筋腱膜移行部（こうはいきんけんまくいこうぶ）（胸腰筋膜）
- 棘下筋（きょくかきん）
- 広背筋（こうはいきん）
- 外腹斜筋（がいふくしゃきん）
- 三角筋後部
- 三角筋中部
- 上腕三頭筋（じょうわんさんとうきん）
- 上腕二頭筋（じょうわんにとうきん）
- 上腕筋
- 腕橈骨筋（わんとうこっきん）
- 長橈側手根伸筋（ちょうとうそくしゅこんしんきん）
- 短橈側手根伸筋（たんとうそくしゅこんしんきん）
- 大円筋
- 小円筋
- 肘筋（ちゅうきん）

プル動作の終わり

　ダンベルを前腕中間位で持ち、反対の腕と膝をベンチについて支える。

☞ 背をしっかりと固定し、息を吸い、ダンベルをできるだけ高く引き上げる。腕は体側につけ、肘を後方に引く。動きの最後で息を吐く。

　最大収縮をするためには、動きの最後で胸を軽くひねる。

　このエクササイズは、主に広背筋、大円筋、三角筋後部、そして収縮の最後で僧帽筋と菱形筋が作用する。

　肘関節屈筋、上腕二頭筋、上腕筋、腕橈骨筋も刺激される。

背部

プル3：ベントオーバーロウ　9
（バーを回内位で持ってプル）

菱形筋
僧帽筋
棘下筋
小円筋
大円筋
上腕三頭筋長頭
上腕三頭筋内側頭
三角筋後部
三角筋中部
上腕三頭筋外側頭
円回内筋
肘筋
前鋸筋
広背筋
外腹斜筋
上腕筋
上腕二頭筋
腕橈骨筋

ケガをしないためには、動きの実行の際に絶対に背を丸めてはいけない。

動きの実行

　立って、肘を軽く曲げる。胸を45°に前傾させ、背は平らにする。バーを回内位で持ち、両手は肩幅以上に開く。腕を下げる。
☞ 息を吸い、胸郭をふくらませ、腹直筋をアイソメトリックで収縮させ、バーを胸まで引き上げる。
☞ 元の位置に戻し、息を吐く。
　このエクササイズは、広背筋、大円筋、三角筋後部、肘関節屈筋（上腕二頭筋、上腕筋、腕橈骨筋）、および肩甲骨を近づける際に菱形筋と僧帽筋を刺激する。

　胸を前傾させることで、背筋がアイソメトリックで刺激される。
　腕の位置によって、両手を離すか近づけるか（回内位か回外位か）で、また胸の傾斜を変えることで、さまざまなアングルで背部を作用させることができる。

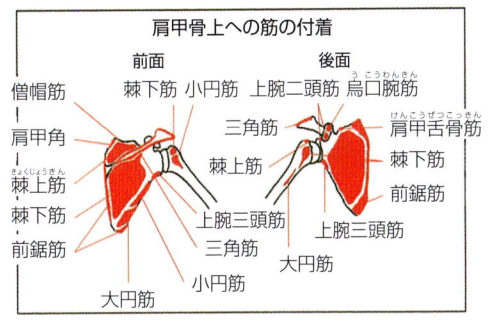

肩甲骨上への筋の付着
前面　　　　　　　後面
僧帽筋　棘下筋　小円筋　上腕二頭筋　烏口腕筋
肩甲角　　　　　　三角筋　　　　　肩甲舌骨筋
棘上筋　　　　　　棘上筋　　　　　棘下筋
棘下筋　　　　　　上腕三頭筋　　　前鋸筋
前鋸筋　　　　　　三角筋　　　　　上腕三頭筋
　　　　大円筋　小円筋　大円筋

67

10 プル４：Ｔバーロウ（Ｔバーを使ってプル）

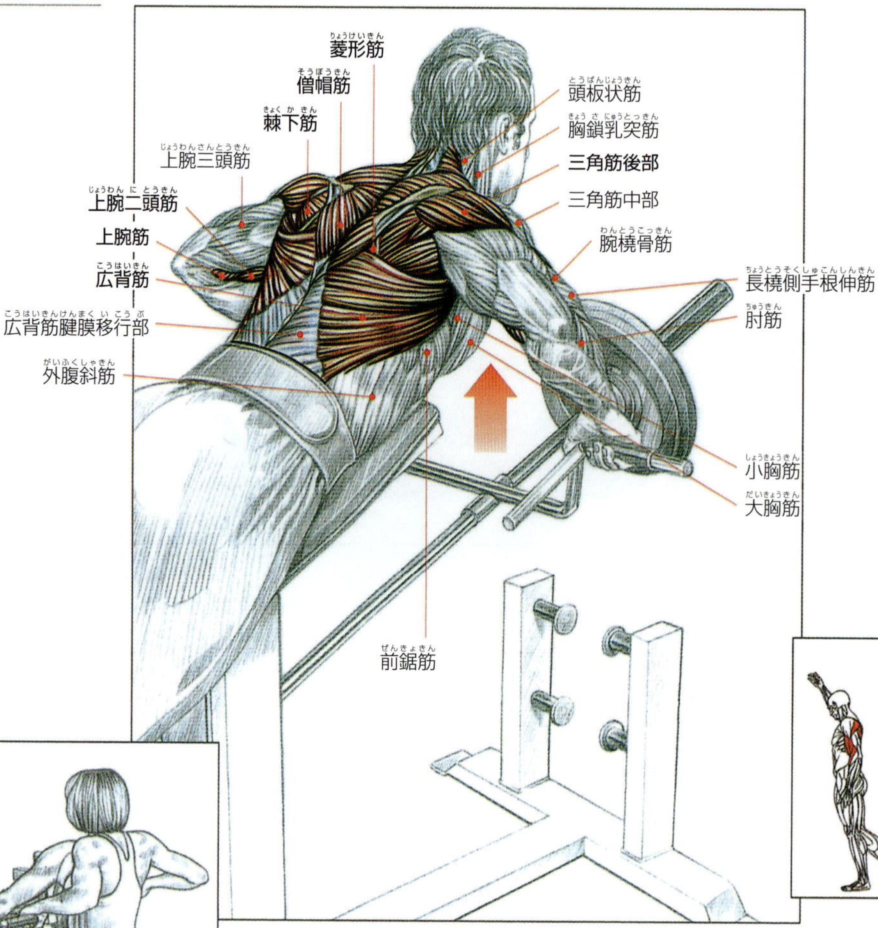
菱形筋
僧帽筋
棘下筋
上腕三頭筋
上腕二頭筋
上腕筋
広背筋
広背筋腱膜移行部
外腹斜筋
頭板状筋
胸鎖乳突筋
三角筋後部
三角筋中部
腕橈骨筋
長橈側手根伸筋
肘筋
小胸筋
大胸筋
前鋸筋

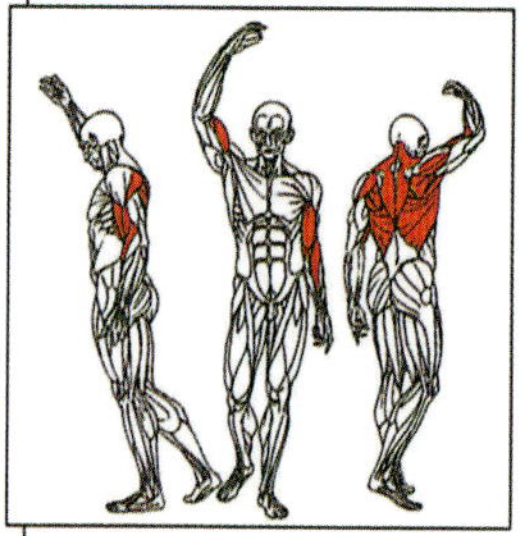

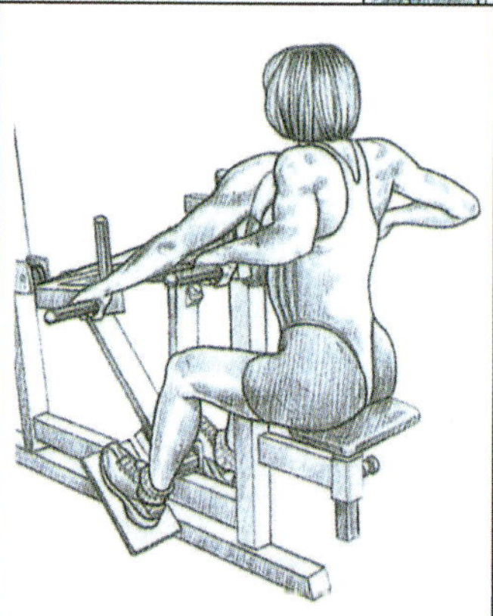

専用のマシンを使ったバリエーション

立って、膝を軽く曲げる。バーを両足の間に通す。背を平らにし、胸を 45°に前傾する。またはマシンがある場合には、インクラインベンチにうつぶせになる。

☞ 息を吸い、回内位で持ったバーを胸まで引き上げる。動きの最後に息を吐く。

このエクササイズは、バーを使ったプルと同様に、背部の強化に適している。この方法では、姿勢を保つことに気をつかう必要がない。

主に広背筋、大円筋、三角筋後部、肘関節屈筋、ならびに僧帽筋と菱形筋が作用する。

備考：手の握りを逆に回外位にすると、プルの最後で、上腕二頭筋と僧帽筋上部が作用する。

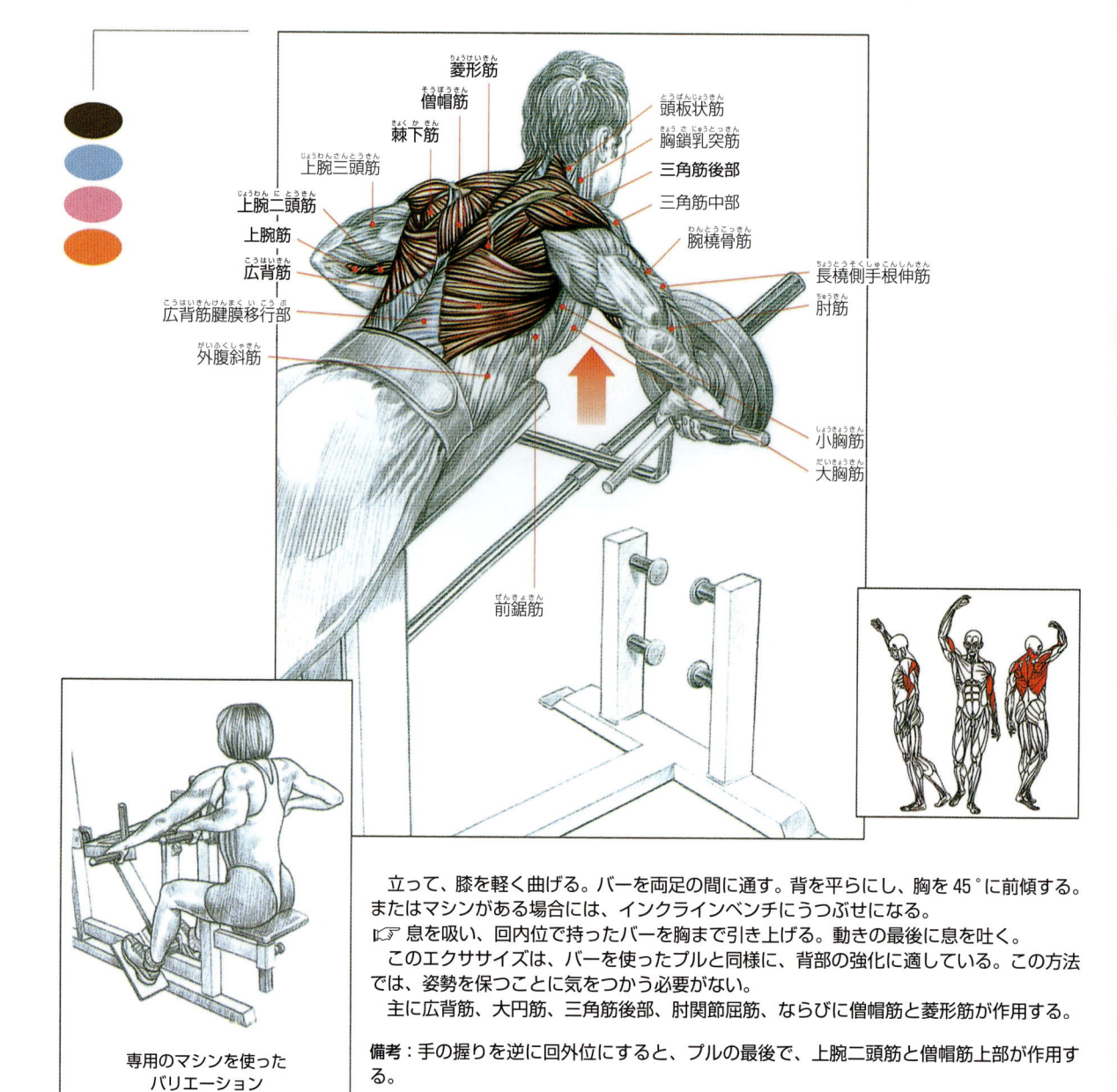

背部

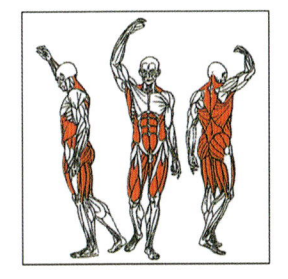

デッドリフト1 **11**
（床からのデッドリフト）

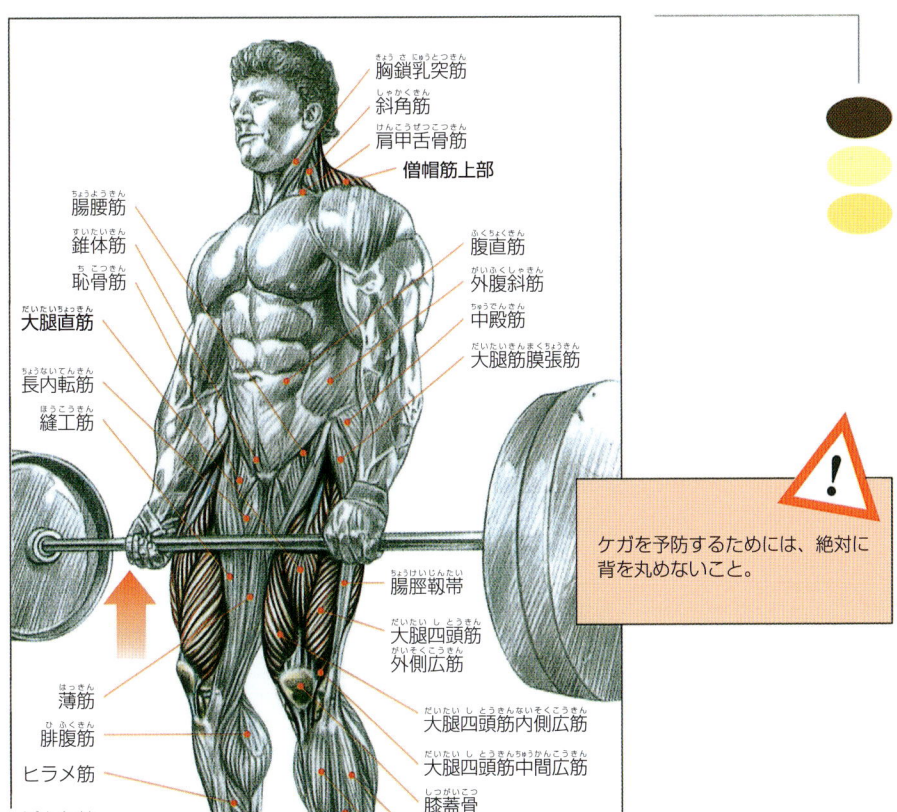

胸鎖乳突筋
斜角筋
肩甲舌骨筋
僧帽筋上部
腸腰筋
錐体筋
恥骨筋
大腿直筋
長内転筋
縫工筋
腹直筋
外腹斜筋
中殿筋
大腿筋膜張筋
腸脛靭帯
大腿四頭筋
外側広筋
薄筋
腓腹筋
ヒラメ筋
長趾屈筋
長趾伸筋
長母趾伸筋
大腿四頭筋内側広筋
大腿四頭筋中間広筋
膝蓋骨
長腓骨筋
前脛骨筋
短腓骨筋

ケガを予防するためには、絶対に背を丸めないこと。

動きの実行

バーに向かって立ち、両脚は軽く開く。背はしっかりと固定して、少しそらせる。
☞ 両脚を曲げ、大腿がほぼ水平になるようにする。このポジションは、足関節の柔軟性と個人の形態上の特徴によって変わる（大腿骨と腕が短い場合、大腿は水平になる。大腿骨と腕が長い場合は、大腿は水平よりも少し高めになる）。
☞ 腕を伸ばしてバーを握る。手は回内位で、肩幅よりも少し広めに持つ（手の握りを変えて片手を回外位、片手を回内位にすると、バーがロールするのを防ぎ、より重い負荷を保持することが可能となる）。
☞ 脚を伸ばし、バーを下腿前面に沿わせつつ持ち上げる（腹筋を緊張させ、背は平らに）。
☞ バーが膝の高さまできたら、下肢を完全に伸展させつつ、胸を起こす。
☞ 身体の伸展を2秒間保持し、背を丸めないよう注意しながらバーを元に戻す。
　このエクササイズは、全身の筋が作用する。特に腰部の筋と僧帽筋の強化に適している。殿筋と大腿四頭筋も強く刺激される。この種目は、ベンチプレスとスクワットとともに、パワーリフティングの競技の際に実施される種目である。

背部

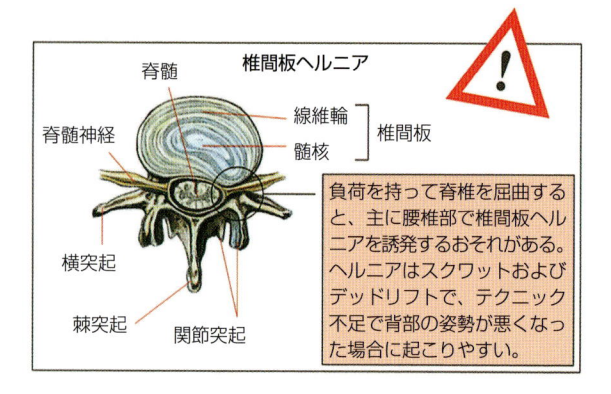

椎間板ヘルニア

脊髄／脊髄神経／横突起／棘突起／関節突起／線維輪／髄核／椎間板

負荷を持って脊椎を屈曲すると、主に腰椎部で椎間板ヘルニアを誘発するおそれがある。ヘルニアはスクワットおよびデッドリフトで、テクニック不足で背部の姿勢が悪くなった場合に起こりやすい。

デッドリフトによって特に刺激される深部の筋

乳様突起／脊椎／頸腸肋筋／頸最長筋／肋骨／胸最長筋／棘間筋／腰腸肋筋／腰方形筋／筋膜移行部／頭半棘筋／頭板状筋／頸板状筋／上後鋸筋／下後鋸筋／腸骨／仙骨／尾骨／大腿骨

バリエーション：「相撲スタイル」のデッドリフト

バーに向かって立ち、両脚を広く開く。足先は外に向け、膝と軸を合わせる。

☞ 両膝を曲げ、大腿を水平位にする。
☞ 腕を伸ばしてバーを回内位で持つ。手は肩幅よりも少し広めに（両手で持ち方を変え、片方を回内位、もう片方を回外位にすると、より重い重量が保持できる）。
☞ 息を吸い、背中を少しそらせ、腹直筋を収縮させ、両脚を伸ばす。胸を起こし、垂直にする。

このエクササイズでは、通常のデッドリフトとは異なり、大腿四頭筋と内転筋をより強く使う。背部は開始時にあまり前傾しないので、背部の働きは弱まる。

軽い重量で長いシリーズで行うと（最大10回まで）、腰部の強化に適していて、また大腿と殿筋も同様に作用する。しかし、この動きは非常に慎重に行う必要がある。テクニックが難しいため、負荷を重くすると、股関節、内転筋、腰仙部に高い負荷がかかるため、ケガのないよう注意が必要である。

「相撲スタイル」のデッドリフトは、パワーリフティングの3種目の一つである。

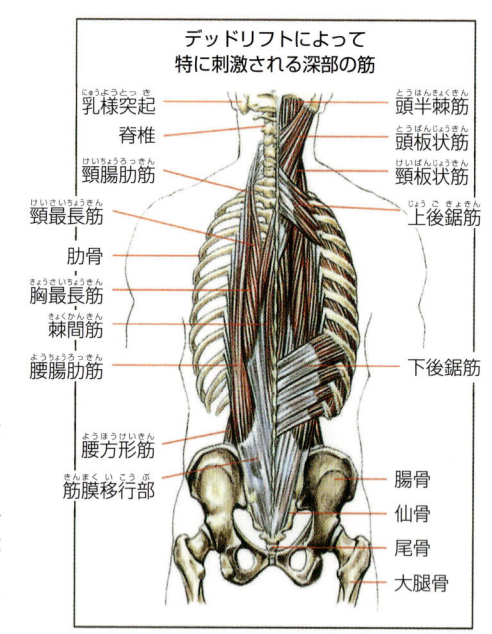

「相撲スタイル」のデッドリフト

動きのスタート　　動きの終わり

背部

デッドリフト2：スティッフレッグド・デッドリスト
（脚を伸ばしてデッドリフト） 12

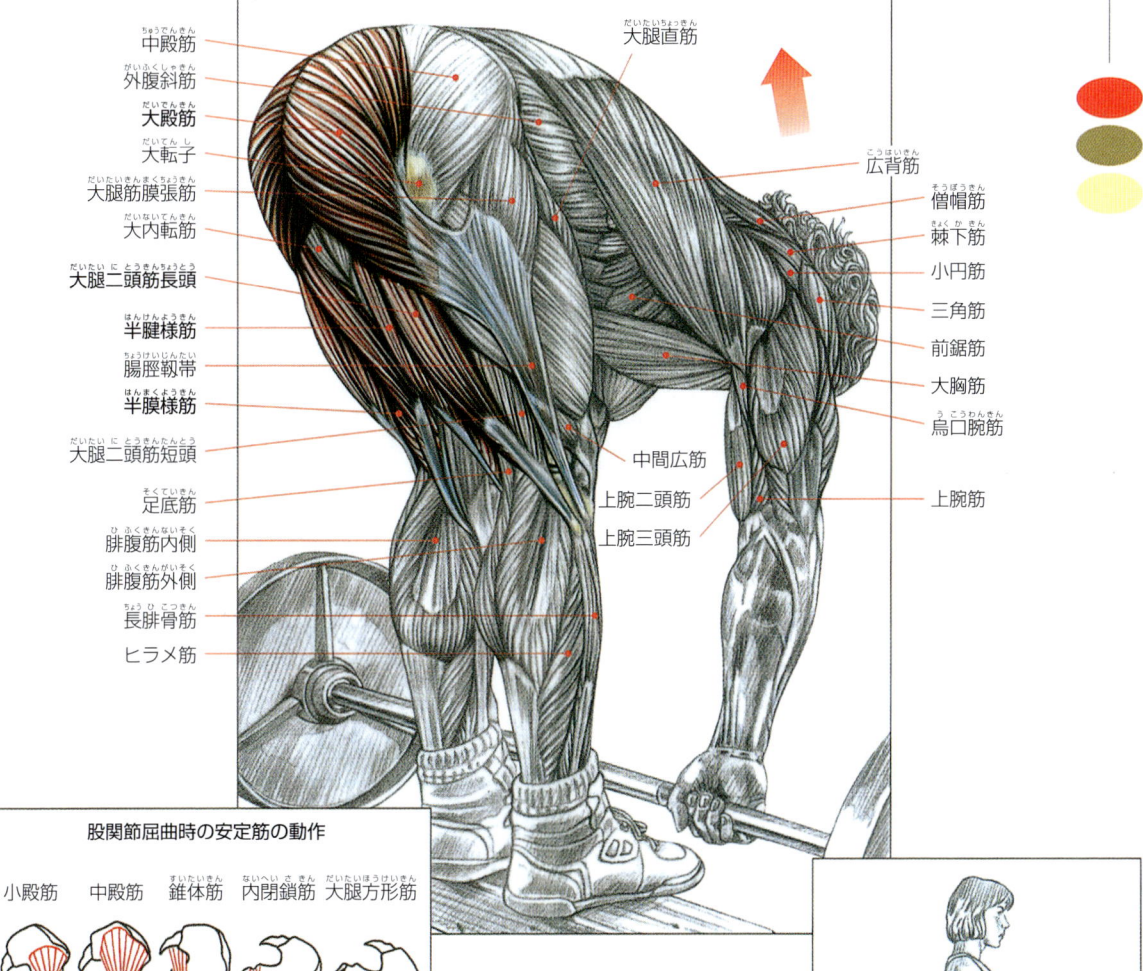

筋肉ラベル（左側）:
- 中殿筋（ちゅうでんきん）
- 外腹斜筋（がいふくしゃきん）
- 大殿筋（だいでんきん）
- 大転子（だいてんし）
- 大腿筋膜張筋（だいたいきんまくちょうきん）
- 大内転筋（だいないてんきん）
- 大腿二頭筋長頭（だいたいにとうきんちょうとう）
- 半腱様筋（はんけんようきん）
- 腸脛靱帯（ちょうけいじんたい）
- 半膜様筋（はんまくようきん）
- 大腿二頭筋短頭（だいたいにとうきんたんとう）
- 足底筋（そくていきん）
- 腓腹筋内側（ひふくきんないそく）
- 腓腹筋外側（ひふくきんがいそく）
- 長腓骨筋（ちょうひこつきん）
- ヒラメ筋

筋肉ラベル（右側）:
- 大腿直筋（だいたいちょっきん）
- 広背筋（こうはいきん）
- 僧帽筋（そうぼうきん）
- 棘下筋（きょっかきん）
- 小円筋
- 三角筋
- 前鋸筋
- 大胸筋
- 烏口腕筋（うこうわんきん）
- 中間広筋
- 上腕二頭筋
- 上腕三頭筋
- 上腕筋

股関節屈曲時の安定筋の動作
小殿筋　中殿筋　錐体筋（すいたいきん）　内閉鎖筋（ないへいさきん）　大腿方形筋（だいたいほうけいきん）

立って、両脚は軽く開く。床においたバーに向かう。

☞ 背は少しそらしたまま、胸を前傾させる。可能であれば、脚は伸展したまま。

☞ バーを回内位で握る。腕は力を抜く。息を吸い、胸を垂直まで起こす。背は常に固定させておく。股関節の高さで動かす。動きの最後で息を吐く。背をまっすぐにしたままバーを元の位置に戻す。

このエクササイズは、脊柱周囲の筋全体を刺激する。胸を起こす際に、骨盤が前後の動きをする際には、大殿筋とハムストリングス（大腿二頭筋短頭を除く）が強く関与する。

脚伸展位のデッドリフトでは、屈曲の際に大腿後面が伸展される。この目的で行う場合、より作用を高めるためには、足の高さをバーよりも高くすることも考えられる。

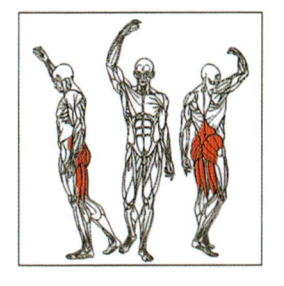

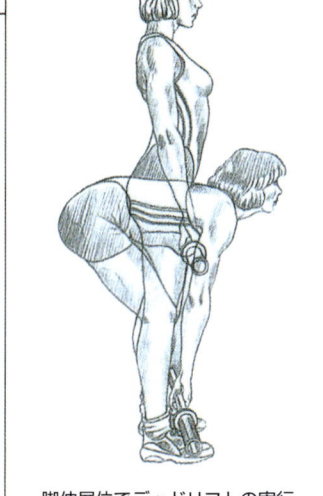

脚伸展位でデッドリフトの実行

背部

13 バックエクステンション
（専用ベンチでバックエクステンション）

筋肉名（図中ラベル）：
腓腹筋、長趾伸筋、ヒラメ筋、大腿二頭筋長頭、外側広筋、腸脛靭帯、大腿筋膜張筋、大殿筋、大転子、中殿筋、脊柱起立筋、前脛骨筋、大腿二頭筋短頭、短腓骨筋、長腓骨筋、膝蓋骨、大腿直筋、半膜様筋、棘下筋、小円筋、大円筋、上腕三頭筋、外腹斜筋、広背筋、菱形筋、僧帽筋、三角筋

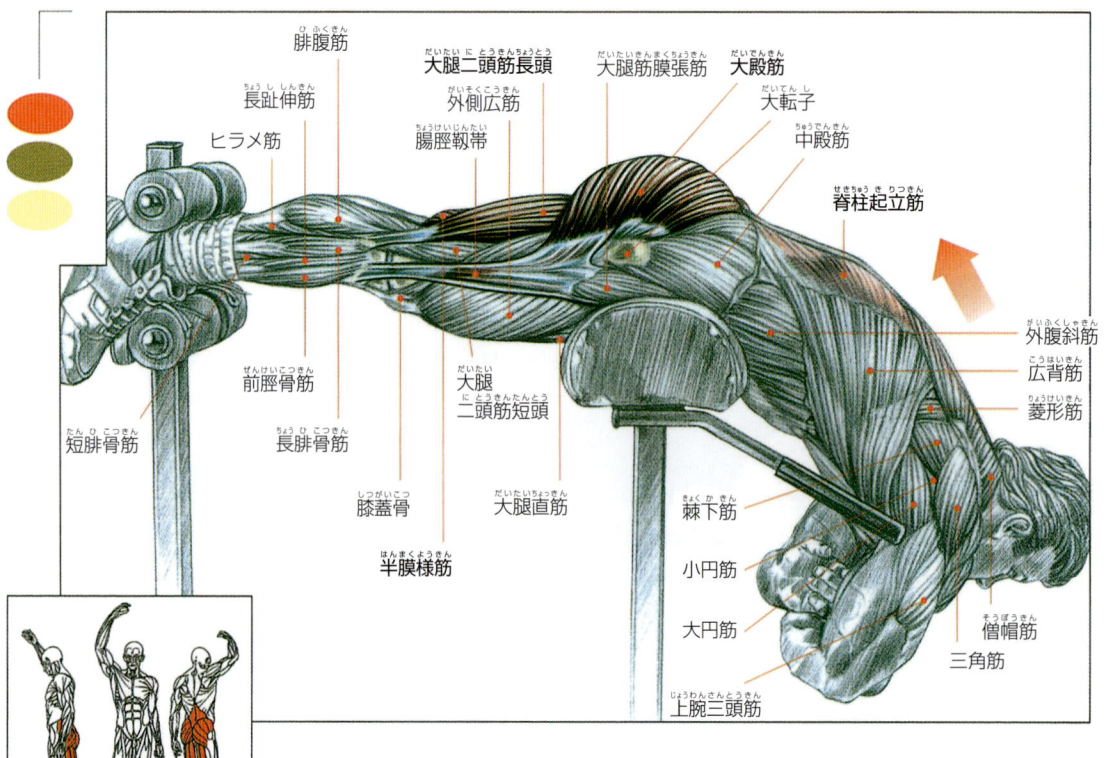

ベンチにのり、足関節を固定する。屈曲の軸は股関節上。恥骨はベンチから外す。

☞ 胸を曲げて下ろした状態から、頭を上げ、水平まで身体を上げる。続いて、過伸展して、腰椎を弯曲させる。しかし、これは、腰部の保護のため、慎重に行わなくてはならない。

このエクササイズは、主に、脊柱起立筋全体（腰仙部の筋、棘間筋、広背筋、頸最長筋、頸腸肋筋、板状筋、頭半棘筋）、腰方形筋、そして程度は下がるが、大殿筋、ハムストリングス（大腿二頭筋短頭を除く）が作用する。さらに、胸部を完全に屈曲すると、腰仙部全体の伸展にもなる。骨盤をベンチ上で固定することで、屈曲の軸が前方に移り、作用が腰仙部の筋に限局される。動きの幅が小さくなり、挙上するのにより力が必要となる。

作用を高めるには、可能であれば、伸展の最後に、胸部を水平位で数秒間保持する。

初心者にはインクラインベンチを勧める。そのほうがこの動きはやりやすい。

インクラインベンチでバックエクステンション

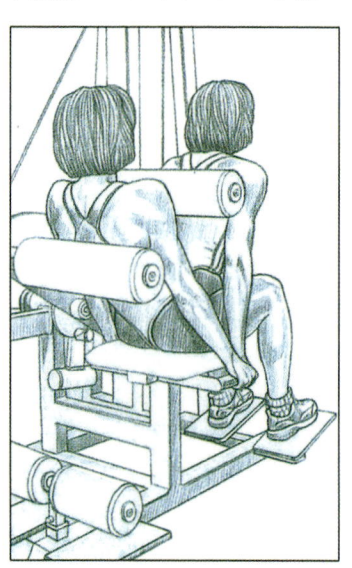

バリエーション：
専用のマシンを使うことによって、脊柱の腰仙部の筋に作用を集中させることができる。

背部

アップライトロウ 14
（両手の幅を狭めてアップライトロウ）

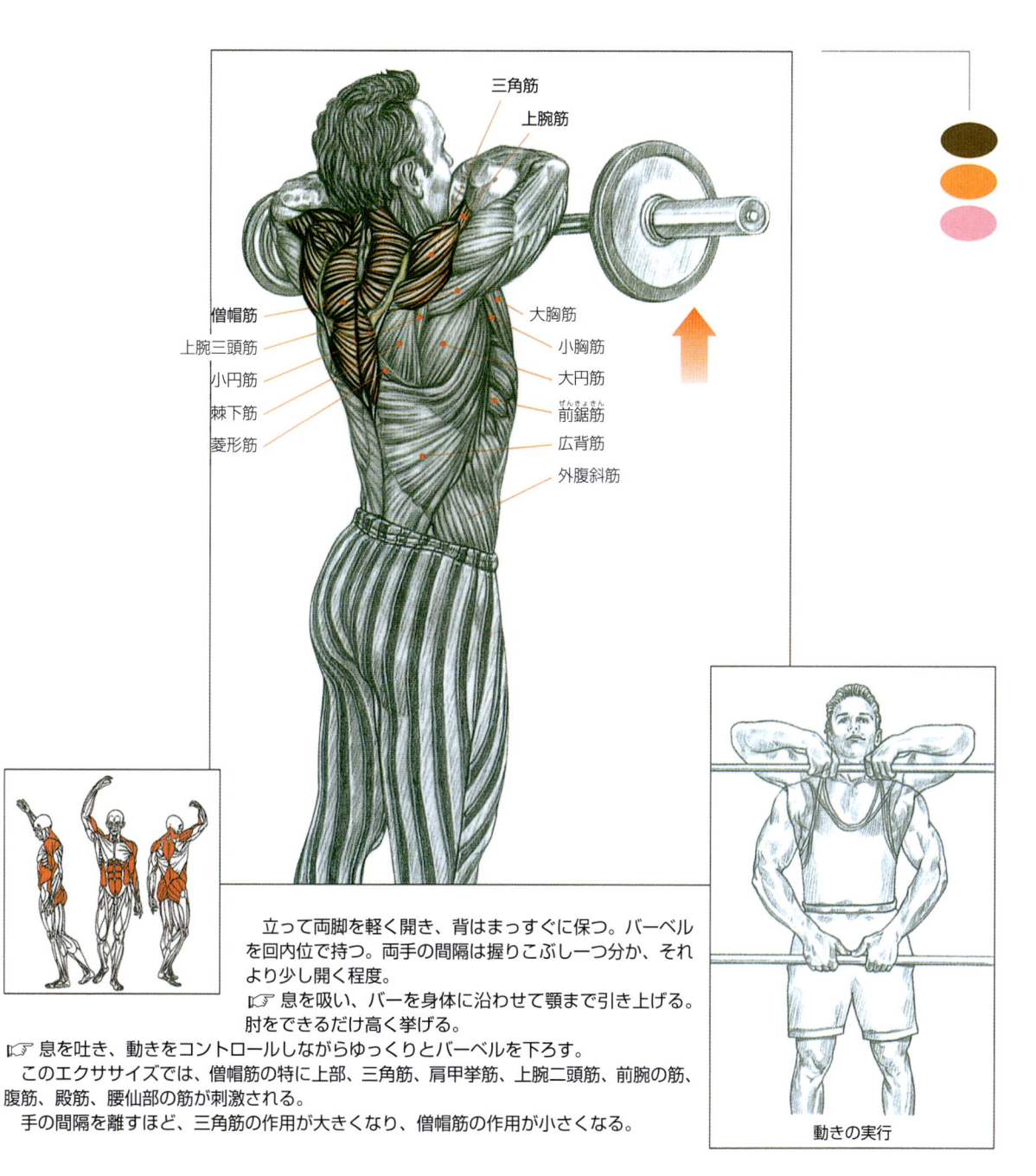

三角筋
上腕筋
僧帽筋
上腕三頭筋
小円筋
棘下筋
菱形筋
大胸筋
小胸筋
大円筋
前鋸筋
広背筋
外腹斜筋

　立って両脚を軽く開き、背はまっすぐに保つ。バーベルを回内位で持つ。両手の間隔は握りこぶし一つ分か、それより少し開く程度。
☞ 息を吸い、バーを身体に沿わせて顎まで引き上げる。肘をできるだけ高く挙げる。
☞ 息を吐き、動きをコントロールしながらゆっくりとバーベルを下ろす。
　このエクササイズでは、僧帽筋の特に上部、三角筋、肩甲挙筋、上腕二頭筋、前腕の筋、腹筋、殿筋、腰仙部の筋が刺激される。
　手の間隔を離すほど、三角筋の作用が大きくなり、僧帽筋の作用が小さくなる。

動きの実行

73

背部

15 シュラッグ1：バーベルシュラッグ
（バーベルを使ってシュラッグ）

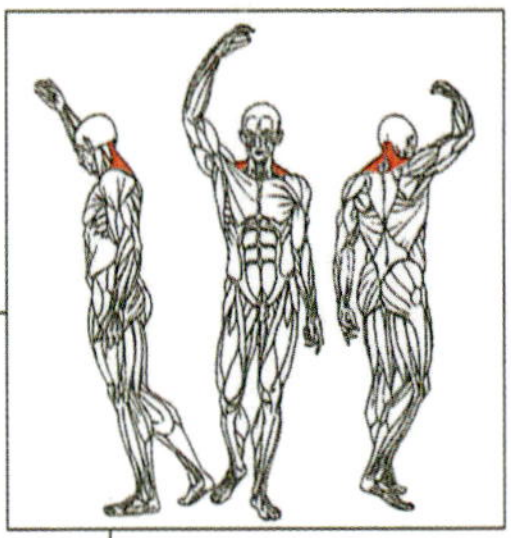

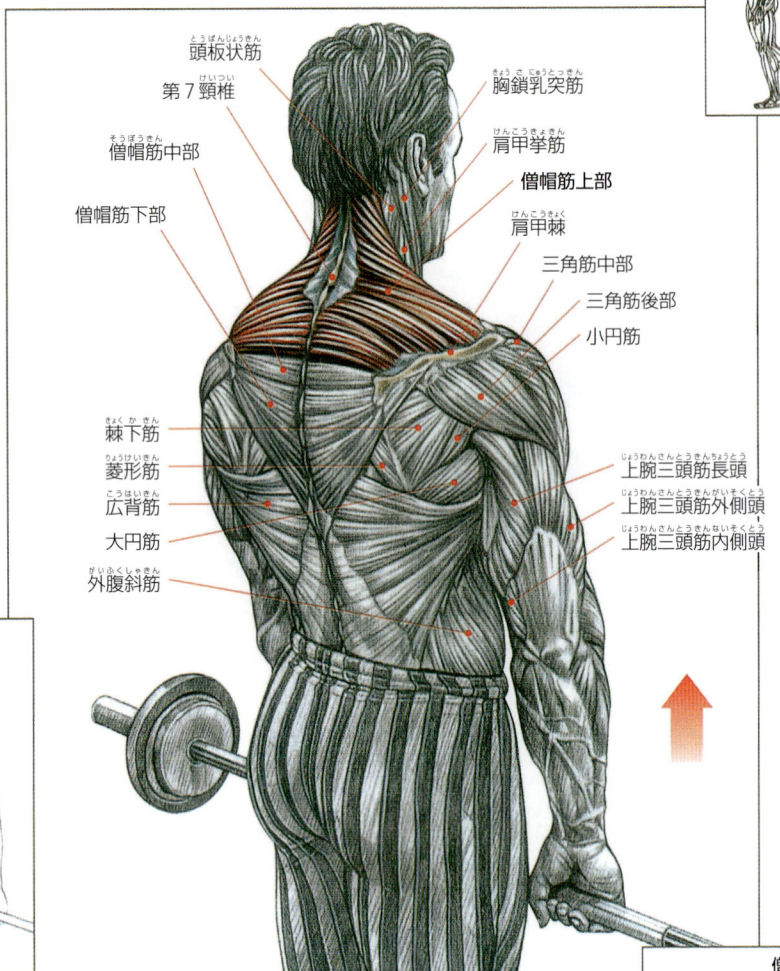

頭板状筋
第7頸椎
僧帽筋中部
僧帽筋下部
胸鎖乳突筋
肩甲挙筋
僧帽筋上部
肩甲棘
三角筋中部
三角筋後部
小円筋
棘下筋
菱形筋
広背筋
大円筋
外腹斜筋
上腕三頭筋長頭
上腕三頭筋外側頭
上腕三頭筋内側頭

動きの終わり：
僧帽筋が収縮

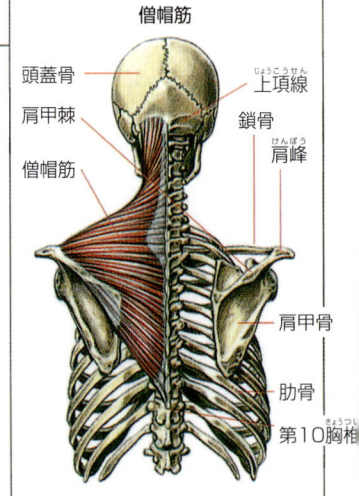

僧帽筋
頭蓋骨
上項線
肩甲棘
鎖骨
僧帽筋
肩峰
肩甲骨
肋骨
第10胸椎

立って両脚を軽く開き、バーに向かって立つ。バーは床または台の上に置く。
☞ バーベルを回内位または回外位で持つ。両手の間隔は肩幅よりもやや広め。
☞ 腕をリラックスして下げる。背はまっすぐに伸ばし、腹筋を緊張させる。両肩を持ち上げる。

このエクササイズは、僧帽筋上部、主に頭蓋骨から鎖骨までの部分、そして肩甲挙筋を強化する。

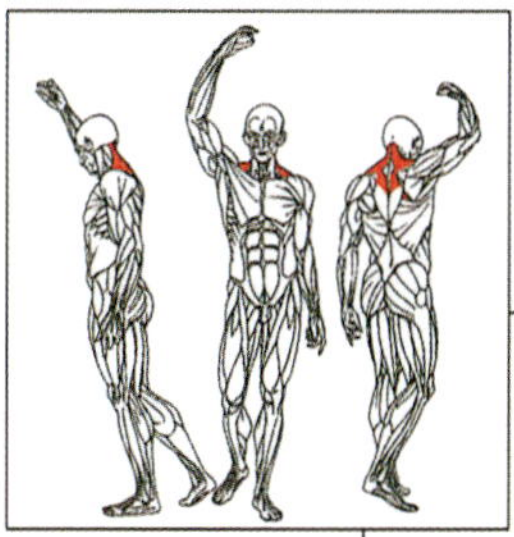

背部

シュラッグ2：ダンベルシュラッグ
（ダンベルを使ってシュラッグ＆ローテーション） 16

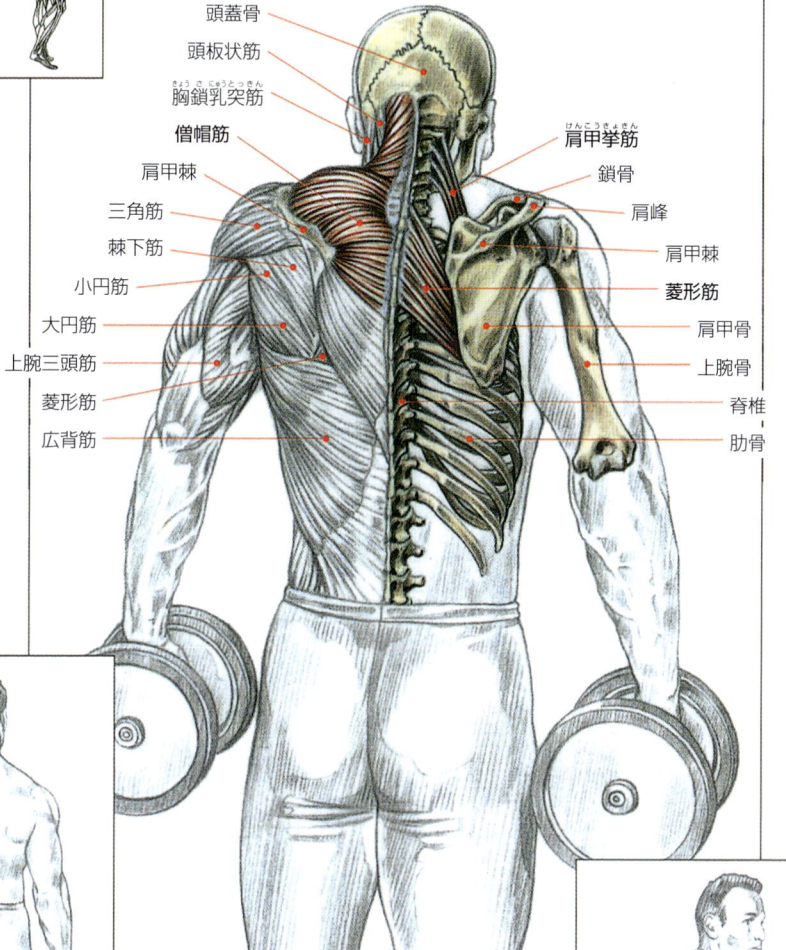

ラベル（上から）:
- 頭蓋骨
- 頭板状筋
- 胸鎖乳突筋
- 僧帽筋
- 肩甲棘
- 三角筋
- 棘下筋
- 小円筋
- 大円筋
- 上腕三頭筋
- 菱形筋
- 広背筋
- 肩甲挙筋
- 鎖骨
- 肩峰
- 肩甲棘
- 菱形筋
- 肩甲骨
- 上腕骨
- 脊椎
- 肋骨

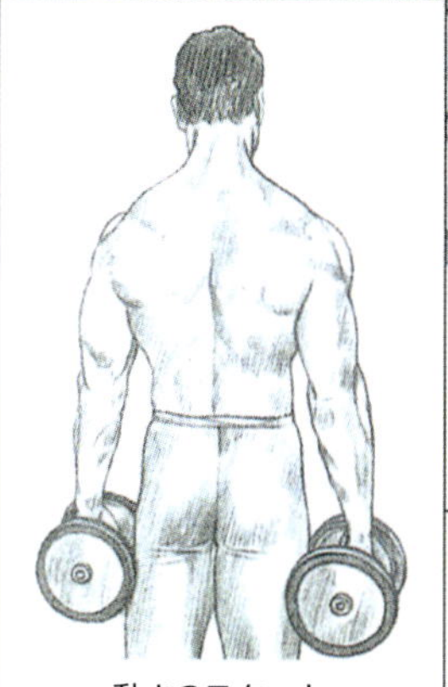

動きのスタート

立って両脚を軽く開く。頭はまっすぐに起こすか、または少し前傾させる。腕は体側につけ、両手にダンベルを持つ。
☞ 肩を引き上げ、腕を回旋させる。元の位置に戻す。
このエクササイズは、僧帽筋の上部または鎖骨部、肩甲挙筋、そして肩関節を回旋させる際に、肩甲骨を引き寄せるために僧帽筋中部と菱形筋が刺激される。

僧帽筋の作用

回旋と動きの終わり

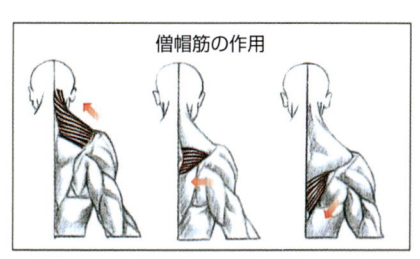

背部

17 シュラッグ3：マシンシュラッグ
（フレームまたは専用マシンを使ってシュラッグ）

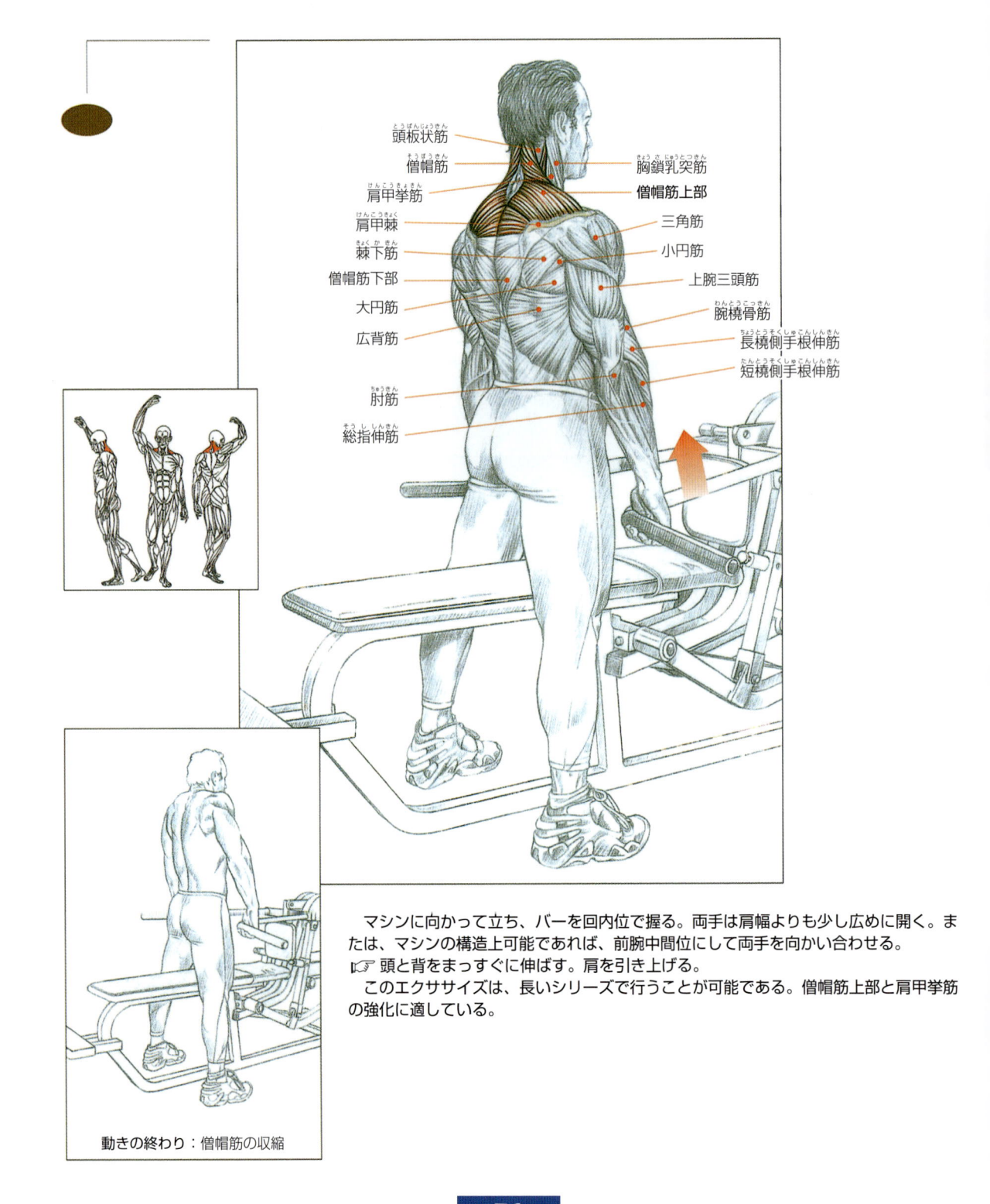

頭板状筋
僧帽筋
肩甲挙筋
肩甲棘
棘下筋
僧帽筋下部
大円筋
広背筋
肘筋
総指伸筋

胸鎖乳突筋
僧帽筋上部
三角筋
小円筋
上腕三頭筋
腕橈骨筋
長橈側手根伸筋
短橈側手根伸筋

動きの終わり：僧帽筋の収縮

　マシンに向かって立ち、バーを回内位で握る。両手は肩幅よりも少し広めに開く。または、マシンの構造上可能であれば、前腕中間位にして両手を向かい合わせる。
☞ 頭と背をまっすぐに伸ばす。肩を引き上げる。
　このエクササイズは、長いシリーズで行うことが可能である。僧帽筋上部と肩甲挙筋の強化に適している。

5 脚部

1. スクワット1
2. スクワット2（脚を開いてスクワット）
3. スクワット3（バーを前に持ったスクワット）
4. スクワット4（ダンベルを使った膝関節の屈曲）
5. レッグプレス（インクラインでのレッグプレス）
6. スクワット5（ハックスクワット）
7. レッグエクステンション（専用マシンで脚の伸展）
8. レッグカール1（マシンにうつぶせになって脚後面の筋の強化）
9. レッグカール2（立位で片脚ずつ、ハムストリングスの強化）
10. レッグカール3（マシンに座ってハムストリングスの強化）
11. グッドモーニング（胸部屈曲）
12. アダクション1（ロープーリーを使って内転筋の強化）
13. アダクション2（専用マシンで内転筋の強化）
14. カーフレイズ1（専用マシンで足関節の底屈）
15. カーフレイズ2（マシンを使った下腿の強化＜骨盤に負荷をのせる＞、「ドンキー・カーフレイズ」）
16. カーフレイズ3（マシンを使って足関節底屈、ヒラメ筋の強化）

脚部

1 スクワット1

図中ラベル（人体図）：
- 大腿四頭筋
  - 外側広筋
  - 大腿直筋
  - 中間広筋
  - 内側広筋
- 縫工筋
- 膝蓋骨
- 膝蓋腱
- 腓腹筋内側頭
- 脛骨
- ヒラメ筋
- 外腹斜筋
- 腸骨陵
- 中殿筋
- 大腿筋膜張筋
- 大転子
- 大殿筋
- 腸脛靭帯
- 大腿二頭筋
  - 短頭
  - 長頭
- 腓腹筋外側頭
- ヒラメ筋
- 短腓骨筋
- 長腓骨筋
- 長趾伸筋
- 前脛骨筋

　スクワットは、フィジカル面でナンバーワンの動きである。筋系の大部分が刺激され、心臓循環器系にも素晴らしい動きである。胸郭が拡大し、肺活量が高まる。

☞ バーを支持台の上に置く。その下に入って、僧帽筋の上、三角筋後部よりも少し高い位置で受ける。

　バーは手でしっかりと握る。手の幅は個人の形態により変わる。肘を後ろに引く。

☞ 息を深く吸い（胸郭内の圧を保ち、胸が前に倒れてしまうのを防ぐ）、背は少しそらし、骨盤を前傾させ、視線はまっすぐ前に向け、バーを支持台から離す。1～2歩下がり、両脚を平行にする（足先は少し外側に向ける）。両足の幅は肩幅。背を前に傾けながら膝を曲げる（屈曲の軸は股関節）。コントロールした動きで下がり、絶対に脊柱を丸めてはいけない（ケガの危険がある）。

バーの位置2種類 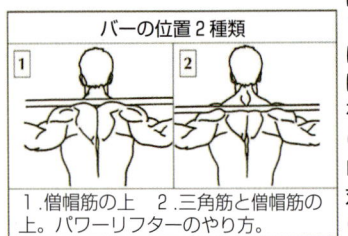
1. 僧帽筋の上
2. 三角筋と僧帽筋の上。パワーリフターのやり方。

椎間板ヘルニア
- 脊髄
- 脊髄神経
- 線維輪
- 髄核
- 椎間板
- 横突起
- 棘突起
- 関節突起

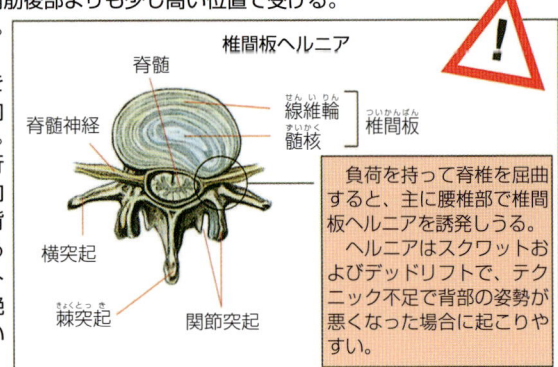

⚠ 負荷を持って脊椎を屈曲すると、主に腰椎部で椎間板ヘルニアを誘発しうる。ヘルニアはスクワットおよびデッドリフトで、テクニック不足で背部の姿勢が悪くなった場合に起こりやすい。

78

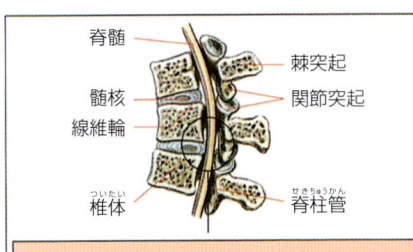

脚部

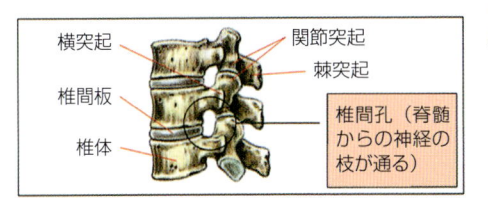

☞ 大腿が水平になったら、胸を元の姿勢に起こしつつ脚を伸展させていく。動きの最後で息を吐く。

スクワットでは、主に大腿四頭筋、殿筋、内転筋、脊柱起立筋、腹筋、ハムストリングスが作用する。

バリエーション：
（１）足関節がかたい場合、または大腿骨が長い場合、踵の下に台を置き、胸が前傾しすぎないようにする。このバリエーションは、大腿四頭筋の負荷を高める。
（２）背のバーを受ける位置を変える。三角筋後面で受けると、背を起こす力が高まるため不安定さが減り、より重い負荷を用いることができるようになる。このテクニックは、「パワーリフター」が用いるテクニックである。
（３）スクワットはスミスマシンを使って行うこともできる。この場合は、胸の前傾を避け、作用を大腿四頭筋に局限することができる。

脊髄／棘突起／髄核／関節突起／線維輪／椎体（ついたい）／脊柱管（せきちゅうかん）

脊椎が屈曲すると、椎間板の前が挟まれ、後ろが開く。髄核が後方に移動し、神経を圧迫しうる（ぎっくり腰、または座骨神経痛の突発）。

横突起／関節突起／棘突起／椎間板／椎体／椎間孔（脊髄からの神経の枝が通る）

１．良い姿勢：
　スクワットを実施する際には、背は必ずできるだけまっすぐに伸ばす。
　形態の個人差により（脚の長さ、足関節のかたさ）、またテクニックの違いにより（足の幅、足底またはヒールの使用、バーの高さ）胸の前傾は変わる。屈曲は股関節で行われる。

２．悪い姿勢：
　スクワット実施の際には、絶対に背を丸めてはいけない。背を丸めてしまうと、腰部の傷害のほとんど、特に椎間板ヘルニアの原因になる。

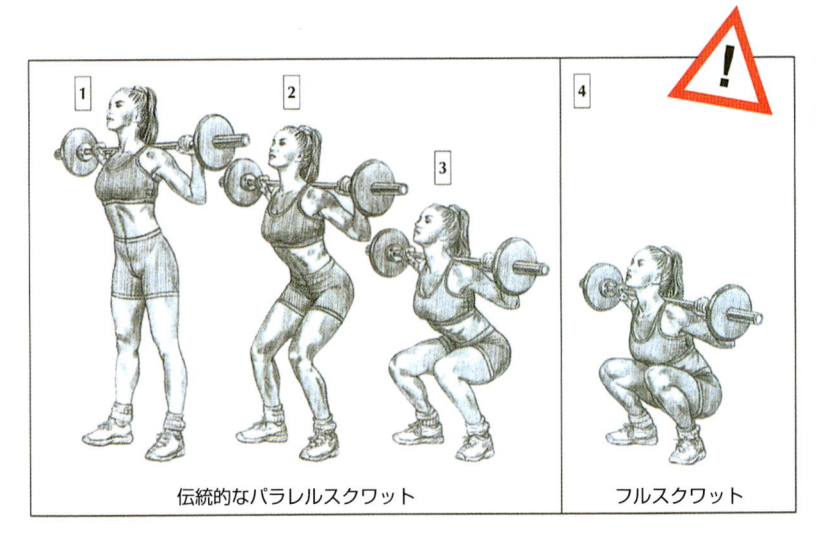

殿筋の作用をより強く感じるためには、大腿を水平まで持っていくことが重要である。

1-2-3：フルスクワット
4：殿筋の作用をより強く感じるためには、大腿を水平よりも低くすることが考えられる。しかし、このテクニックは、足関節のやわらかい人、また大腿が短い人のみに限られる。さらに、このスクワットは背が丸まりやすい傾向があり、重大なケガにいたる可能性があるので、慎重に行わなくてはならない。

伝統的なパラレルスクワット　　フルスクワット

脚部

2 スクワット2：オープンスタンススクワット
（脚を開いてスクワット）

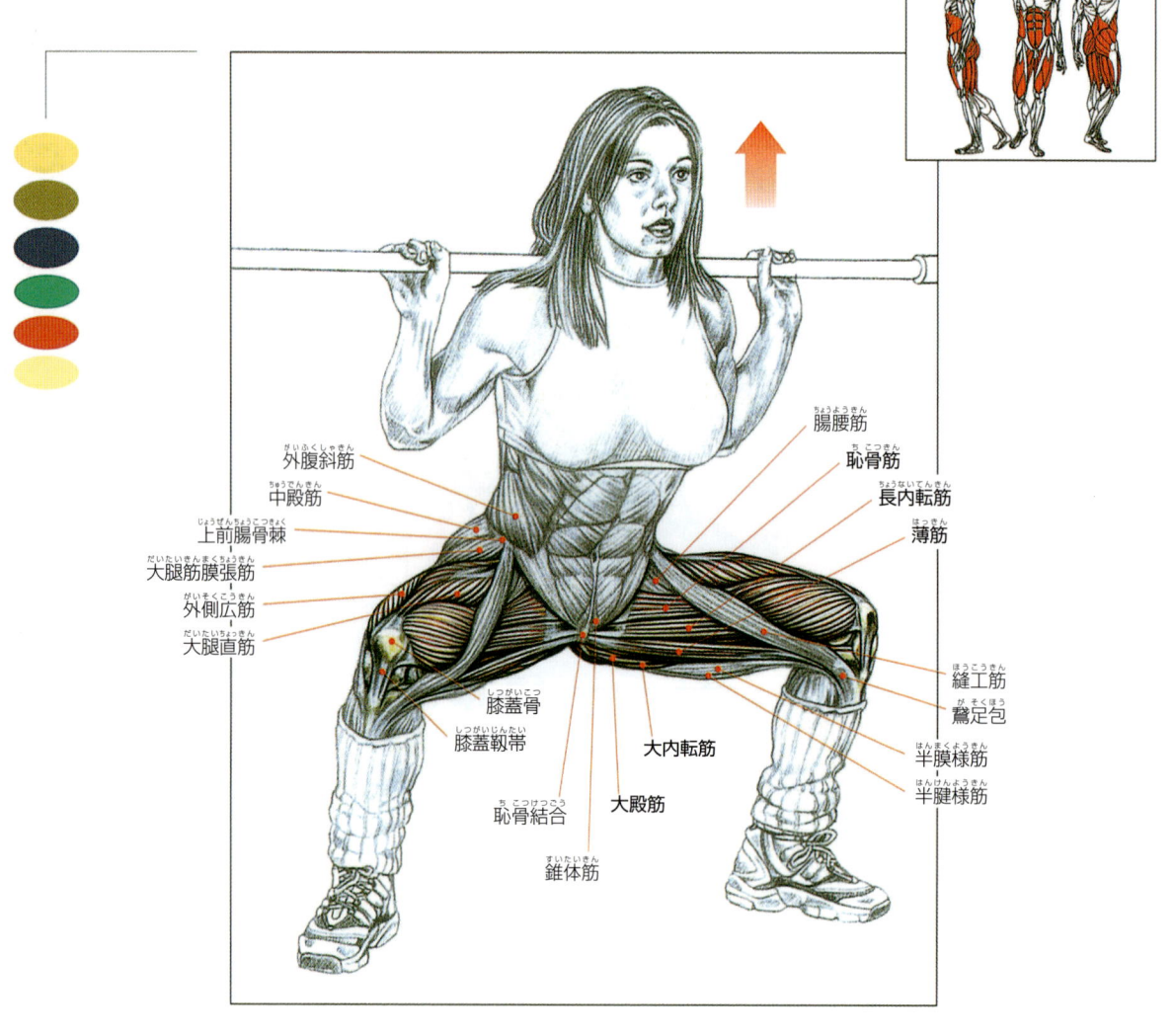

（図中ラベル）
外腹斜筋
中殿筋
上前腸骨棘
大腿筋膜張筋
外側広筋
大腿直筋
膝蓋骨
膝蓋靱帯
恥骨結合
錐体筋
大殿筋
大内転筋
腸腰筋
恥骨筋
長内転筋
薄筋
縫工筋
鵞足包
半膜様筋
半腱様筋

　この動きは、標準のスクワットと同じ方法で、ただし脚を広く開いてつま先を外に向けて行う。こうすることで、大腿の内側に強い負荷がかかる。
　刺激される筋は、以下の通りである。
☞ 大腿四頭筋
☞ 内転筋全体（大内転筋、長内転筋、短内転筋、恥骨筋、薄筋）
☞ 殿筋
☞ ハムストリングス
☞ 腹筋
☞ 腰仙部の筋

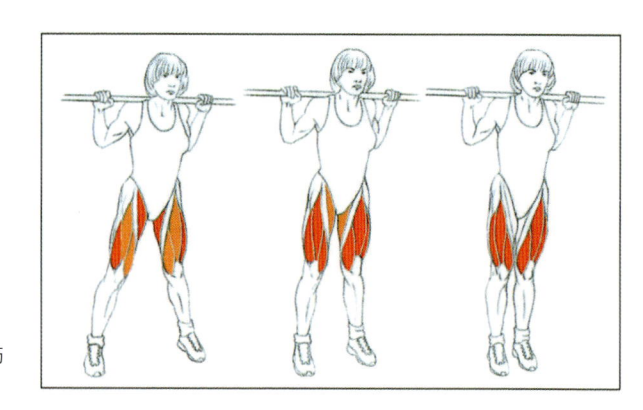

スクワットの足の位置3種類
■ 非常に強く刺激される筋　■ 刺激される筋

80

スクワット3：フロントスクワット
（バーを前に持ったスクワット）

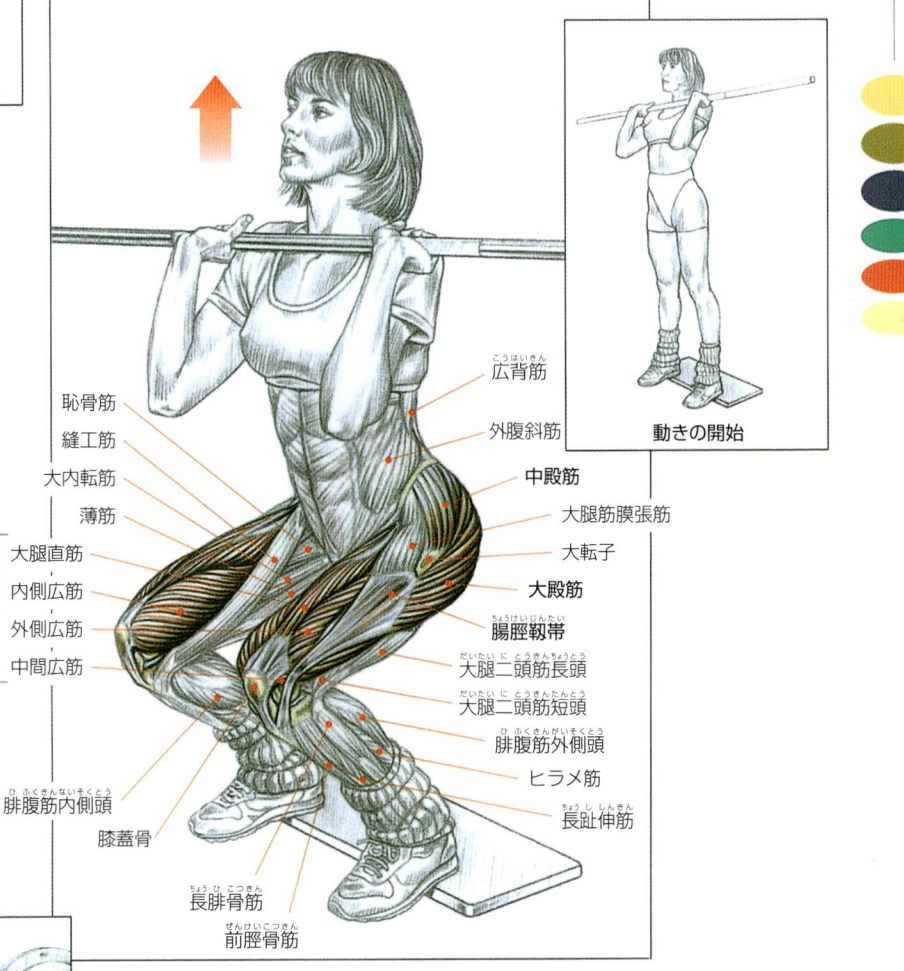

筋肉ラベル（左側）：
- 恥骨筋
- 縫工筋
- 大内転筋
- 薄筋
- 大腿四頭筋
  - 大腿直筋
  - 内側広筋
  - 外側広筋
  - 中間広筋
- 腓腹筋内側頭
- 膝蓋骨
- 長腓骨筋
- 前脛骨筋

筋肉ラベル（右側）：
- 広背筋
- 外腹斜筋
- 中殿筋
- 大腿筋膜張筋
- 大転子
- 大殿筋
- 腸脛靭帯
- 大腿二頭筋長頭
- 大腿二頭筋短頭
- 腓腹筋外側頭
- ヒラメ筋
- 長趾伸筋

動きの開始

腕を交差させたバリエーション

　バーを三角筋前部にのせ、安定させる。
☞ 息を吸い、膝を屈曲し、元の位置に戻る。動きの最後で息を吐く。
　バーを前に置くと、胸部を前傾させることができず、背は常にまっすぐになる。やりやすくするためには、踵の下に台を置く。
　このタイプのスクワットは、大腿四頭筋に負荷の大部分がかかる。標準のスクワットよりも軽い負荷で行う。完璧に実施すると、殿筋、ハムストリングス、腹筋、腰部の筋も刺激される。
　この動きは、ウエイトリフターがよく実施する。クリーンの動作やスナッチの最終動作と同じように大腿の筋群を作用させるからである。
　バーを前に持ったスクワットと同様に、専用マシンで脚を固定したスクワットも大腿四頭筋に負荷の大部分がかかる。
バリエーション：腕は水平位。肘は曲げ、前腕は交差させる。手は自分の前のバーを保持する。

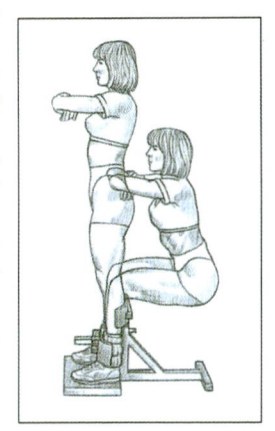

脚部

4 スクワット4：ダンベルスクワット
（ダンベルを使った膝関節の屈曲）

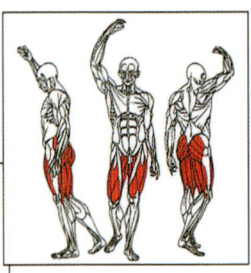

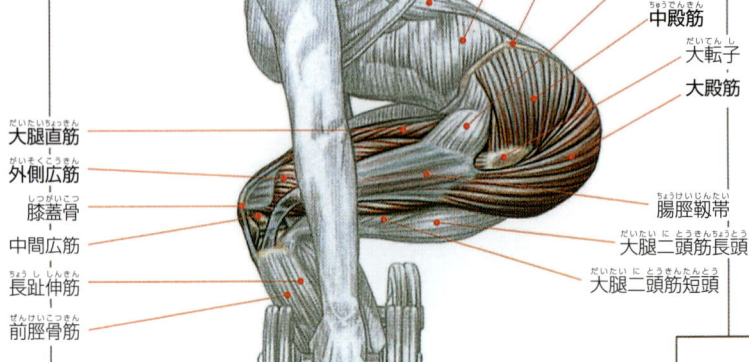

広背筋
外腹斜筋
腸骨陵
大腿筋膜張筋
中殿筋
大転子
大殿筋
大腿直筋
外側広筋
膝蓋骨
中間広筋
長趾伸筋
前脛骨筋
腸脛靱帯
大腿二頭筋長頭
大腿二頭筋短頭

　立って、両足は軽く開く。ダンベルを両手に一つずつ持って、腕は下げる。
☞ まっすぐ前を見て、息を吸って、背を軽くそらせ、膝関節を曲げる。
☞ 大腿が水平になったら、脚を伸展させ、元の位置に戻る。
☞ 動きの最後で息を吐く。
　このエクササイズは、主に大腿四頭筋と殿筋が作用する。

備考：重い負荷で行う意味はない。中程度の負荷で 10 〜 15 回のセットで行うことで、よい効果が得られる。

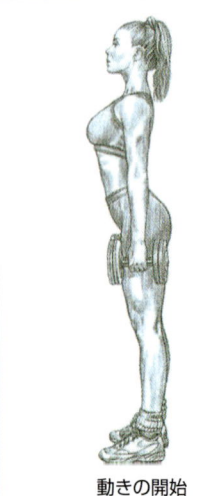

動きの開始

82

脚部

レッグプレス 5
（インクラインでのレッグプレス）

筋肉のラベル（図中）:
- ヒラメ筋
- 前脛骨筋
- 長腓骨筋
- 長趾伸筋
- 膝蓋骨
- 腓腹筋
- 大腿二頭筋短頭
- 大腿二頭筋長頭
- 内側広筋
- 中間広筋
- 外側広筋
- 大腿直筋
- 大腿四頭筋
- 外腹斜筋
- 腸脛靱帯
- 大腿筋膜張筋
- 大転子
- 大殿筋

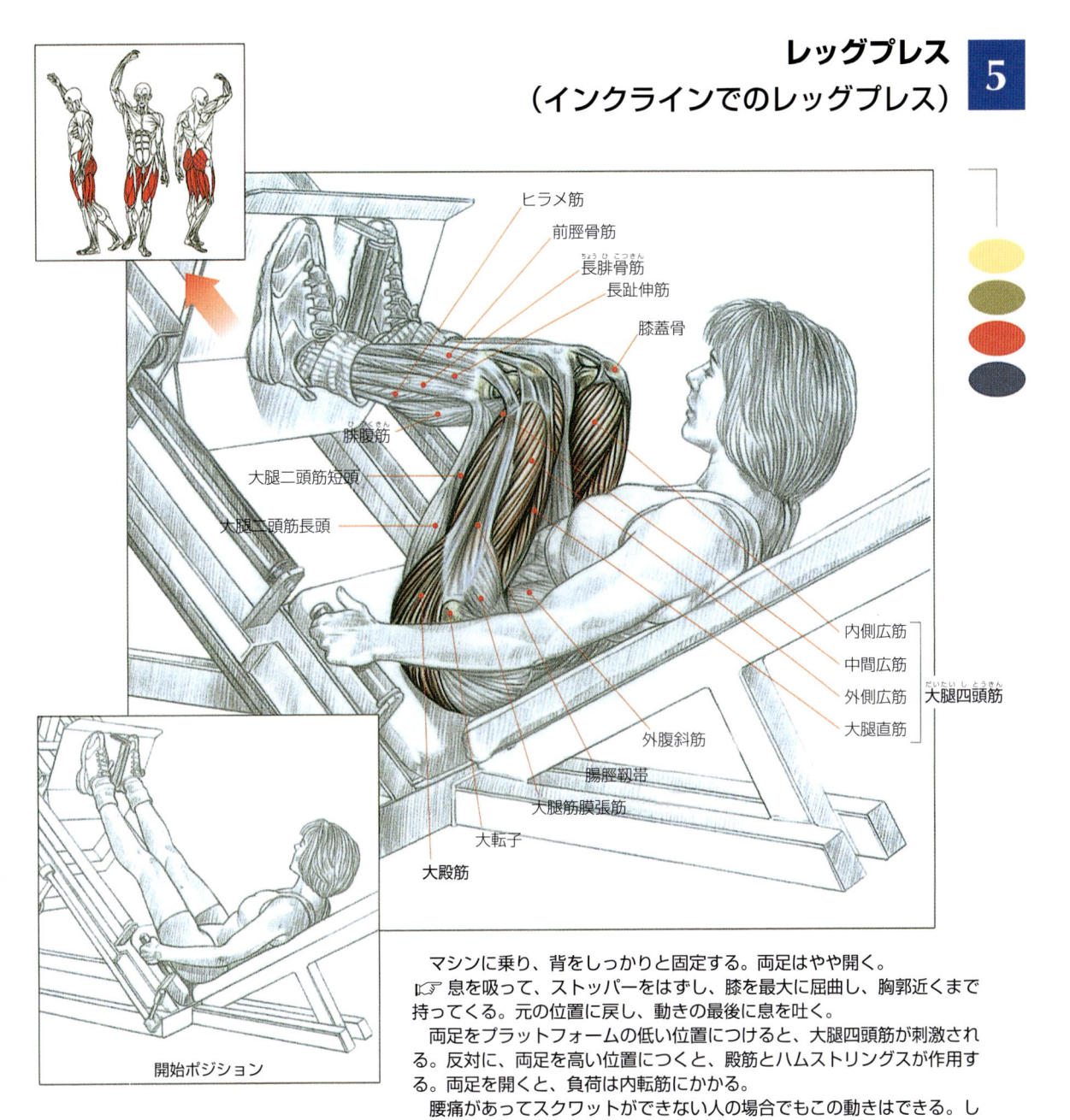

開始ポジション

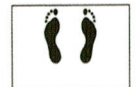

マシンに乗り、背をしっかりと固定する。両足はやや開く。
☞ 息を吸って、ストッパーをはずし、膝を最大に屈曲し、胸郭近くまで持ってくる。元の位置に戻し、動きの最後に息を吐く。

両足をプラットフォームの低い位置につけると、大腿四頭筋が刺激される。反対に、両足を高い位置につくと、殿筋とハムストリングスが作用する。両足を開くと、負荷は内転筋にかかる。

腰痛があってスクワットができない人の場合でもこの動きはできる。しかし、その際には腰を背面のパッドから浮かさないようにする。

両足を高い位置につく	両足を低い位置につく	両足を開く	両足を閉じる
殿筋とハムストリングスが主に刺激される。	大腿四頭筋が主に刺激される。	内転筋が主に刺激される。	大腿四頭筋が主に刺激される。

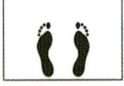

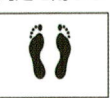

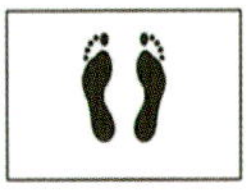

6 スクワット5：ハックスクワット

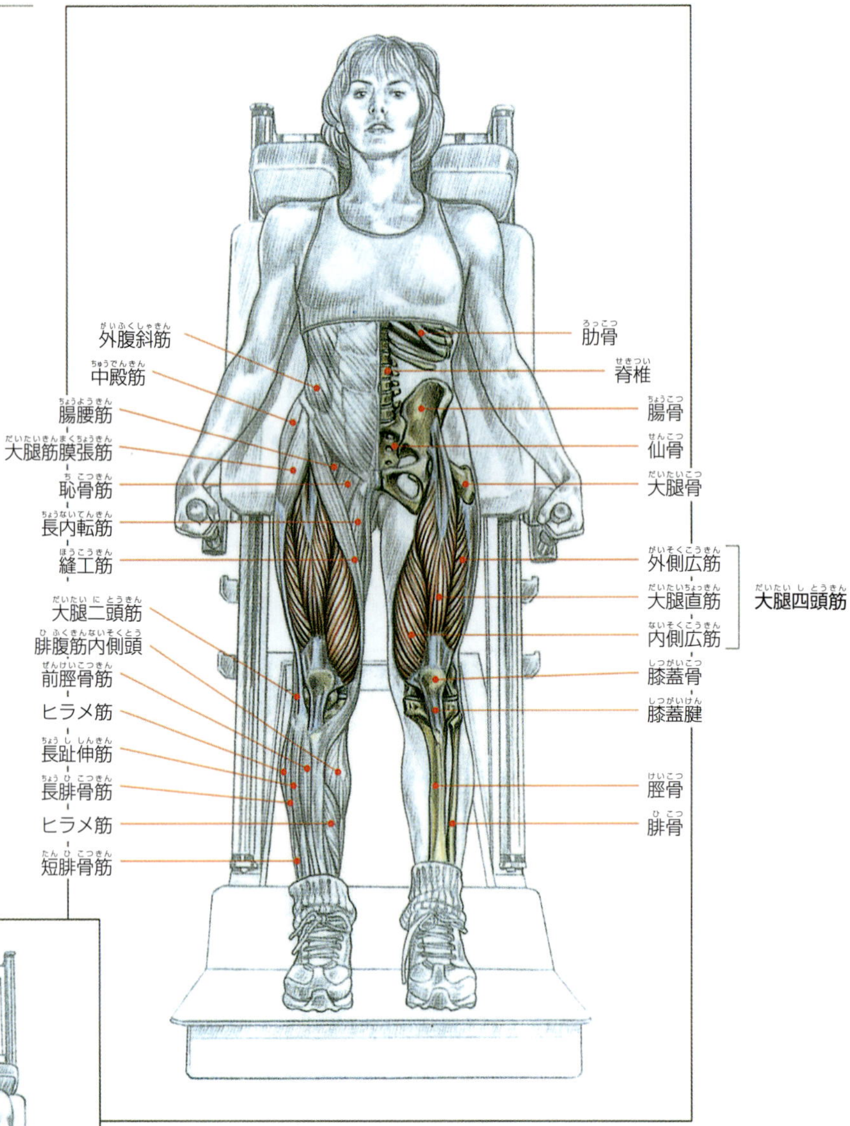
外腹斜筋
中殿筋
腸腰筋
大腿筋膜張筋
恥骨筋
長内転筋
縫工筋
大腿二頭筋
腓腹筋内側頭
前脛骨筋
ヒラメ筋
長趾伸筋
長腓骨筋
ヒラメ筋
短腓骨筋
肋骨
脊椎
腸骨
仙骨
大腿骨
外側広筋
大腿直筋
内側広筋
大腿四頭筋
膝蓋骨
膝蓋腱
脛骨
腓骨

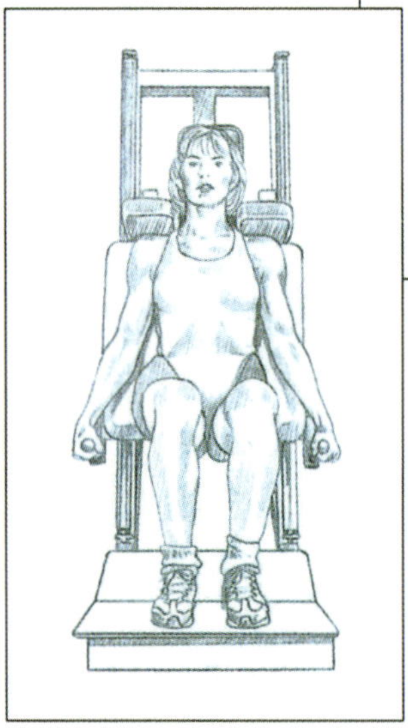

脚を伸ばし、背を背面に押しつける。両肩をロールの下で固定する（ハックとは、牛や馬の引き具のこと。ロールが動物の首輪を連想させることからそう呼ぶ）。両足をやや開く。

☞ 息を吸って、ストッパーをはずし、膝を曲げる。元の位置に戻し、動きの最後に息を吐く。

この動きでは、負荷を大腿四頭筋に集中させることができる。両足を前につくほど、殿筋がより刺激される。両足を開くほど、より内転筋が刺激される。背を保護するためには、腹筋を収縮させ、骨盤と脊柱が動かないようにすることが重要である。

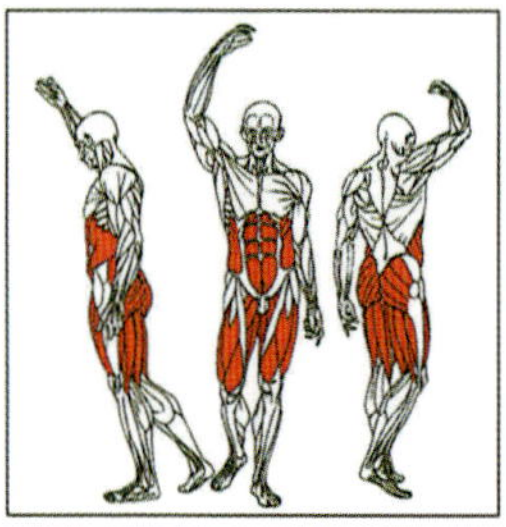

脚部

レッグエクステンション 7
（専用マシンで脚の伸展）

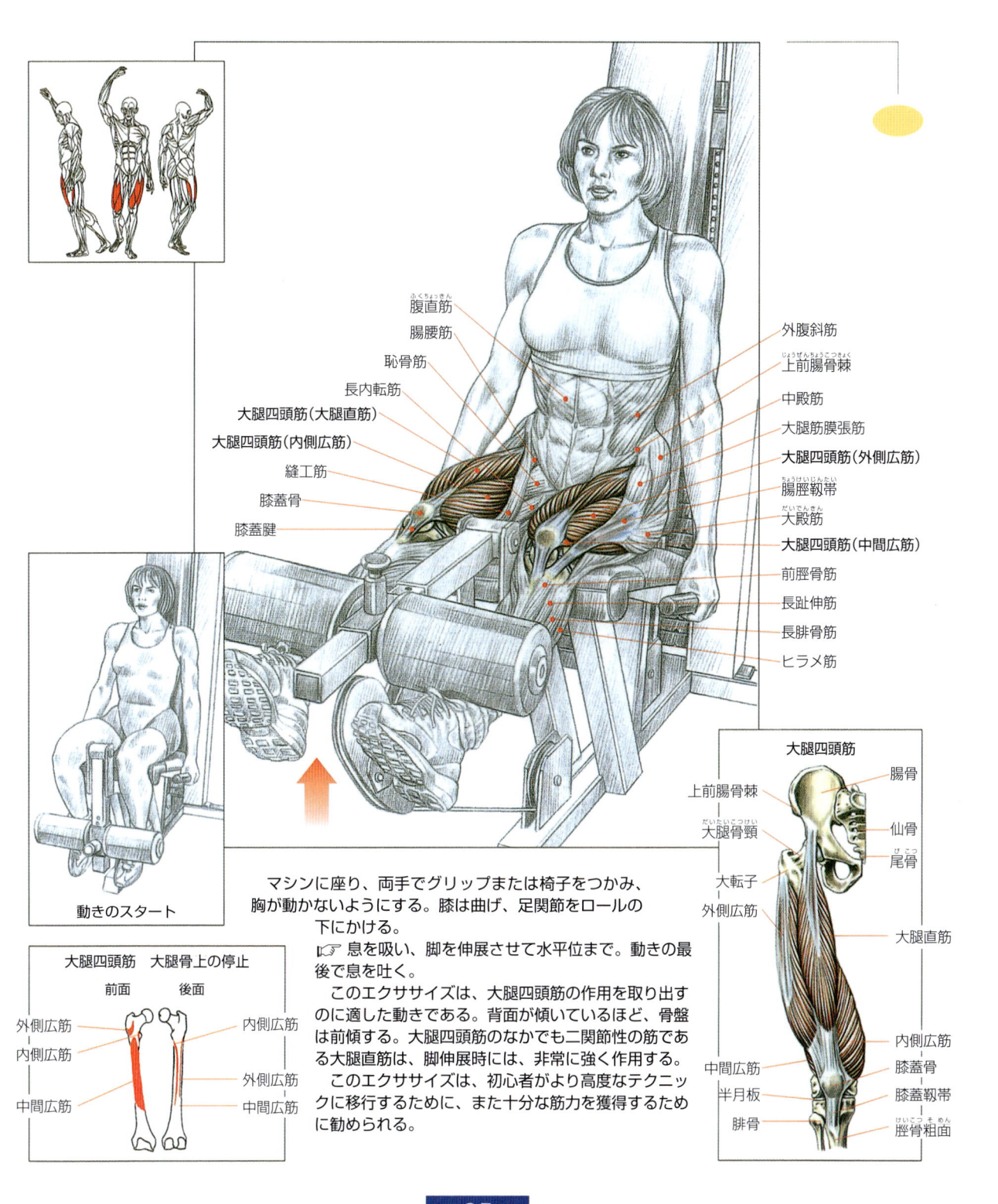

ラベル（左側、上から）:
腹直筋
腸腰筋
恥骨筋
長内転筋
大腿四頭筋（大腿直筋）
大腿四頭筋（内側広筋）
縫工筋
膝蓋骨
膝蓋腱

ラベル（右側、上から）:
外腹斜筋
上前腸骨棘
中殿筋
大腿筋膜張筋
大腿四頭筋（外側広筋）
腸脛靭帯
大殿筋
大腿四頭筋（中間広筋）
前脛骨筋
長趾伸筋
長腓骨筋
ヒラメ筋

動きのスタート

大腿四頭筋 大腿骨上の停止
前面　　後面
外側広筋　　内側広筋
内側広筋　　外側広筋
中間広筋　　中間広筋

大腿四頭筋
上前腸骨棘
大腿骨頸
大転子
外側広筋
大腿直筋
中間広筋
半月板
腓骨
腸骨
仙骨
尾骨
内側広筋
膝蓋骨
膝蓋靭帯
脛骨粗面

マシンに座り、両手でグリップまたは椅子をつかみ、胸が動かないようにする。膝は曲げ、足関節をロールの下にかける。

☞ 息を吸い、脚を伸展させて水平位まで。動きの最後で息を吐く。

このエクササイズは、大腿四頭筋の作用を取り出すのに適した動きである。背面が傾いているほど、骨盤は前傾する。大腿四頭筋のなかでも二関節性の筋である大腿直筋は、脚伸展時には、非常に強く作用する。

このエクササイズは、初心者がより高度なテクニックに移行するために、また十分な筋力を獲得するために勧められる。

| 脚部

8 レッグカール1：ライイング・レッグカール
（マシンにうつぶせになって脚後面の筋の強化）

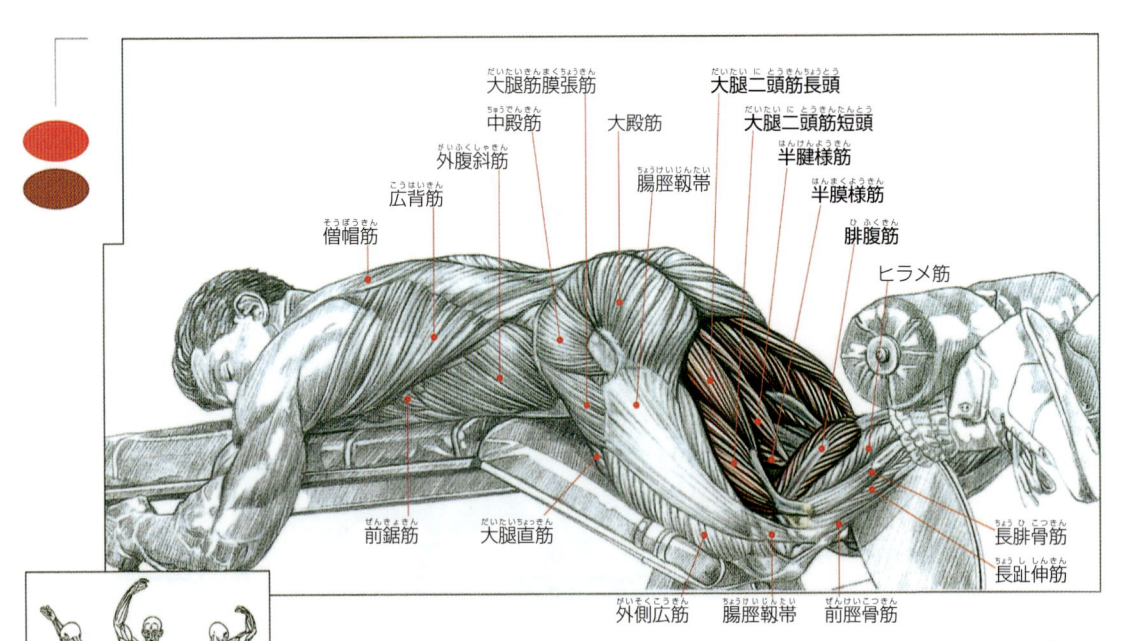

筋名ラベル（図中）：
僧帽筋、広背筋、外腹斜筋、大腿筋膜張筋、中殿筋、大殿筋、腸脛靱帯、大腿二頭筋長頭、大腿二頭筋短頭、半腱様筋、半膜様筋、腓腹筋、ヒラメ筋、前鋸筋、大腿直筋、外側広筋、腸脛靱帯、前脛骨筋、長腓骨筋、長趾伸筋

大腿後面の筋（図中ラベル）：腸骨、仙骨、尾骨、恥骨結合、坐骨結節、半膜様筋、半腱様筋、膕窩、脛骨、大腿骨頭、大腿骨頸、大転子、小転子、大腿二頭筋長頭、大腿二頭筋短頭、腓骨茎状突起

　マシンにうつぶせになり、両手でグリップを握る。脚は伸ばし、足関節をロールの下にかける。
☞ 背をしっかりと固定し、息を吸い、両脚を同時に屈曲し、踵を臀部につけようとする。動きの最後で息を吐く。コントロールした動きで元の位置に戻す。
　このエクササイズでは、脚後面の筋全体および腓腹筋が作用する。理論的には、足を内旋して行えば、半腱様筋と半膜様筋に局限でき、足を外旋して行えば、大腿二頭筋長頭および短頭に局限できる。しかし、実際は、これは非常に難しく、脚後面または腓腹筋の作用を優勢にして行ったほうがやりやすい。
☞ 足関節を底屈させると、脚後面の筋の作用が優勢となる。
☞ 足関節を背屈させて行うと、腓腹筋の作用が優勢となる。
バリエーション：この動きは、片脚ずつ行ってもよい。

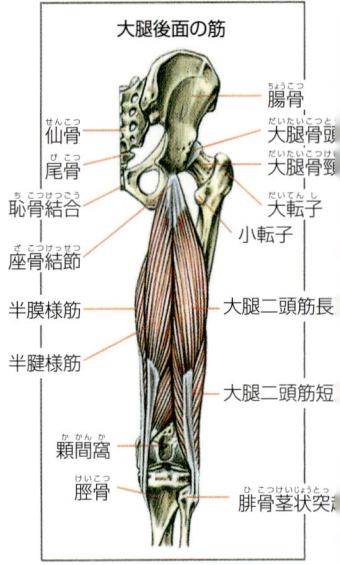

バリエーション：
両足の間にダンベルをはさむ

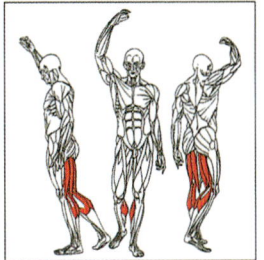

レッグカール2：スタンディング・レッグカール
（立位で片脚ずつ、ハムストリングスの強化） 9

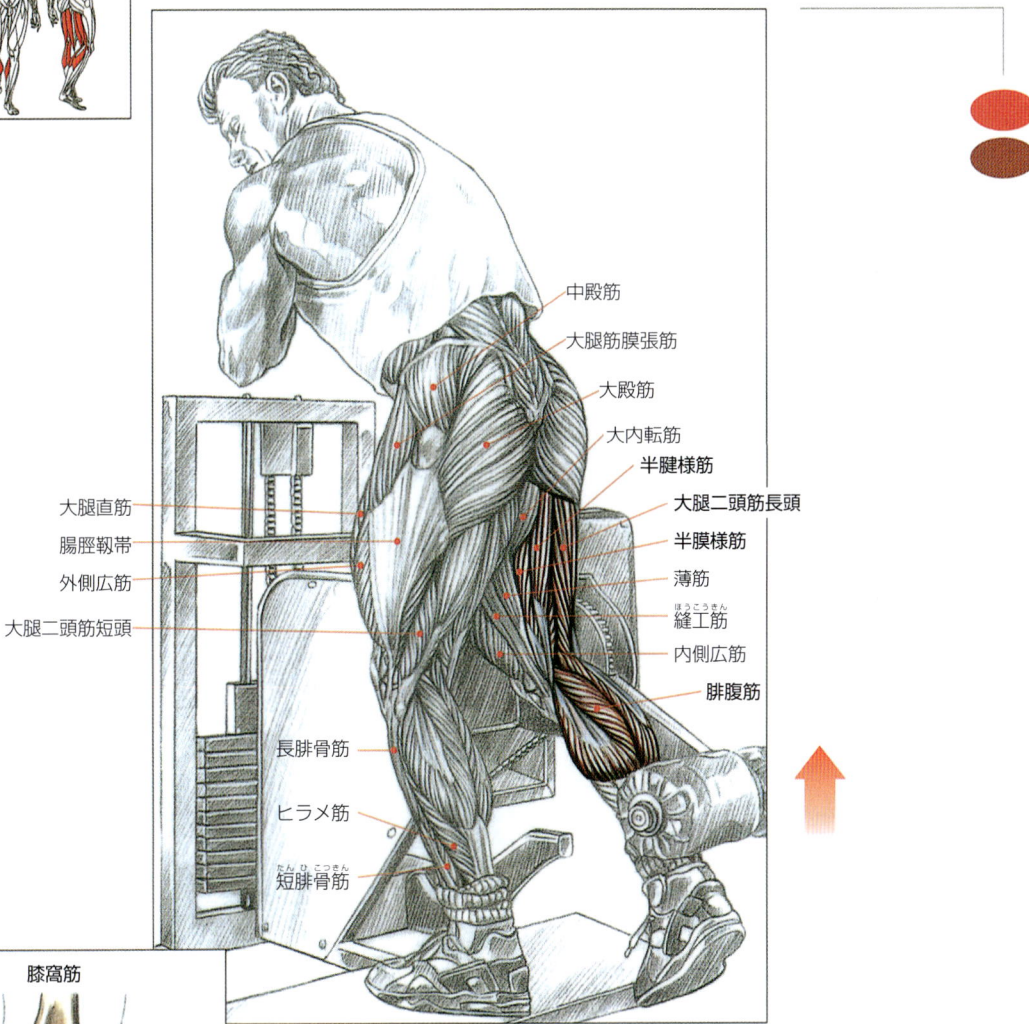

ラベル（図中）：
- 大腿直筋
- 腸脛靭帯
- 外側広筋
- 大腿二頭筋短頭
- 長腓骨筋
- ヒラメ筋
- 短腓骨筋（たんひこつきん）
- 中殿筋
- 大腿筋膜張筋
- 大殿筋
- 大内転筋
- 半腱様筋
- 大腿二頭筋長頭
- 半膜様筋
- 薄筋
- 縫工筋（ほうこうきん）
- 内側広筋
- 腓腹筋

膝窩筋の図：
- 大腿骨
- 顆（か）
- 膝窩筋（しつかきん）
- 腓骨（ひこつ）
- 脛骨

膝窩筋は深部にあり、脚の後面、膝関節の高さにある。脚後面の筋や腓腹筋と共に、脚の屈曲の際に関与する。

立って、胸をサポートにもたせかける。膝は固定し、脚は伸ばす。足関節はローラーの下にかける。

☞ 息を吸い、膝を屈曲させる。動きの最後で息を吐く。

このエクササイズは、ハムストリングス全体（半腱様筋、半膜様筋、大腿二頭筋短頭・長頭）と、わずかではあるが腓腹筋を刺激する。腓腹筋の動員を高めるためには、膝関節を屈曲させるときに足関節を背屈させる。動員を低下させるためには、足関節を底屈させる。

脚部

10 レッグカール3：シーティッド・レッグカール
（マシンに座ってハムストリングスの強化）

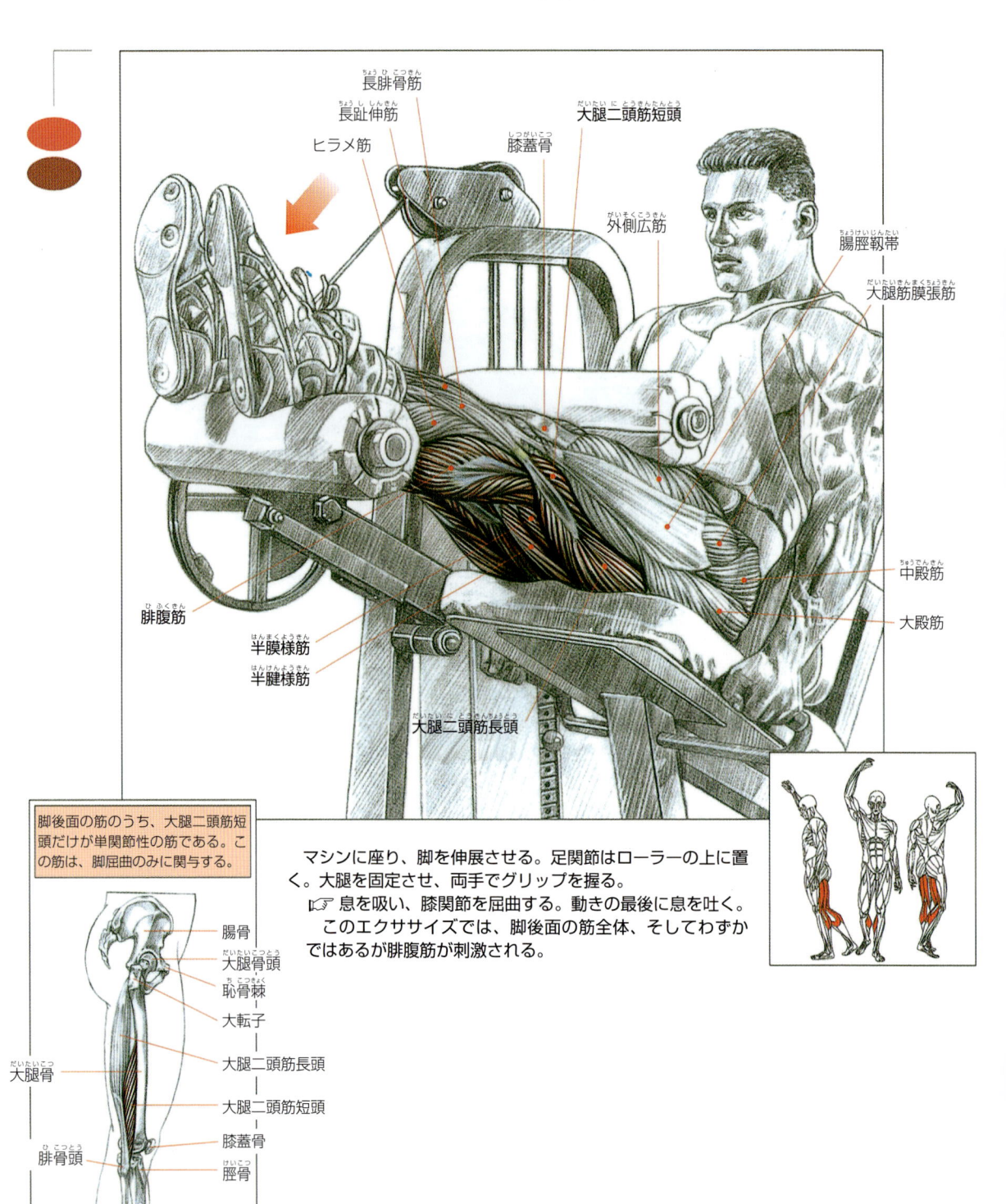

主な筋肉部位：
- 長腓骨筋
- 長趾伸筋
- ヒラメ筋
- 膝蓋骨
- 大腿二頭筋短頭
- 外側広筋
- 腸脛靱帯
- 大腿筋膜張筋
- 中殿筋
- 大殿筋
- 大腿二頭筋長頭
- 半腱様筋
- 半膜様筋
- 腓腹筋

脚後面の筋のうち、大腿二頭筋短頭だけが単関節性の筋である。この筋は、脚屈曲のみに関与する。

- 腸骨
- 大腿骨頭
- 恥骨棘
- 大転子
- 大腿二頭筋長頭
- 大腿二頭筋短頭
- 膝蓋骨
- 脛骨
- 腓骨頭
- 大腿骨

マシンに座り、脚を伸展させる。足関節はローラーの上に置く。大腿を固定させ、両手でグリップを握る。

☞ 息を吸い、膝関節を屈曲する。動きの最後に息を吐く。
このエクササイズでは、脚後面の筋全体、そしてわずかではあるが腓腹筋が刺激される。

88

脚部

グッドモーニング（胸部屈曲） 11

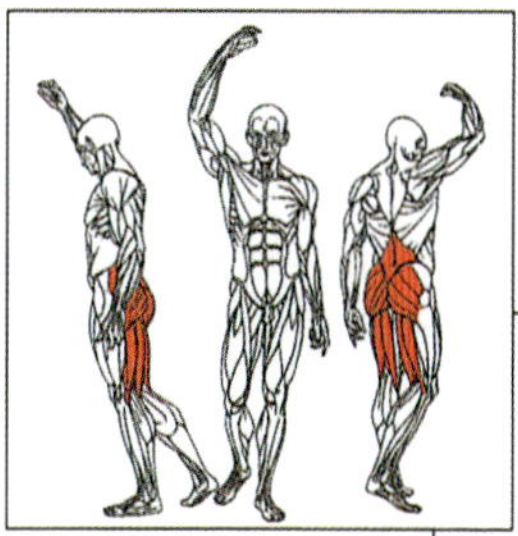

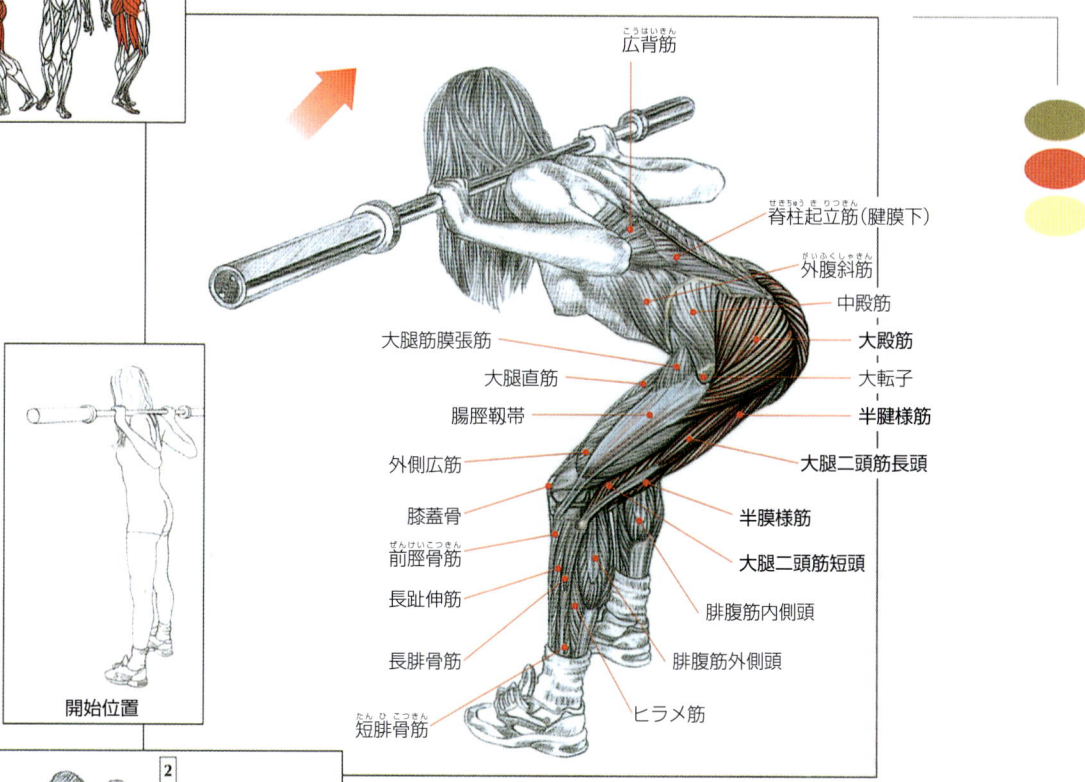

図中ラベル（人体図）：
広背筋／脊柱起立筋（腱膜下）／外腹斜筋／中殿筋／大殿筋／大転子／半腱様筋／大腿二頭筋長頭／半膜様筋／大腿二頭筋短頭／腓腹筋内側頭／腓腹筋外側頭／ヒラメ筋／大腿筋膜張筋／大腿直筋／腸脛靭帯／外側広筋／膝蓋骨／前脛骨筋／長趾伸筋／長腓骨筋／短腓骨筋

開始位置

「グッドモーニング」のやり方2種類
1. 脚伸展位　2. 膝屈曲位

前方へ傾く際に脚を伸展していると、ハムストリングスが伸展し、体幹を起こすときに収縮をよりよく感じられるようになる。
前方へ傾く際に膝関節を屈曲していると、ハムストリングスが弛緩し、股関節の屈曲はしやすくなる。

立って、両足は軽く開く。バーベルを僧帽筋の上、または少し低めの三角筋後部の上に乗せる。
☞ 息を吸い、胸部を前傾させ、水平位まで。背はまっすぐにし、屈曲の軸は股関節。元の位置に戻し、息を吐く。やりやすくするためには、膝を軽く屈曲して行ってもよい。

この動きは、大殿筋と脊椎周囲の筋、そして、特にハムストリングスが作用する（単関節筋で膝関節の屈曲にのみ関与する大腿二頭筋短頭を除く）。ハムストリングスの主な機能は、膝関節の屈曲に加えて、胸を起こしながら骨盤を起こすことである（腹筋と腰仙部の筋のアイソメトリックの収縮によって連動した場合）。

大腿後面の作用をよりよく感じるためには、重い負荷は用いないようにする。「グッドモーニング」は、大腿後面を伸展させるのに適している。規則的に続ければ、スクワットを重い重量で行うときに起こりうる傷害を予防することができるようになる。

骨盤を起こす際のハムストリングスおよび大殿筋の作用

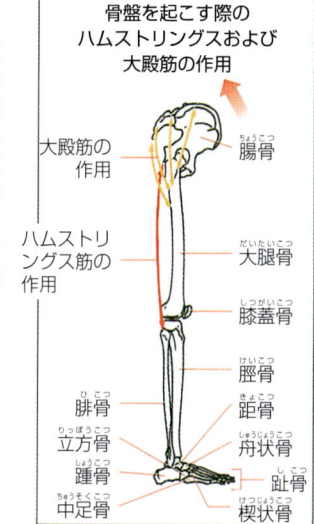

大殿筋の作用／ハムストリングス筋の作用／腸骨／大腿骨／膝蓋骨／脛骨／腓骨／距骨／立方骨／舟状骨／踵骨／趾骨／中足骨／楔状骨

12 アダクション1：スタンディング・ケーブル・ヒップアダクション
（ロープーリーを使って内転筋の強化）

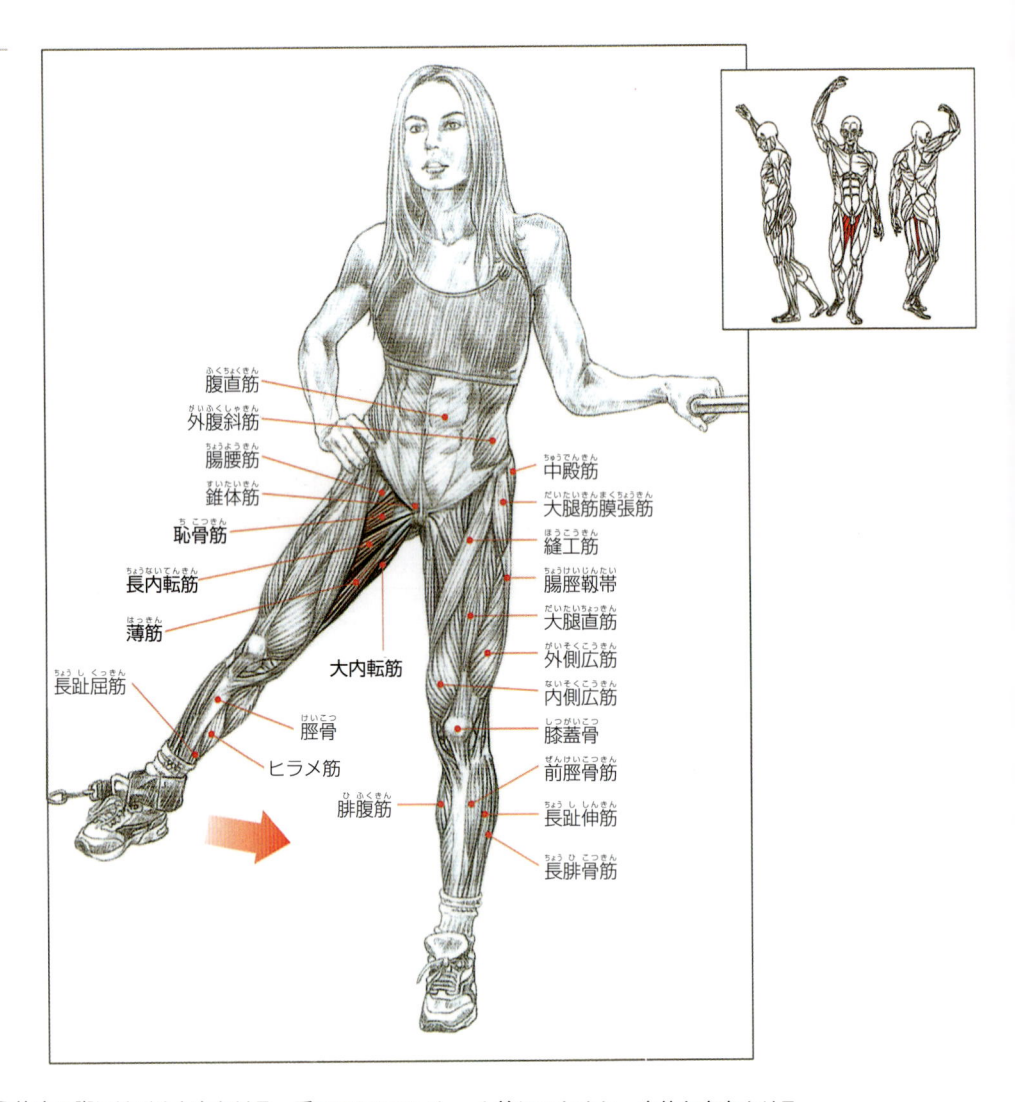

ラベル（左側、上から）	ラベル（右側、上から）
腹直筋	中殿筋
外腹斜筋	大腿筋膜張筋
腸腰筋	縫工筋
錐体筋	腸脛靱帯
恥骨筋	大腿直筋
長内転筋	外側広筋
薄筋	内側広筋
大内転筋	膝蓋骨
長趾屈筋	前脛骨筋
脛骨	長趾伸筋
ヒラメ筋	長腓骨筋
腓腹筋	

片脚で立って、もう片方の脚にはベルトをかける。手でマシンのフレーム等につかまり、身体を安定させる。
☞ 脚を閉じ、立ち脚の前を越えクロスさせる。

このエクササイズは内転筋全体が作用する（恥骨筋、小内転筋、長内転筋、大内転筋、薄筋）。大腿内側の筋を目立たせるのによいエクササイズであり、その目的では反復回数を多くして行う。

アダクション2：シーティッド・マシン・ヒップアダクション
（専用マシンで内転筋の強化） 13

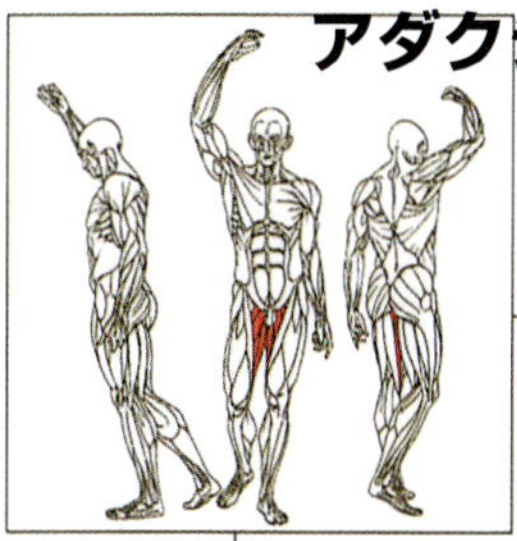

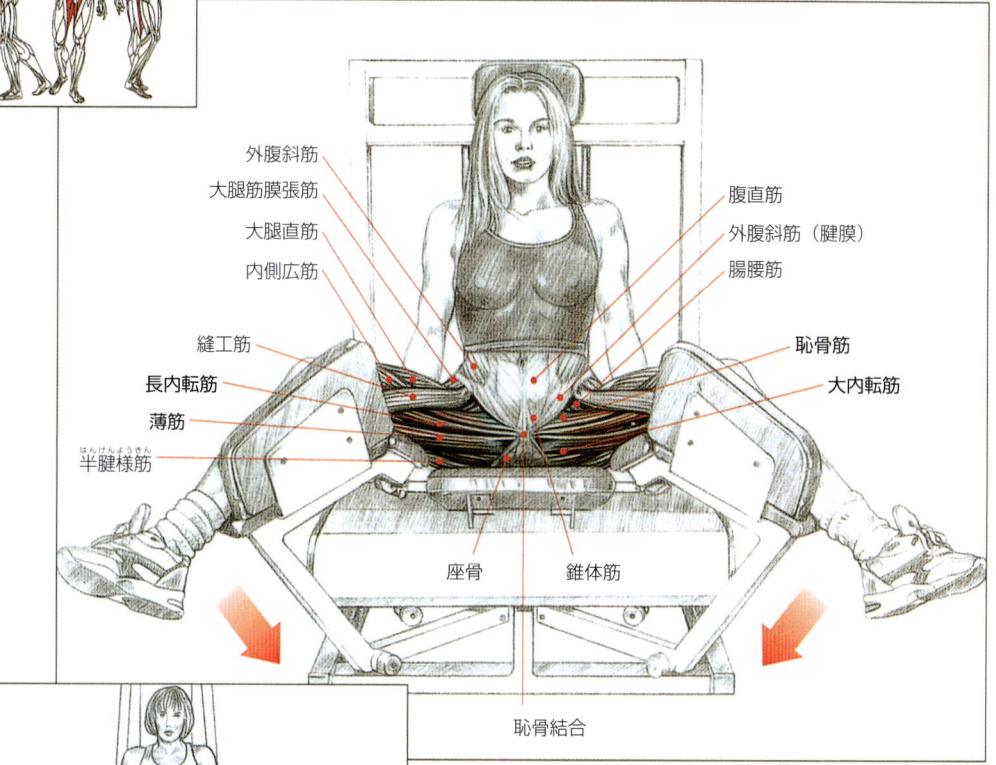

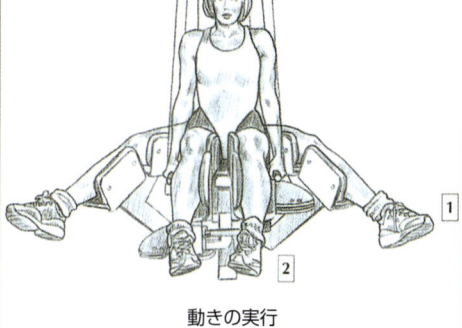

筋肉ラベル（左側）： 外腹斜筋、大腿筋膜張筋、大腿直筋、内側広筋、縫工筋、長内転筋、薄筋、半腱様筋

筋肉ラベル（右側）： 腹直筋、外腹斜筋（腱膜）、腸腰筋、恥骨筋、大内転筋

その他のラベル： 座骨、錐体筋、恥骨結合

動きの実行
1. 開始　2. 終わり

ベンチに座り、脚を開く。
☞ 両脚を閉じる。
☞ コントロールした動きで元の位置に戻す。
　このエクササイズでは、内転筋群（恥骨筋、小内転筋、長内転筋、大内転筋、薄筋）が作用する。ロープーリーを使った場合よりも重い負荷を使うことができるが、動きの振幅は限られる。長く続けて、焼けつくような感覚を覚えるまでやると、よい結果が得られる。

大腿の内転筋群

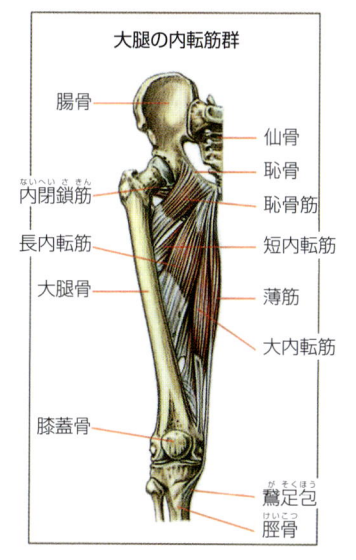

腸骨、仙骨、恥骨、内閉鎖筋、恥骨筋、長内転筋、短内転筋、大腿骨、薄筋、大内転筋、膝蓋骨、鵞足包、脛骨

脚部

14 カーフレイズ 1
（専用マシンで足関節の底屈）

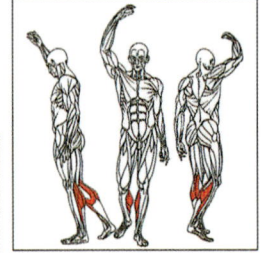

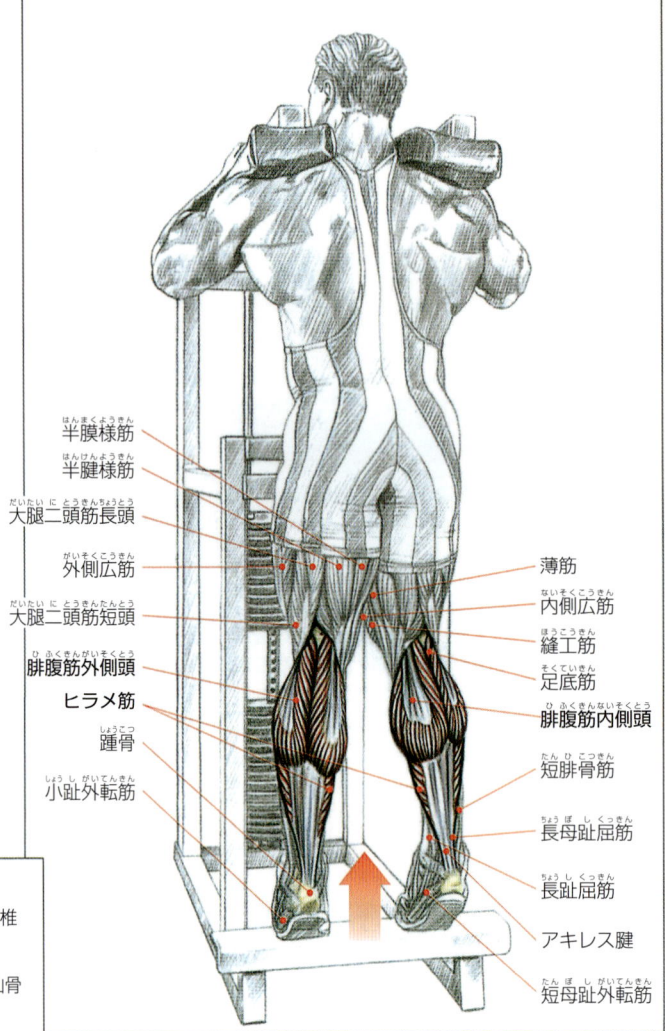

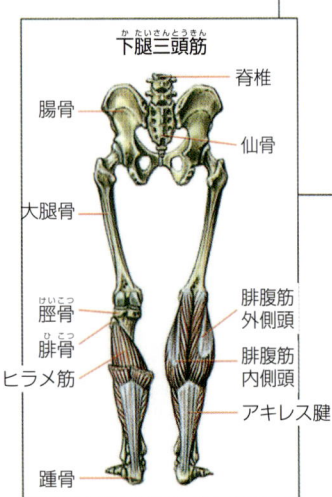

ラベル（左側、上から下）：
- 半膜様筋
- 半腱様筋
- 大腿二頭筋長頭
- 外側広筋
- 大腿二頭筋短頭
- **腓腹筋外側頭**
- ヒラメ筋
- 踵骨
- 小趾外転筋

ラベル（右側、上から下）：
- 薄筋
- 内側広筋
- 縫工筋
- 足底筋
- **腓腹筋内側頭**
- 短腓骨筋
- 長母趾屈筋
- 長趾屈筋
- アキレス腱
- 短母趾外転筋

下腿三頭筋
- 脊椎
- 腸骨
- 仙骨
- 大腿骨
- 脛骨
- 腓骨
- ヒラメ筋
- 腓腹筋外側頭
- 腓腹筋内側頭
- アキレス腱
- 踵骨

　立って、背はまっすぐに伸ばし、両肩をマシンのロールに当てる。つま先を段の上にのせ、足関節をパッシブ（受動的）に屈曲する。
☞ 足関節を底屈させる。膝関節は伸展させたままにしておく。
　このエクササイズでは、下腿三頭筋（ヒラメ筋、腓腹筋外側頭、内側頭からなる）が刺激される。毎回完全に背屈して筋をよく伸ばすことが重要である。理論的には、作用を腓腹筋の内側（つま先を外に向ける）、

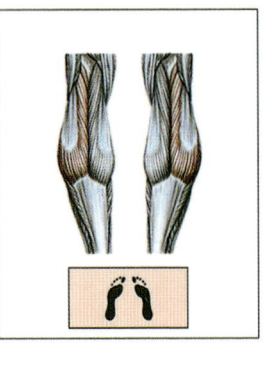

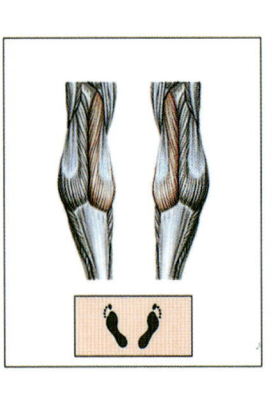

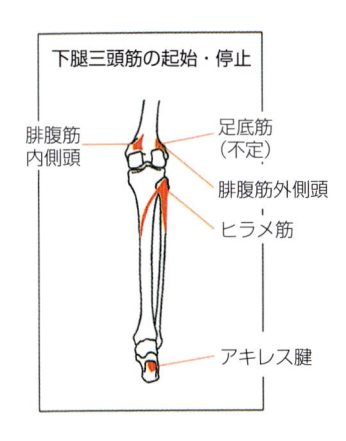

あるいは外側（つま先を中に向ける）に局限できるはずであるが、実際には難しい。ヒラメ筋の作用と腓腹筋の作用を分けることは簡単である（膝関節を屈曲すると腓腹筋が弛緩し、ヒラメ筋の作用となる）。

バリエーション：この動きはフレームを使って足を段の上にのせて行うか、またはフリーのバーベルを使い、段なしでバランスをとりやすくして行う。ただし、この場合は動きの振幅は狭くなる。

下腿三頭筋の起始・停止
- 腓腹筋内側頭
- 足底筋（不定）
- 腓腹筋外側頭
- ヒラメ筋
- アキレス腱

フリーウエイトを使った動きの実行

脚部

15 カーフレイズ２：ドンキー・カーフレイズ
（マシンを使った下腿の強化＜骨盤に負荷をのせる＞）

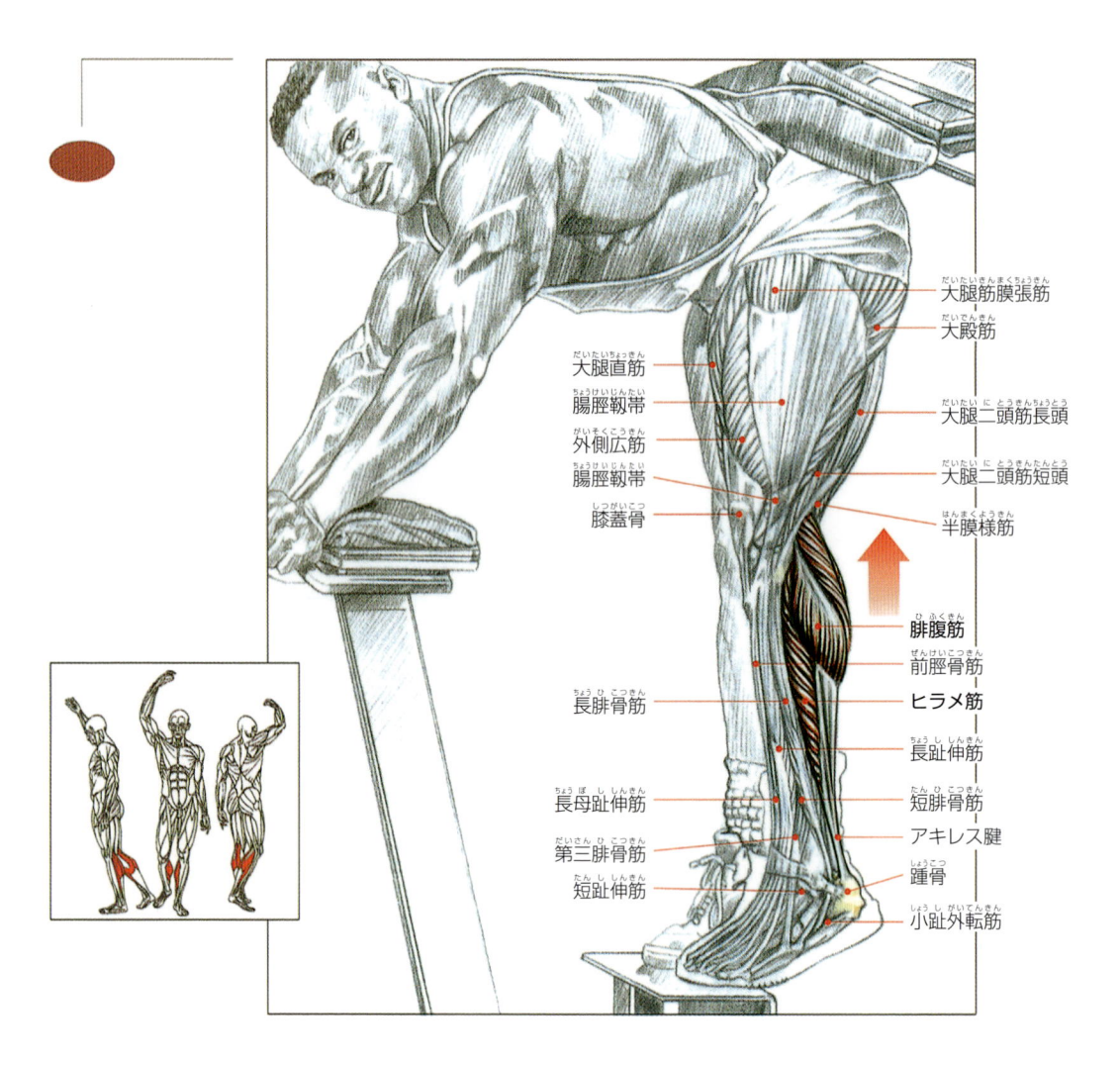

筋肉名（図中ラベル）：
- 大腿筋膜張筋
- 大殿筋
- 大腿直筋
- 腸脛靱帯
- 外側広筋
- 腸脛靱帯
- 膝蓋骨
- 大腿二頭筋長頭
- 大腿二頭筋短頭
- 半膜様筋
- **腓腹筋**
- 前脛骨筋
- **ヒラメ筋**
- 長腓骨筋
- 長趾伸筋
- 長母趾伸筋
- 短腓骨筋
- 第三腓骨筋
- アキレス腱
- 短趾伸筋
- 踵骨
- 小趾外転筋

　つま先を段の上にのせ、踵を下ろして足関節を背屈させる。脚は伸ばし、胸を前傾させる。前腕は前の支持台に置く。マシンの負荷を骨盤に当てる。
☞ 足関節を底屈させる。
　このエクササイズは、下腿三頭筋、特に腓腹筋を刺激する。

バリエーション：このエクササイズは、足を段の上にのせ、胸を前傾させ、前腕を支持台につき、パートナーが骨盤または腰にまたがって負荷となって行うこともできる。

脚部

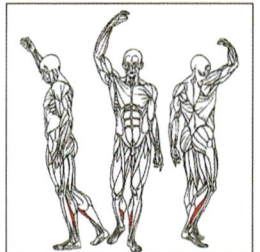

カーフレイズ3：シーティッド・カーフレイズ 16
（マシンを使って足関節底屈、ヒラメ筋の強化）

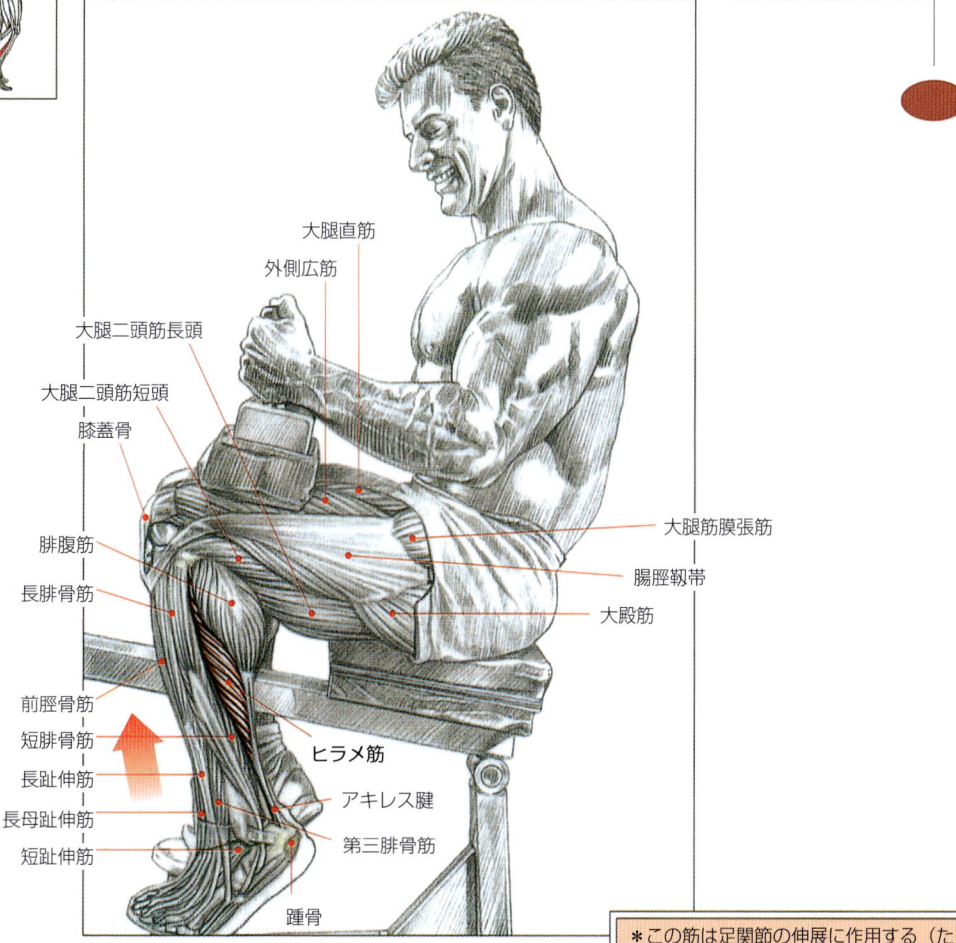

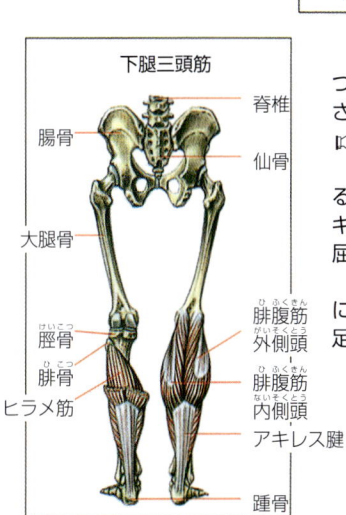

ラベル（図中）：
- 大腿直筋
- 外側広筋
- 大腿二頭筋長頭
- 大腿二頭筋短頭
- 膝蓋骨
- 腓腹筋
- 長腓骨筋
- 前脛骨筋
- 短腓骨筋
- 長趾伸筋
- 長母趾伸筋
- 短趾伸筋
- ヒラメ筋
- アキレス腱
- 第三腓骨筋
- 踵骨
- 大腿筋膜張筋
- 腸脛靱帯
- 大殿筋

マシンに座り、大腿の膝近くにパッドを当てる。つま先を段の上にのせ、踵を下ろして足関節を背屈させる。

☞ 足関節を底屈させる。

このエクササイズは、主としてヒラメ筋を刺激する（この筋は、膝関節の下の高い位置に付着し、アキレス腱を経て踵骨まで走行している。足関節の底屈に関与する）。

膝関節屈曲位をとることで、腓腹筋（膝関節の上に付着し、下はアキレス腱となる）は弛緩し、この足関節の底屈にはごくわずかしか関与しない。

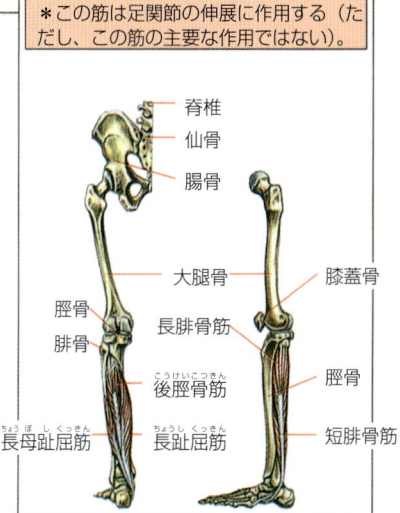

下腿三頭筋（図ラベル）：
- 脊椎
- 腸骨
- 仙骨
- 大腿骨
- 脛骨
- 腓骨
- ヒラメ筋
- 腓腹筋外側頭
- 腓腹筋内側頭
- アキレス腱
- 踵骨

＊この筋は足関節の伸展に作用する（ただし、この筋の主要な作用ではない）。

（右下図ラベル）：
- 脊椎
- 仙骨
- 腸骨
- 大腿骨
- 脛骨
- 腓骨
- 長腓骨筋
- 後脛骨筋
- 長母趾屈筋
- 長趾屈筋
- 膝蓋骨
- 脛骨
- 短腓骨筋

脚部

バリエーション：
この動きは、ベンチに座って、足を台の上に置き、バーベルを大腿の上、膝の近くに置いて行うこともできる。この場合は、バーの上にパッドを当て（または大腿の上にタオルを丸めて置き）、当たった部分が痛くならないようにして行う。

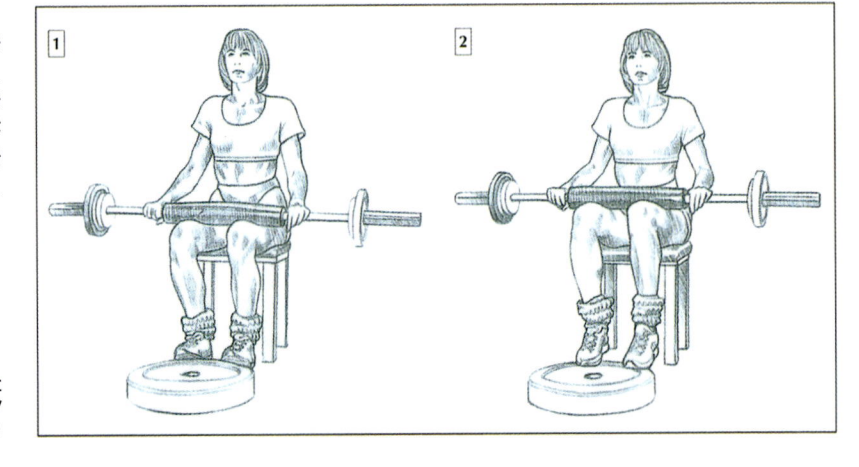

膝の上にバーベルを置いた
バリエーション
1．開始　2．終わり

6 臀部

1. ランジ
2. ヒップエクステンション1（ロープーリーを使って股関節伸展）
3. ヒップエクステンション2（マシンを使って股関節伸展）
4. ヒップエクステンション3（床面で股関節の伸展）
5. ヒップエクステンション4（骨盤の挙上）
6. ヒップアブダクション1（立位でロープーリーを使って股関節の外転）
7. ヒップアブダクション2（立位で専用マシンを使って股関節の外転）
8. ヒップアブダクション3（側臥位で股関節の外転）
9. ヒップアブダクション4（マシンに座って外転筋の強化）

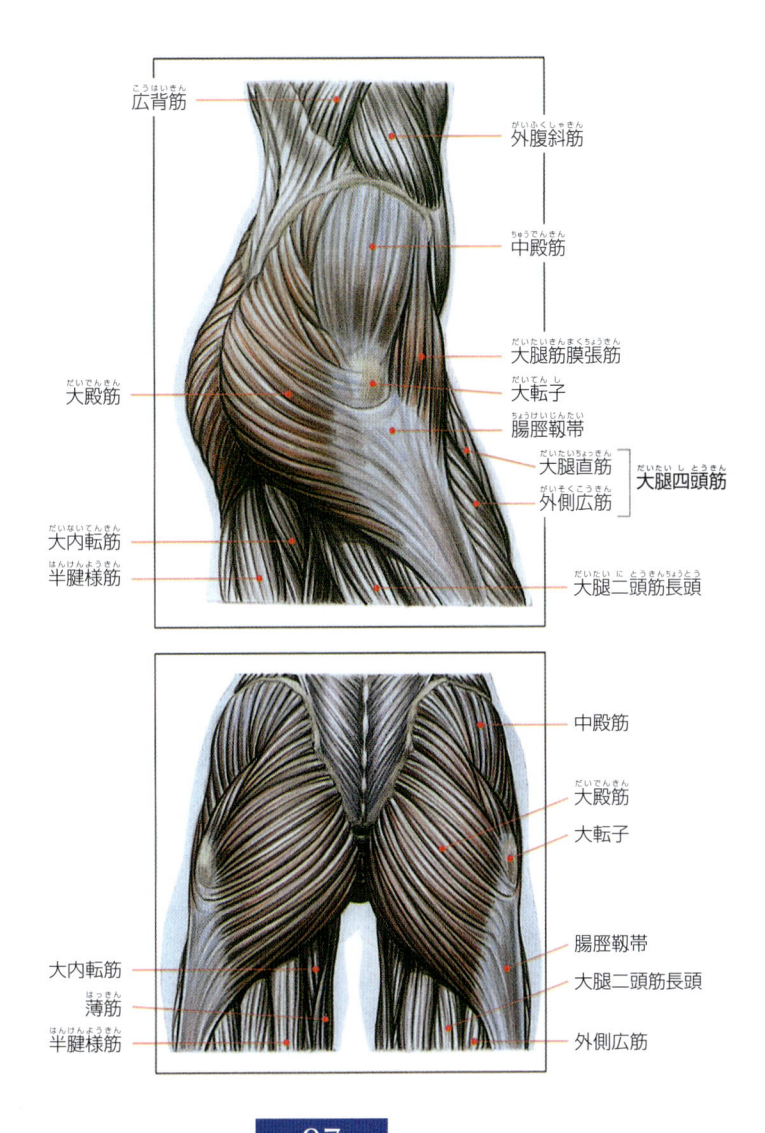

臀部

1 ランジ

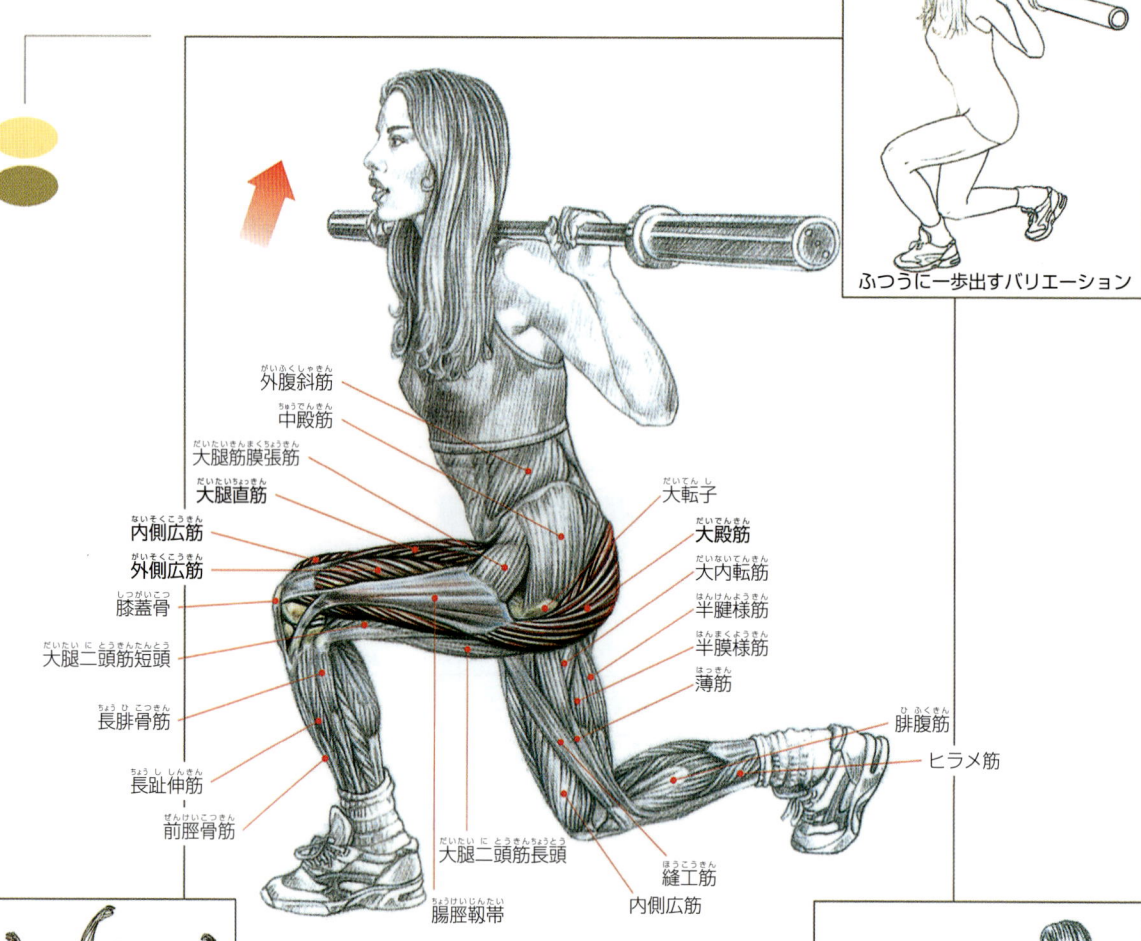

ふつうに一歩出すバリエーション

外腹斜筋
中殿筋
大腿筋膜張筋
大腿直筋
内側広筋
外側広筋
膝蓋骨
大腿二頭筋短頭
長腓骨筋
長趾伸筋
前脛骨筋
大転子
大殿筋
大内転筋
半腱様筋
半膜様筋
薄筋
腓腹筋
ヒラメ筋
大腿二頭筋長頭
縫工筋
内側広筋
腸脛靱帯

ダンベルを使ったバリエーション

　立って、両脚を軽く開く。バーベルを首の後ろ、僧帽筋の上に置く。
☞ 息を吸い一歩大きく前に出す。体幹はできるだけまっすぐに保つ。踏み出すとき、前に出す脚の大腿は、水平位あるいは少しそれより低い位置で安定させるようにする。元の位置に戻し、息を吐く。
　このエクササイズでは、主に大殿筋が作用する。やり方には2種類あり、ふつうに一歩出す方法（大腿四頭筋が非常に刺激される）と、大きく前に踏み出す方法（ハムストリングスと大殿筋がより強く刺激され、後方に残す脚の大腿直筋と腰筋が伸展される）がある。

備考：
体重全体が前に踏み出した脚にかかるので、この動きにはバランス感覚を身につけておくことが必要である。最初は非常に軽い負荷から始めることを勧める。

臀部

ヒップエクステンション1：ケーブル・ヒップエクステンション
（ロープーリーを使って股関節伸展）

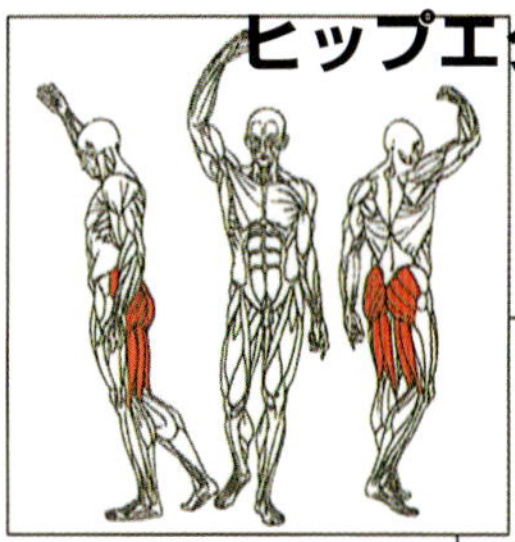

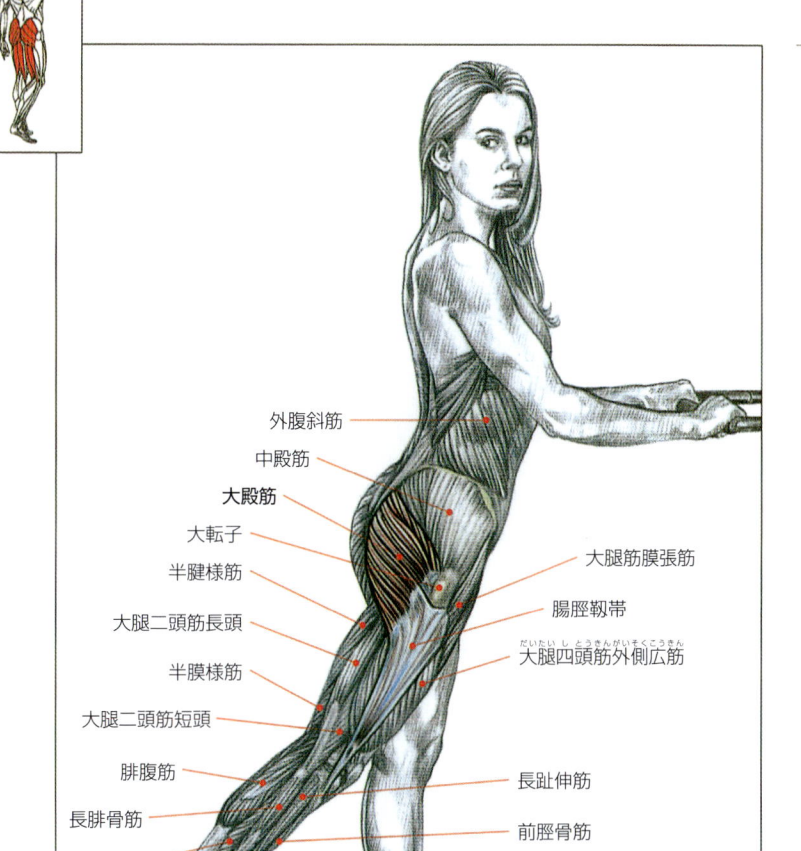

外腹斜筋
中殿筋
大殿筋
大転子
半腱様筋
大腿二頭筋長頭
半膜様筋
大腿二頭筋短頭
腓腹筋
長腓骨筋
ヒラメ筋

大腿筋膜張筋
腸脛靭帯
大腿四頭筋外側広筋
長趾伸筋
前脛骨筋
短腓骨筋

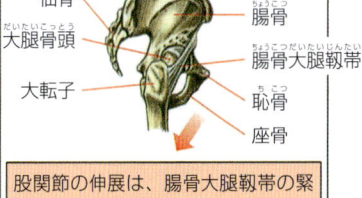

仙骨
大腿骨頭
大転子
腸骨
腸骨大腿靭帯
恥骨
座骨

マシンに向かって立ち、両手でグリップを握る。骨盤は前方に傾け、片脚で立つ。もう片方の脚には、ロープーリーをかける。
☞ 股関節を伸展させる。股関節の伸展は、腸骨大腿靭帯によって制限されている。
　このエクササイズでは、主に大殿筋が作用する。そしてわずかではあるが、ハムストリングス（大腿二頭筋短頭を除く）も作用する。臀部全体が引き締まったよい形となる。

股関節の伸展は、腸骨大腿靭帯の緊張によって制限される。

臀部

3 ヒップエクステンション2：マシン・ヒップエクステンション
（マシンを使って股関節伸展）

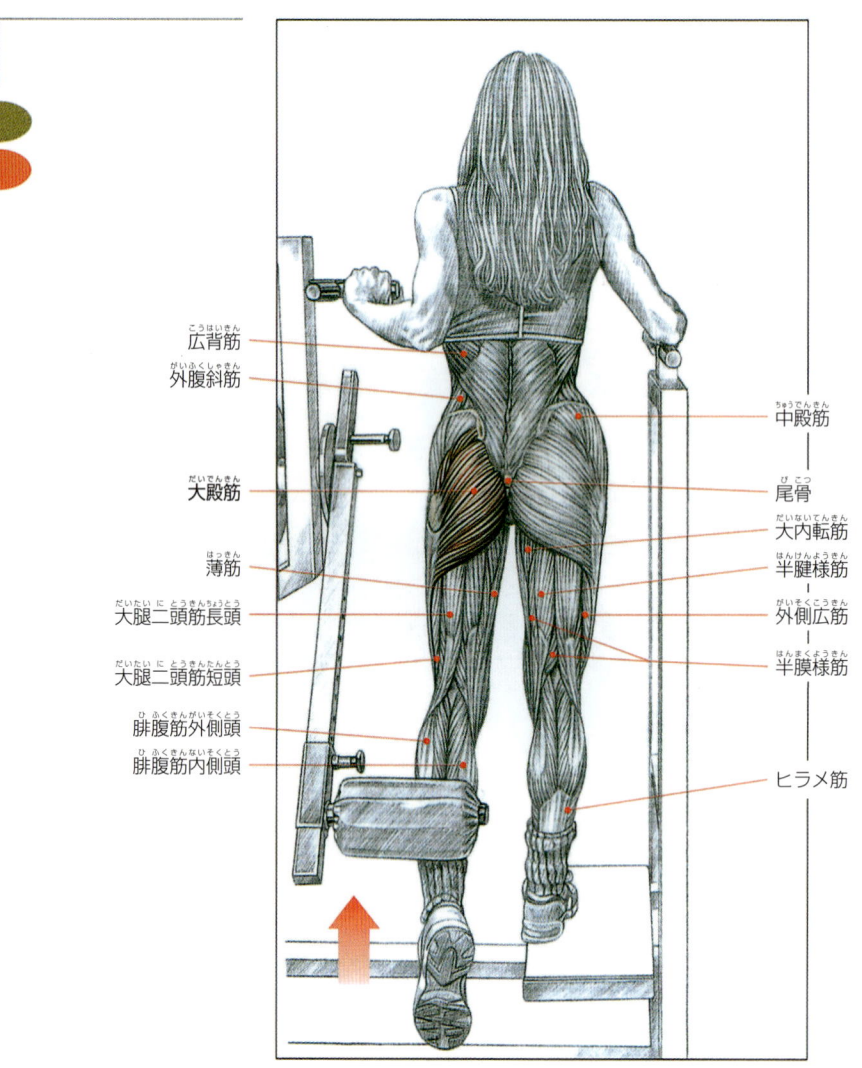

広背筋
外腹斜筋
大殿筋
薄筋
大腿二頭筋長頭
大腿二頭筋短頭
腓腹筋外側頭
腓腹筋内側頭

中殿筋
尾骨
大内転筋
半腱様筋
外側広筋
半膜様筋
ヒラメ筋

　胸部を少し前傾させる。両手でグリップを握る。片脚で立ち、もう片方の脚は軽く前に出す。マシンのロールを、膝関節と足関節の中間あたりに当てる。
☞ 息を吸い、脚を後ろに引き、股関節を過伸展位に持っていく。その位置でアイソメトリックで収縮を2秒間保持し、元の位置に戻す。動きの最後で息を吐く。
　このエクササイズは、主に大殿筋が作用する。そしてわずかではあるが、半腱様筋、半膜様筋、大腿二頭筋長頭も作用する。

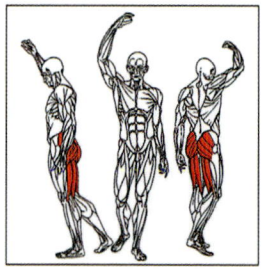

臀部

ヒップエクステンション3：フロア・ヒップエクステンション（床面で股関節の伸展） 4

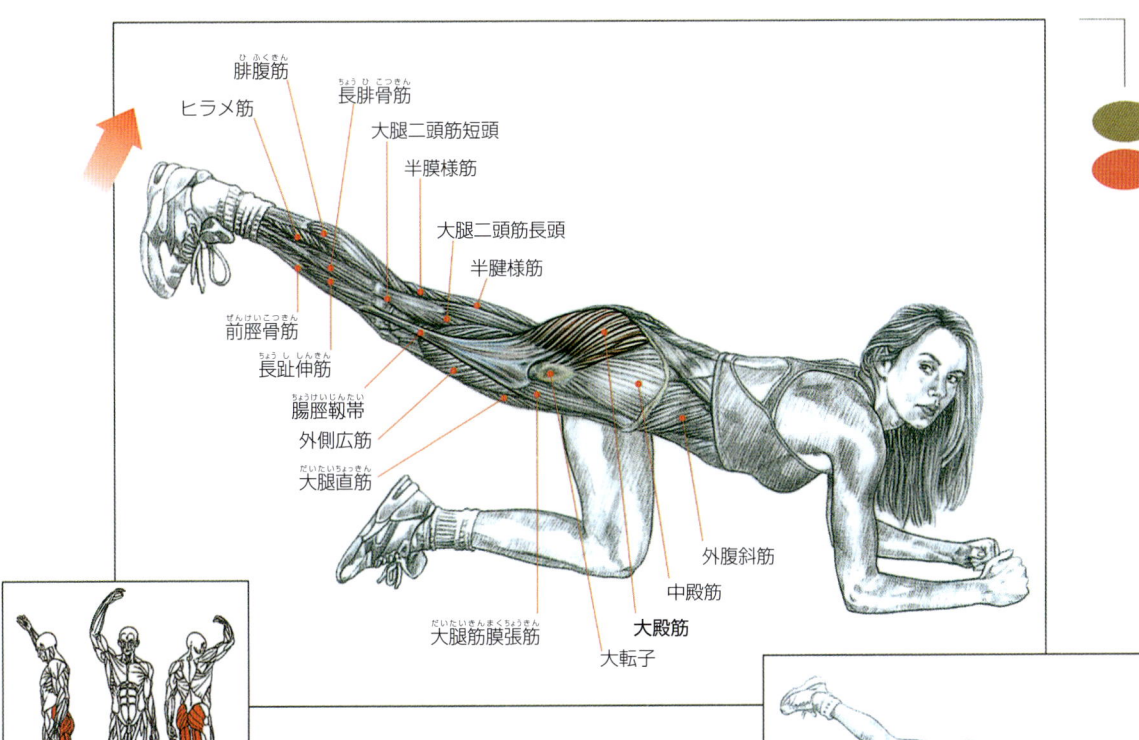

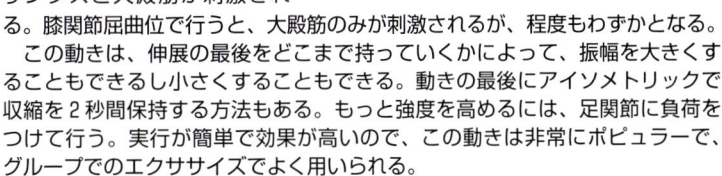

腓腹筋
ヒラメ筋
長腓骨筋
大腿二頭筋短頭
半膜様筋
大腿二頭筋長頭
半腱様筋
前脛骨筋
長趾伸筋
腸脛靱帯
外側広筋
大腿直筋
大腿筋膜張筋
大転子
大殿筋
中殿筋
外腹斜筋

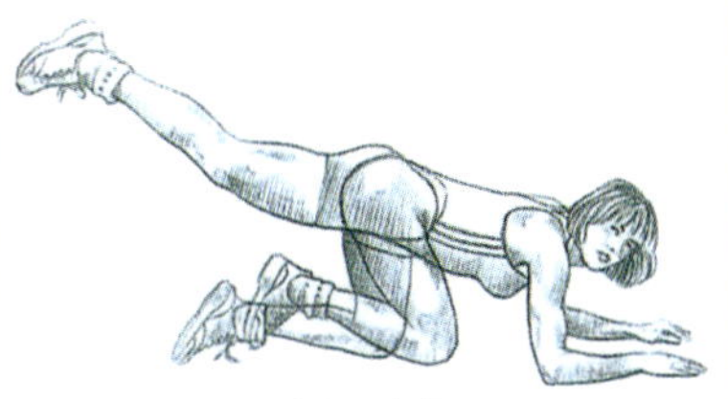

動きの実行

膝屈曲位のバリエーション

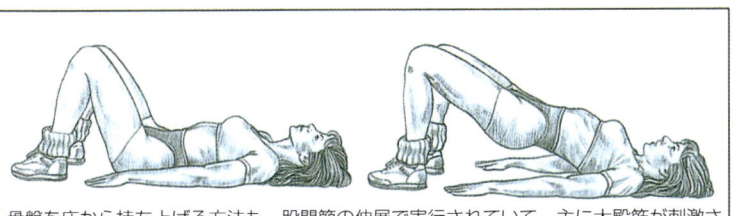

片脚の膝をつき、もう片方の脚は胸の下に持ってくる。両肘をつく。
☞ 屈曲して胸の下に持ってきた脚を後方に伸展させ、股関節を完全に伸展させる。
　このエクササイズは、膝関節を伸展させて行うと、ハムストリングスと大殿筋が刺激される。膝関節屈曲位で行うと、大殿筋のみが刺激されるが、程度もわずかとなる。
　この動きは、伸展の最後をどこまで持っていくかによって、振幅を大きくすることもできるし小さくすることもできる。動きの最後にアイソメトリックで収縮を2秒間保持する方法もある。もっと強度を高めるには、足関節に負荷をつけて行う。実行が簡単で効果が高いので、この動きは非常にポピュラーで、グループでのエクササイズでよく用いられる。

骨盤を床から持ち上げる方法も、股関節の伸展で実行されていて、主に大殿筋が刺激される。先に挙げた動きと同様、この動きも用具を使わず、どこででも行うことができる。

臀部

5 ヒップエクステンション４：ブリッジ
（骨盤の挙上）

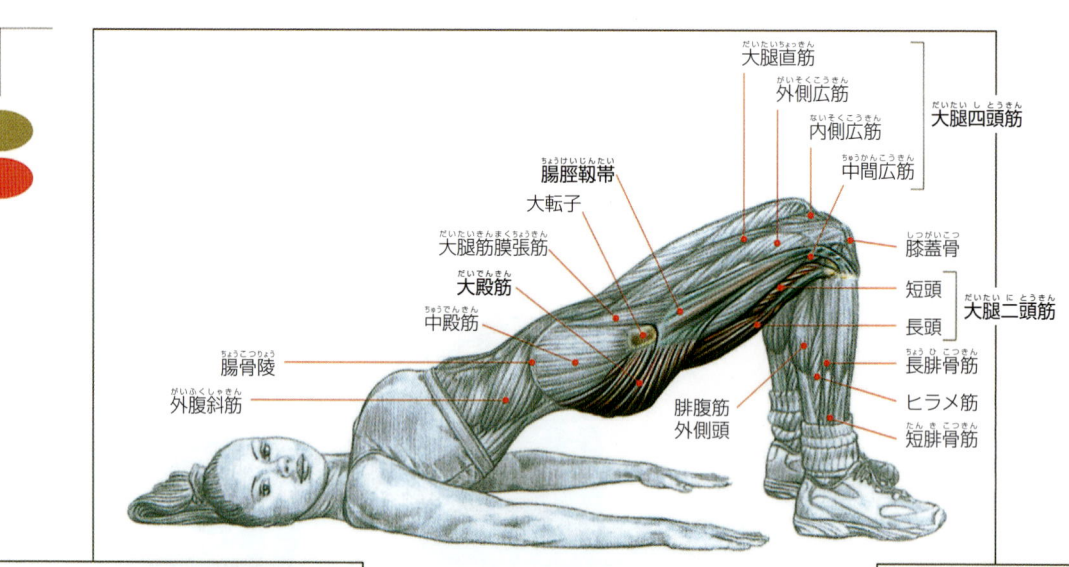

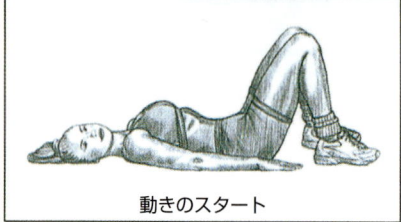

筋肉ラベル（図中）:
- 大腿直筋
- 外側広筋
- 内側広筋
- 中間広筋
- 大腿四頭筋
- 腸脛靱帯
- 大転子
- 大腿筋膜張筋
- 大殿筋
- 中殿筋
- 腸骨稜
- 外腹斜筋
- 膝蓋骨
- 短頭
- 長頭
- 大腿二頭筋
- 長腓骨筋
- ヒラメ筋
- 腓腹筋外側頭
- 短腓骨筋

動きのスタート

仰向けになり、両手は床に置く。両腕は体側に沿わせておく。両膝を曲げる。
☞ 息を吸って、脚に力を入れ、臀部を床から持ち上げる。
☞ 挙上位を２秒間保持する。骨盤を下ろし、それでも床にはつけないでおく。
☞ 息を吐き、再開する。

このエクササイズは、主にハムストリングスと大殿筋が作用する。
長めのセットで行う。骨盤挙上の最後に、筋に収縮がしっかりと感じられるようにすることが重要である。

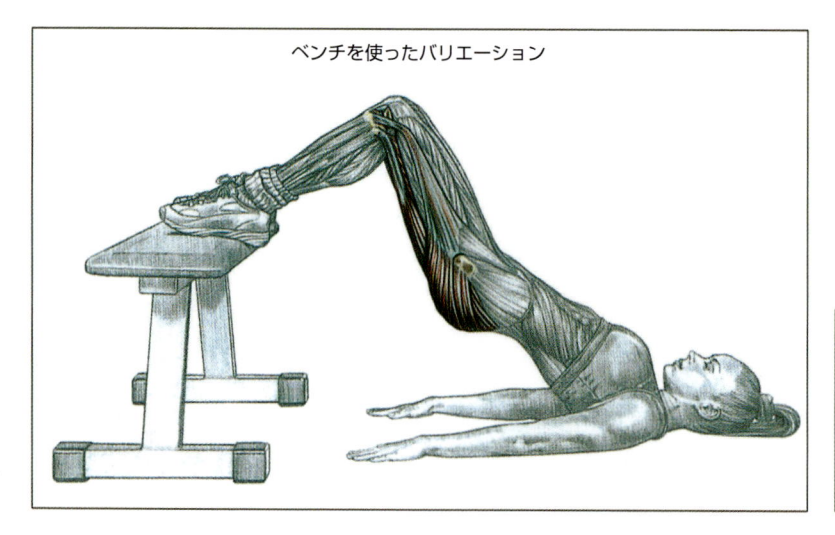

備考：簡単でしかも効果的なので、床での骨盤の挙上は、グループでの体操のエクササイズによく採り入れられている。

ベンチを使ったバリエーション

バリエーション：
（１）この動きは、小さな振幅で、骨盤を床まであまり下ろさずに筋に焼けつくような感じを覚えるまでやる方法もある。
（２）もっと強度を高めるには、このエクササイズは、足をベンチの上にのせて行う。

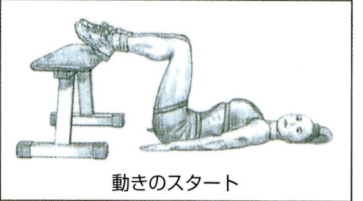

動きのスタート

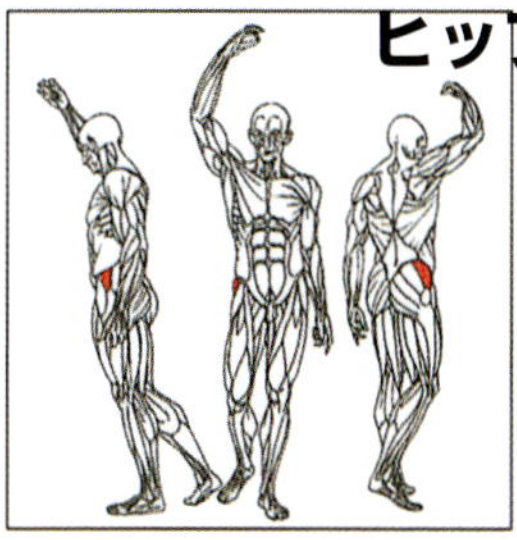

臀部

ヒップアブダクション1：ケーブル・ヒップアブダクション
（立位でロープーリーを使って股関節の外転） 6

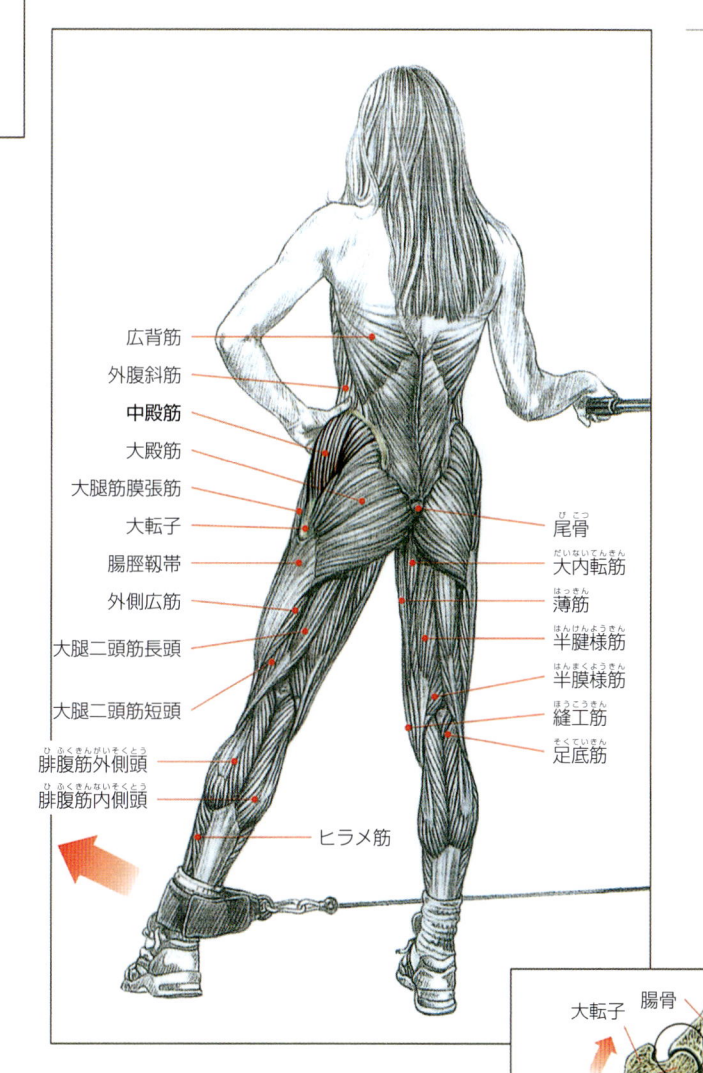

筋肉ラベル（左側・上から下）：
広背筋
外腹斜筋
中殿筋
大殿筋
大腿筋膜張筋
大転子
腸脛靱帯
外側広筋
大腿二頭筋長頭
大腿二頭筋短頭
腓腹筋外側頭
腓腹筋内側頭
ヒラメ筋

筋肉ラベル（右側）：
尾骨
大内転筋
薄筋
半腱様筋
半膜様筋
縫工筋
足底筋

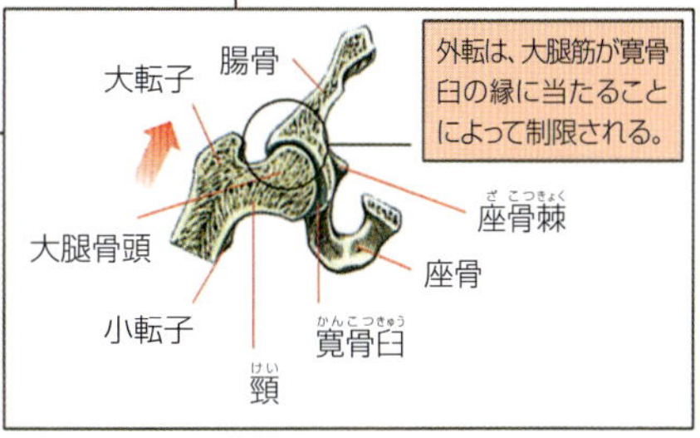

骨格図ラベル：
大転子
腸骨
大腿骨頭
座骨棘
小転子
座骨
頸
寛骨臼

外転は、大腿筋が寛骨臼の縁に当たることによって制限される。

殿筋付着部：
中殿筋
小殿筋
大殿筋

片脚で立ち、もう片方の脚にロープーリーをかける。反対の手で手すりにつかまり、身体を安定させる。
☞ 脚をできるだけ高く横に上げる。

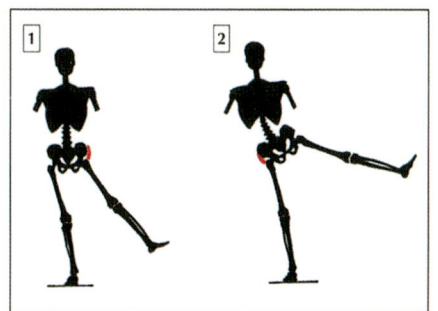

このエクササイズでは、主に中殿筋と、深部にある小殿筋が作用する。最大の効果を得るためには、反復回数を多くして焼けつくような感じを覚えるまで続ける。

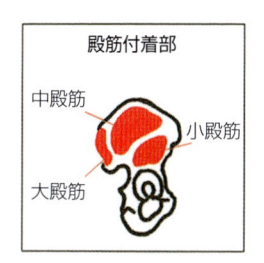

1. 股関節の外転は、大腿骨頭が寛骨臼にぶつかることにより可動域が制限される。
2. 股関節外転をより大きくしようと思うと、反対の脚の大腿骨頭の上で骨盤を傾けることになる。

103

臀部

7 ヒップアブダクション 2：スタンディング・マシン・ヒップアブダクション
（立位で専用マシンを使って股関節の外転）

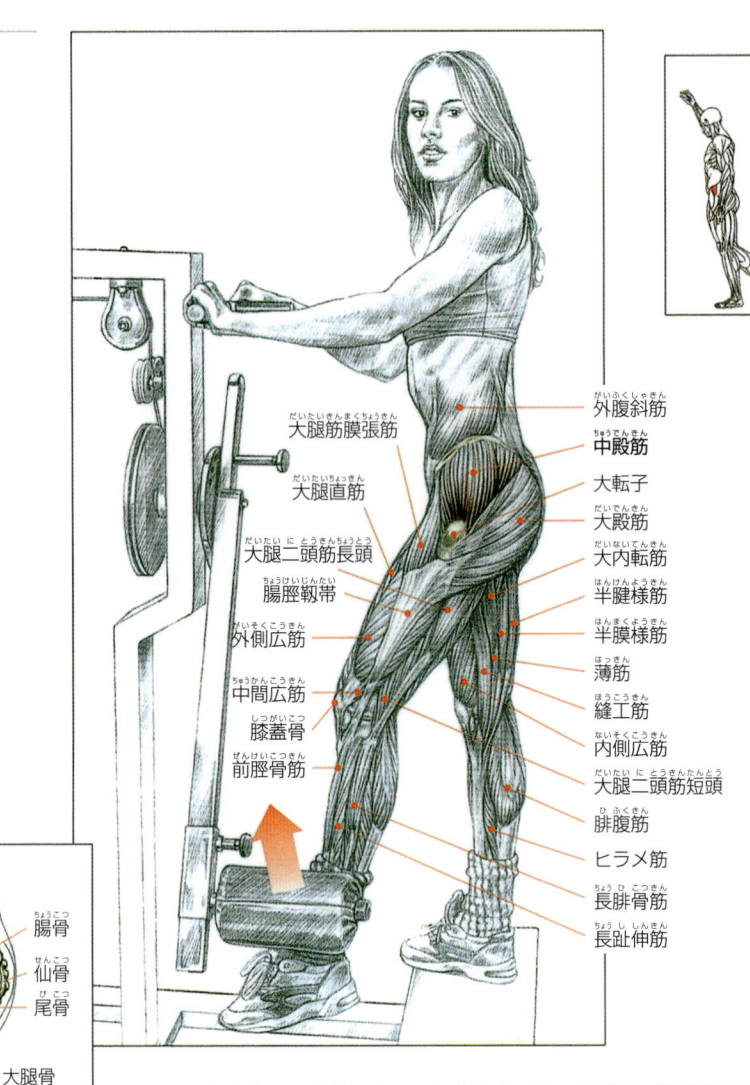

図中ラベル（上から）：
大腿筋膜張筋
大腿直筋
大腿二頭筋長頭
腸脛靱帯
外側広筋
中間広筋
膝蓋骨
前脛骨筋

外腹斜筋
中殿筋
大転子
大殿筋
大内転筋
半腱様筋
半膜様筋
薄筋
縫工筋
内側広筋
大腿二頭筋短頭
腓腹筋
ヒラメ筋
長腓骨筋
長趾伸筋

小殿筋（図）：
腸骨
小殿筋
仙骨
大転子
尾骨
大腿骨
膝蓋骨
脛骨
腓骨

　マシンに向かって片脚で立つ。もう片方の脚の外側面、膝関節の下に負荷のロールを当てる。
☞ 脚をできるだけ高く横に上げる。外転は、大腿骨頸が寛骨臼の縁にすぐにぶつかってしまうことにより、可動域が制限される。
　このエクササイズは、中殿筋と小殿筋（深部にある）の強化に適している。小殿筋の機能は、中殿筋の前部の線維と同様である。より高い効果を得るためには、反復回数を多くして行うことを勧める。

ヒップアブダクション 3：フロア・ヒップアブダクション（側臥位で股関節の外転） 8

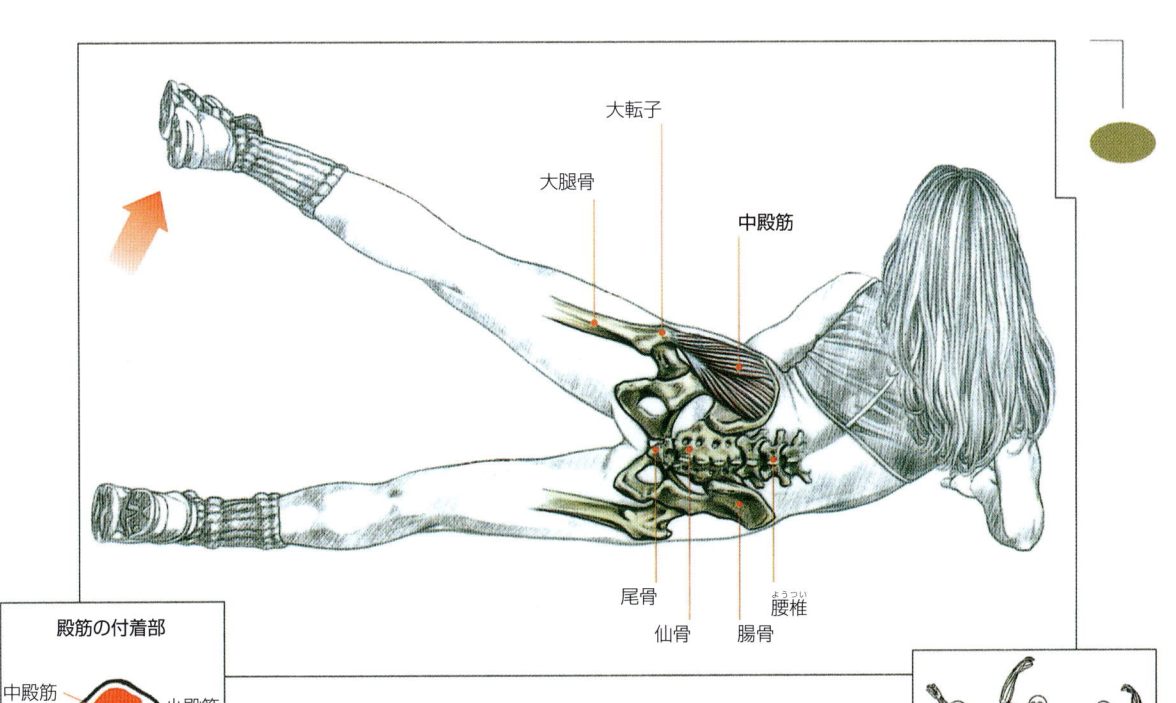

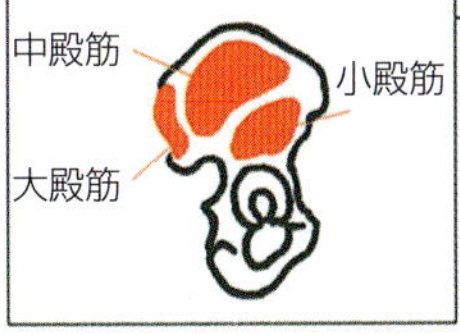

殿筋の付着部
中殿筋
小殿筋
大殿筋

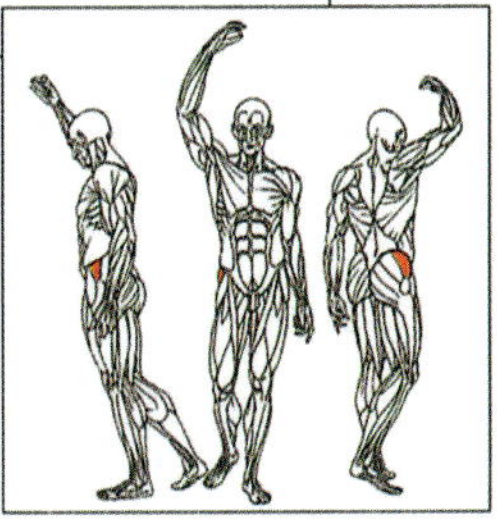

側臥位になり、頭は起こす。
☞ 脚を側方に挙上する。膝関節は常に伸ばす。外転は 70°を超えない。
このエクササイズでは、中殿筋と小殿筋が作用する。可動域を大きくしても小さくしてもよい。外転の最後にアイソメトリックの収縮を数秒間保持する方法もある。

脚の挙上は、少し前、少し後、真横がある。より大きな効果を得るには、足関節に負荷をつけるか、またはロープーリーを使って行う。

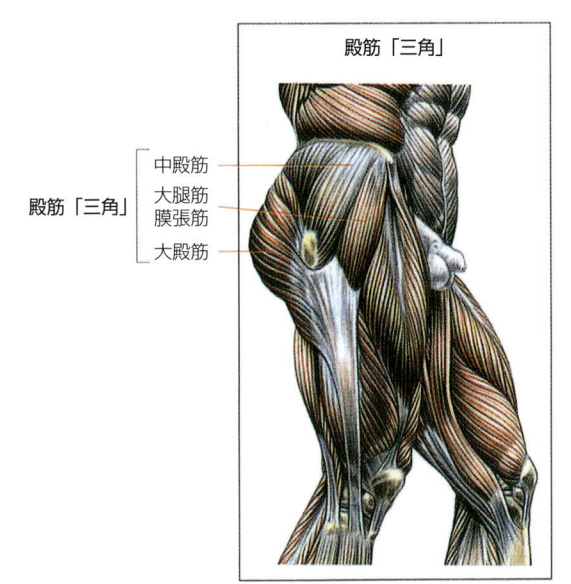

殿筋「三角」
殿筋「三角」
- 中殿筋
- 大腿筋膜張筋
- 大殿筋

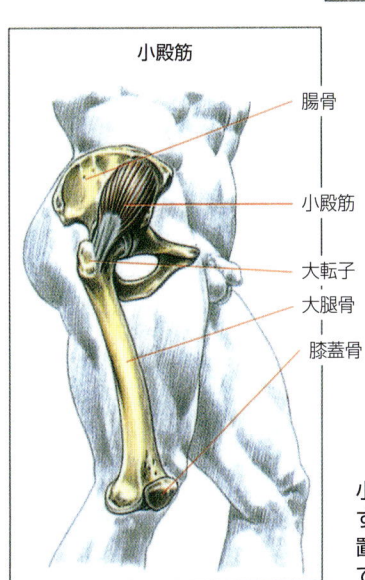

小殿筋
- 腸骨
- 小殿筋
- 大転子
- 大腿骨
- 膝蓋骨

小殿筋は、深部に位置するが、臀部の高い位置のボリュームを出している。

臀部

9 ヒップアブダクション4：シーティッド・マシン・ヒップアブダクション
（マシンに座って外転筋の強化）

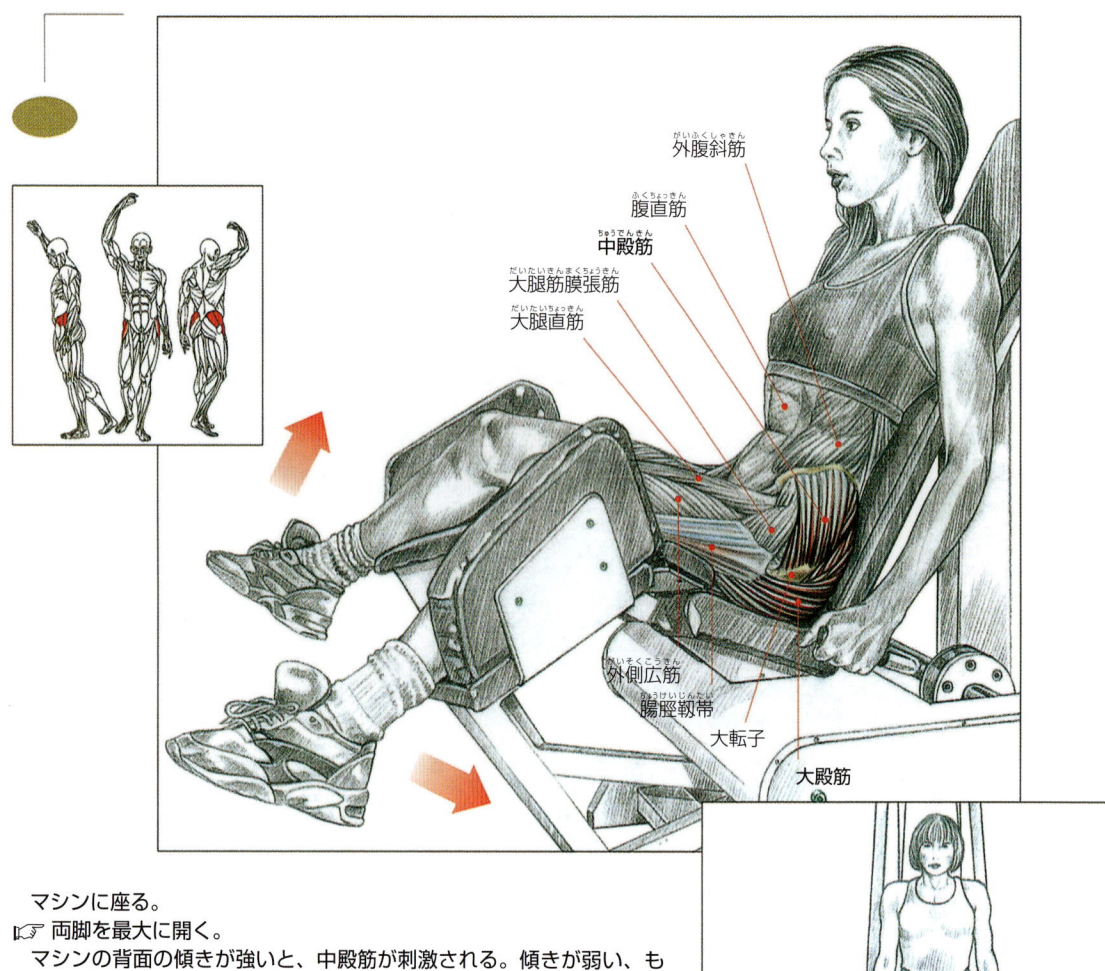

外腹斜筋
腹直筋
中殿筋
大腿筋膜張筋
大腿直筋
外側広筋
腸脛靱帯
大転子
大殿筋

マシンに座る。
☞ 両脚を最大に開く。
　マシンの背面の傾きが強いと、中殿筋が刺激される。傾きが弱い、もしくは垂直だと、大殿筋の上部が作用する。同じセットの中で、胸部の前傾の程度を変えて行うことが理想的である。
例：背面に寄りかかって10回反復。前傾して10回反復。

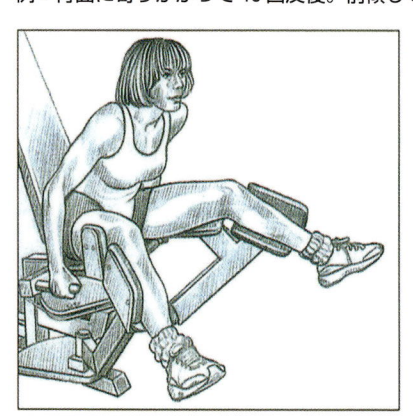

このエクササイズは、女性に適している。股関節上部の形がよくなり、ウエストがより強調されスタイルがよく見えるようになる。

動きの実行
1．スタート　2．終わり

バリエーション：このエクササイズを上体を前傾させて行うと、大殿筋上部の作用がより強調される。

106

7 腹部

解剖 － 要注意事項

1. クランチ１
2. シットアップ１（上体の挙上）
3. シットアップ２（肋木を使って上体の挙上）
4. クランチ２（脚をベンチにのせた状態でクランチ）
5. シットアップ３（インクラインベンチで上体の挙上）
6. シットアップ４（専用マシンにぶらさがって上体の挙上）
7. クランチ３（ハイプーリーを使って脊柱の巻き込み）
8. クランチ４（専用マシンで腹筋強化）
9. レッグレイズ１（インクラインプレートで両脚の挙上。脊柱を巻き込み、骨盤を浮かせる）
10. レッグレイズ２（ディップマシンで膝の挙上）
11. レッグレイズ３（バーにぶら下がって脚の挙上）
12. 上体回旋（バーを使って上体の回旋）
13. 上体側屈１（負荷を使って上体の側屈）
14. 上体側屈２（ベンチを使って上体の側屈）
15. ツイスト

腹部

> 逆説的に聞こえるかもしれないが、腰痛に悩まされる人は、大・小腰筋の作用を抑えるために、股関節を動かさないように注意しなくてはならない。この筋は前弯を強め、腰痛を進行させるおそれがある。したがって、安全のためには、腹直筋を刺激すべきである。小さな収縮で、胸骨と恥骨を近づけるようにする。

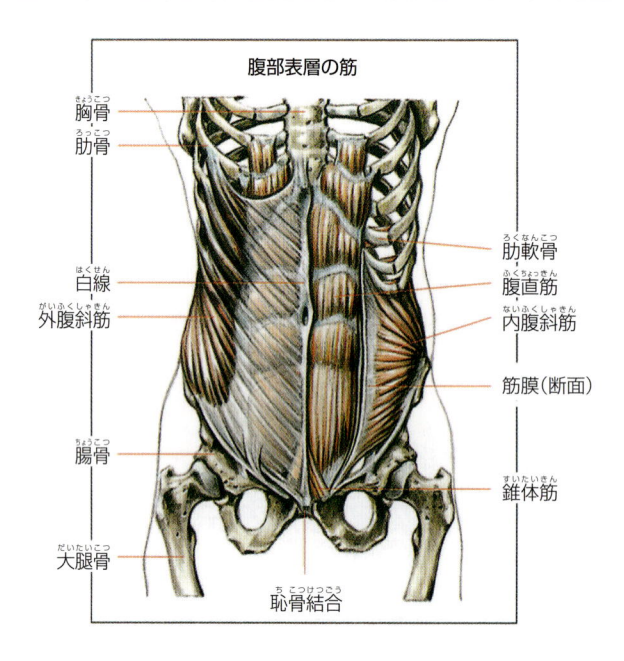

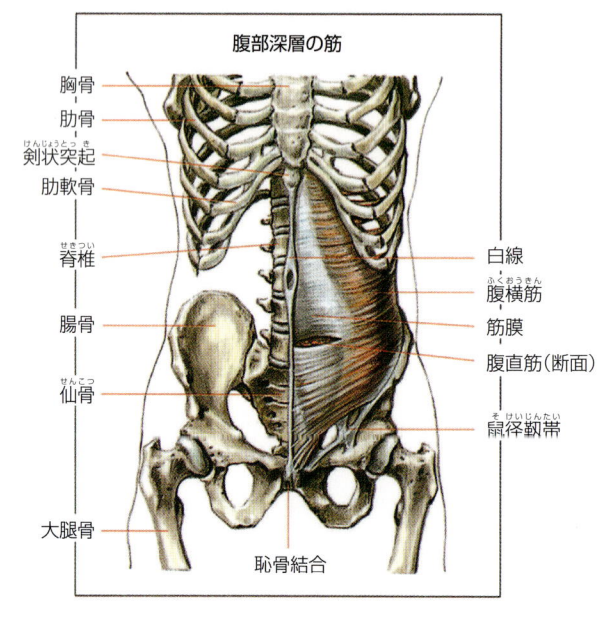

腹部表層の筋

- 胸骨（きょうこつ）
- 肋骨（ろっこつ）
- 白線（はくせん）
- 外腹斜筋（がいふくしゃきん）
- 腸骨（ちょうこつ）
- 大腿骨（だいたいこつ）
- 肋軟骨（ろくなんこつ）
- 腹直筋（ふくちょくきん）
- 内腹斜筋（ないふくしゃきん）
- 筋膜（断面）
- 錐体筋（すいたいきん）
- 恥骨結合（ちこつけつごう）

腹部深層の筋

- 胸骨
- 肋骨
- 剣状突起（けんじょうとっき）
- 肋軟骨
- 脊椎（せきつい）
- 腸骨
- 仙骨（せんこつ）
- 大腿骨
- 白線
- 腹横筋（ふくおうきん）
- 筋膜
- 腹直筋（断面）
- 鼠径靱帯（そけいじんたい）
- 恥骨結合

腹部

クランチ 1　1

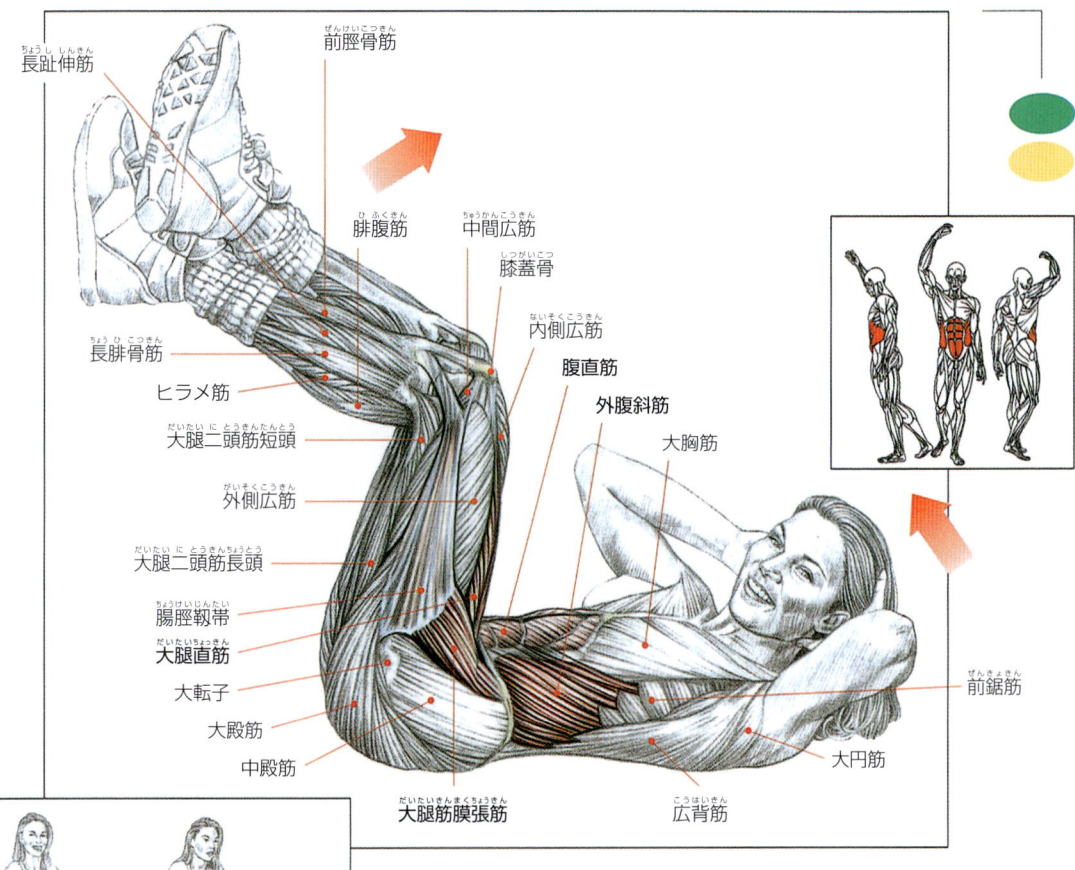

筋肉ラベル（図中）:
長趾伸筋、前脛骨筋、腓腹筋、中間広筋、膝蓋骨、長腓骨筋、ヒラメ筋、内側広筋、腹直筋、外腹斜筋、大腿二頭筋短頭、外側広筋、大胸筋、大腿二頭筋長頭、腸脛靱帯、大腿直筋、大転子、大殿筋、中殿筋、大腿筋膜張筋、広背筋、前鋸筋、大円筋

仰向けになって、両手は頭の後ろ。大腿を垂直に挙げ、膝関節は曲げる。
☞ 息を吸い、肩を床から離し、体幹を巻き込むことにより、膝に頭を近づける。動きの最後に息を吐く。
このエクササイズでは、主に腹直筋が刺激される。腹斜筋をより強く刺激するためには、体幹を巻き込む際に、右肘を左膝、左肘を右膝に交互に近づけるようにする。

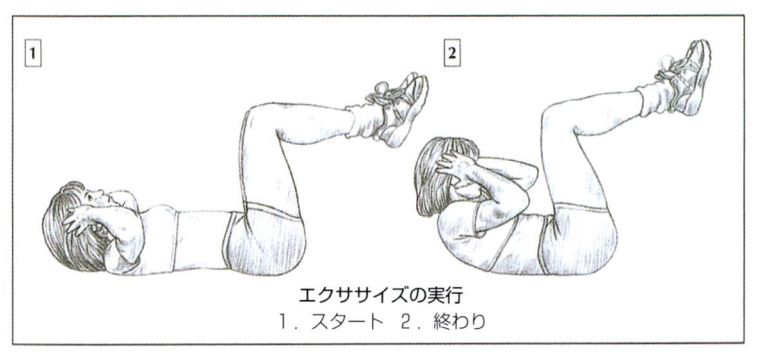

バリエーション：ベンチに座ってクランチ

エクササイズの実行
1. スタート　2. 終わり

＊体幹の巻き上げ——腹筋を収縮させることにより恥骨と胸骨を近づける動き——は、ボディービルダーの間では「クランチ」と呼ばれている。

腹部

2 シットアップ1
（上体の挙上）

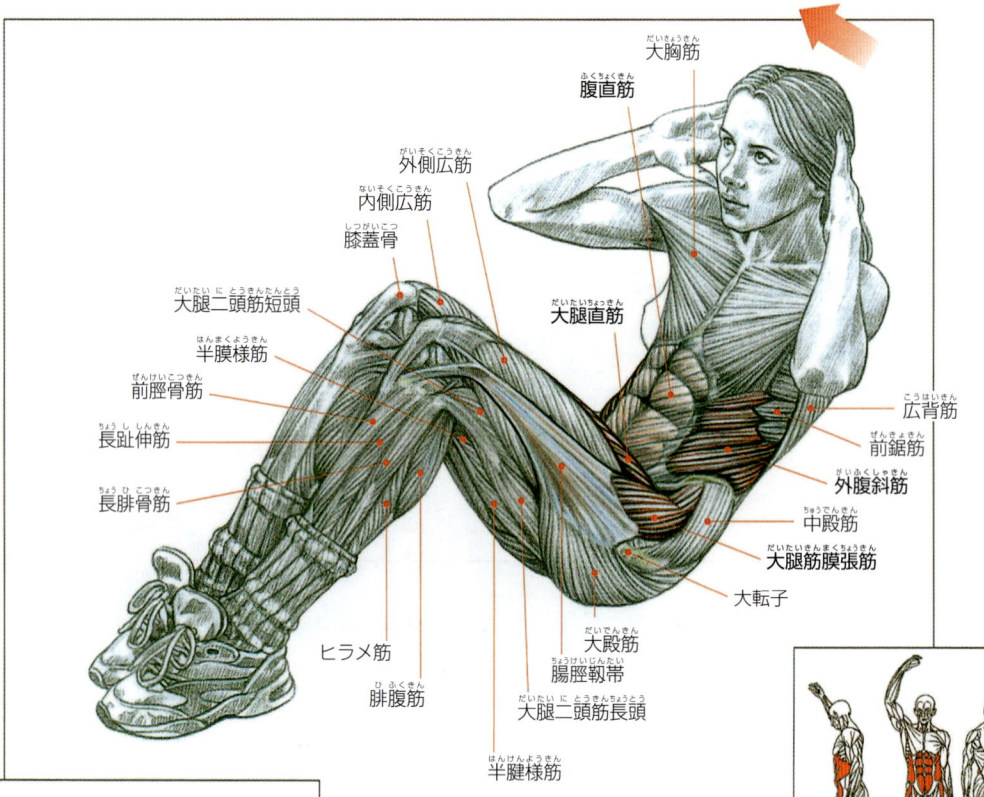

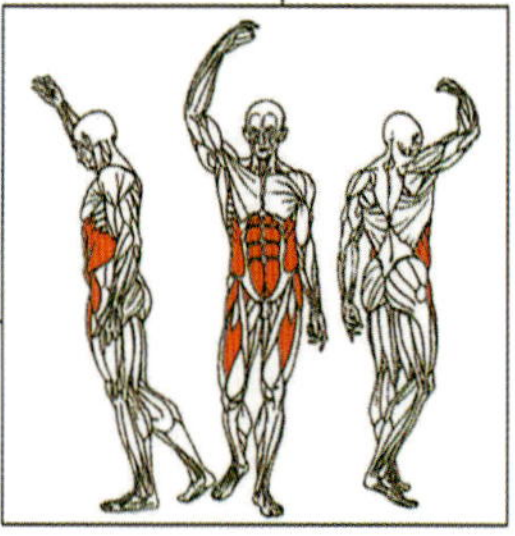

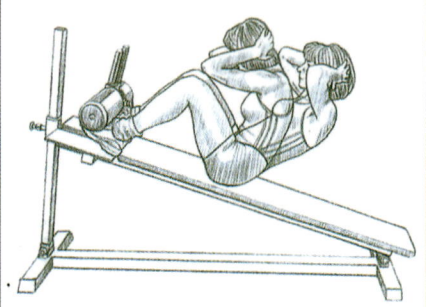

筋肉ラベル（図中）:
- 大胸筋
- 腹直筋
- 外側広筋
- 内側広筋
- 膝蓋骨
- 大腿二頭筋短頭
- 半膜様筋
- 前脛骨筋
- 長趾伸筋
- 長腓骨筋
- 大腿直筋
- 広背筋
- 前鋸筋
- 外腹斜筋
- 中殿筋
- 大腿筋膜張筋
- 大転子
- 大殿筋
- 腸脛靭帯
- 大腿二頭筋長頭
- 半腱様筋
- 腓腹筋
- ヒラメ筋

仰向けになり、両膝を曲げる。両足を床につき、両手は頭の後ろ。

☞ 息を吸い、背を丸めながら上体を挙上する。動きの最後で息を吐く。元の位置に戻るが、上体は床につけず、次を行う。腹部に焼けつくような感覚を覚えるまで行う。

このエクササイズでは、股関節屈筋が作用する。腹斜筋も作用するが、主には腹直筋が作用する。

バリエーション：
（1）より強度を低くしてやりやすくするには、足をパートナーに押さえてもらう。
（2）前方に腕を伸ばして行うと、より楽になり、初心者向けである。

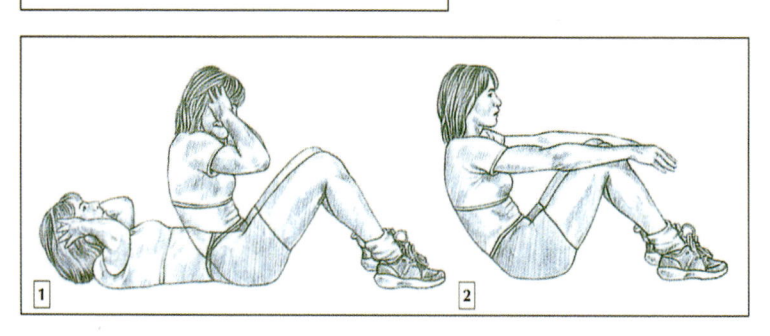

インクラインボードを使ったバリエーション：
傾斜が大きいほど負荷が高くなる

1．エクササイズの実行
2．腕を前に出して行うバリエーション。動きがより楽になる。

腹部

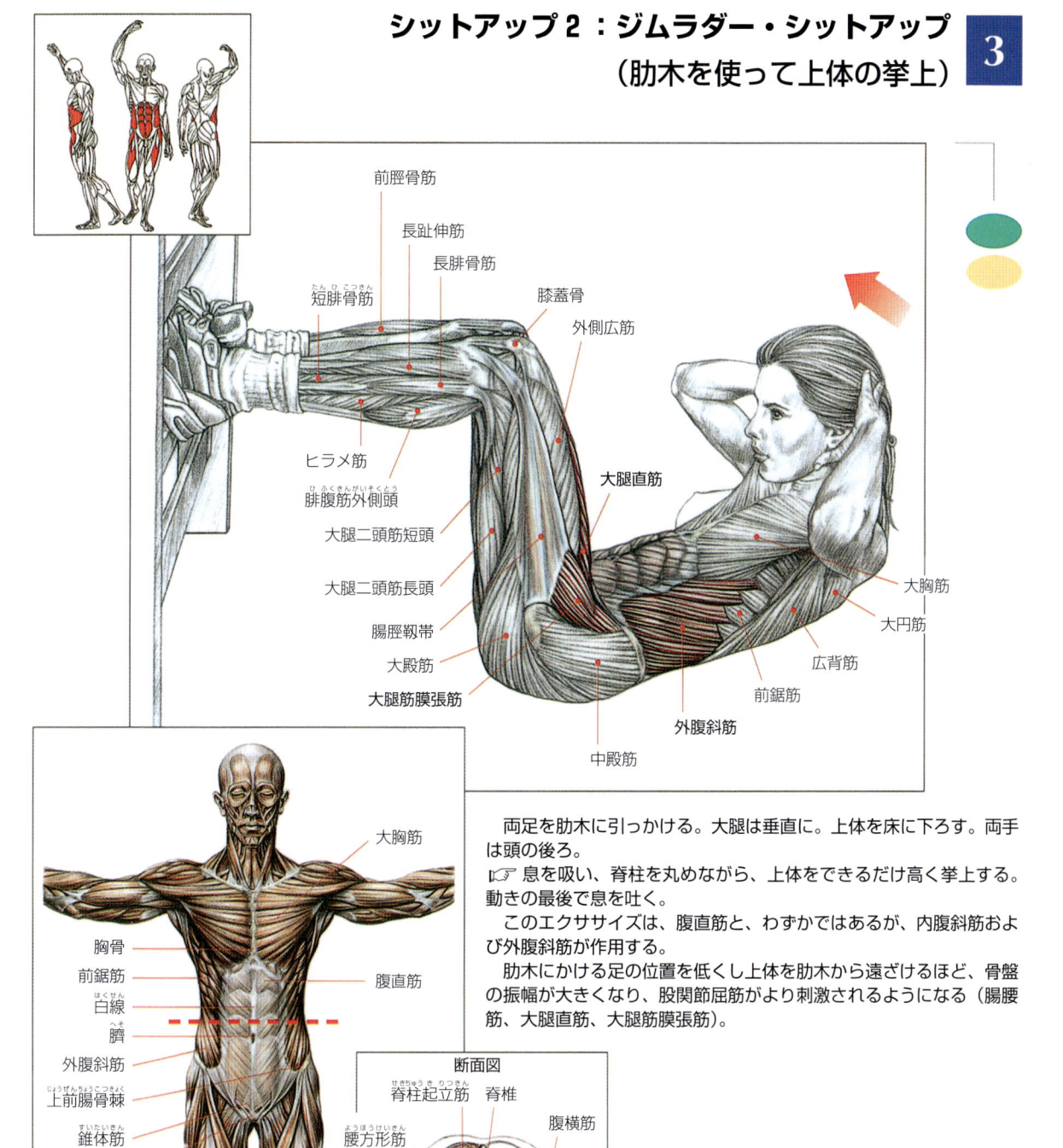

シットアップ2：ジムラダー・シットアップ
（肋木を使って上体の挙上） 3

前脛骨筋
長趾伸筋
長腓骨筋
短腓骨筋
膝蓋骨
外側広筋
ヒラメ筋
腓腹筋外側頭
大腿直筋
大腿二頭筋短頭
大腿二頭筋長頭
腸脛靭帯
大殿筋
大腿筋膜張筋
中殿筋
外腹斜筋
前鋸筋
広背筋
大円筋
大胸筋

大胸筋
胸骨
前鋸筋
白線
臍
外腹斜筋
上前腸骨棘
錐体筋
恥骨結合
腹直筋

断面図
脊柱起立筋　脊椎
腹横筋
腰方形筋
外腹斜筋　内腹斜筋
腹直筋

　両足を肋木に引っかける。大腿は垂直に。上体を床に下ろす。両手は頭の後ろ。
☞ 息を吸い、脊柱を丸めながら、上体をできるだけ高く挙上する。動きの最後で息を吐く。
　このエクササイズは、腹直筋と、わずかではあるが、内腹斜筋および外腹斜筋が作用する。
　肋木にかける足の位置を低くし上体を肋木から遠ざけるほど、骨盤の振幅が大きくなり、股関節屈筋がより刺激されるようになる（腸腰筋、大腿直筋、大腿筋膜張筋）。

111

腹部

4 クランチ2：レッグレイズクランチ
（脚をベンチにのせた状態でクランチ）

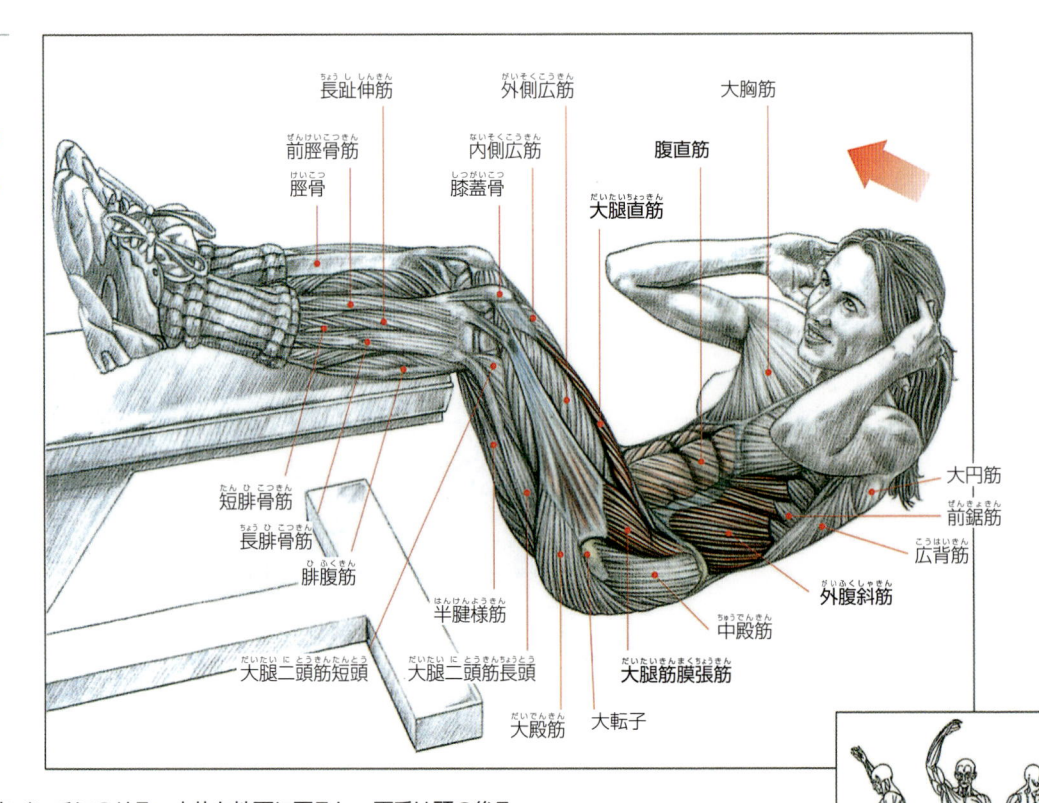

図中ラベル（上から、左側から右側へ）：
- 長趾伸筋
- 外側広筋
- 大胸筋
- 前脛骨筋
- 内側広筋
- 腹直筋
- 脛骨
- 膝蓋骨
- 大腿直筋
- 大円筋
- 前鋸筋
- 短腓骨筋
- 広背筋
- 長腓骨筋
- 腓腹筋
- 半腱様筋
- 中殿筋
- 外腹斜筋
- 大腿二頭筋短頭
- 大腿二頭筋長頭
- 大腿筋膜張筋
- 大殿筋
- 大転子

両脚をベンチにのせる。上体を地面に下ろし、両手は頭の後ろ。
☞ 息を吸い、背を丸めながら両肩を床から離す。膝を頭につけようとする。動きの最後で息を吐く。

　このエクササイズは、腹直筋、特に臍上部が作用する。上体をベンチから離すほど、骨盤が動きやすくなり、股関節屈筋である腸腰筋、大腿筋膜張筋、大腿直筋の収縮によって上体を持ち上げるようになる。

腹部

シットアップ3：インクラインベンチ・シットアップ
（インクラインベンチで上体の挙上）　5

回旋を入れたバリエーション

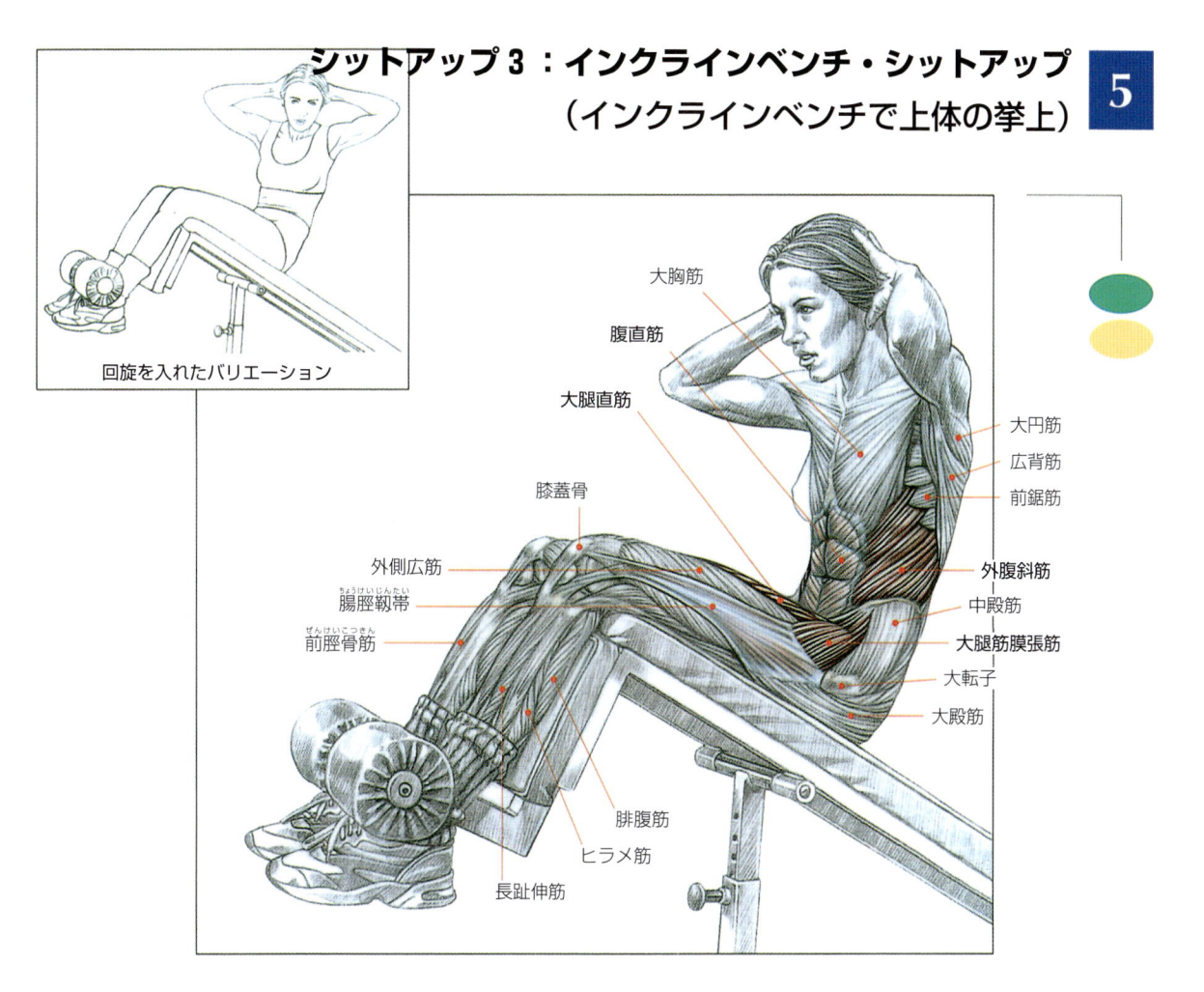

大胸筋
腹直筋
大腿直筋
膝蓋骨
外側広筋
腸脛靭帯
前脛骨筋
大円筋
広背筋
前鋸筋
外腹斜筋
中殿筋
大腿筋膜張筋
大転子
大殿筋
腓腹筋
ヒラメ筋
長趾伸筋

　ベンチに座り、両足をロールに引っかける。両手を頸の後ろで組み、息を吸って上体を傾ける。20°を超えないようにする。
☞ より腹直筋が働くように背を丸めつつ、身体を起こす。動きの最後で息を吐く。
　このエクササイズは、長めのセットで行う。腹筋全体と、腸腰筋、大腿筋膜張筋、大腿直筋が作用する。
これらの股関節屈筋は、骨盤前傾位で働く。

バリエーション：起こす際に上体を回旋させると、腹斜筋も作用する。
　例：左にひねると、右の外腹斜筋と左の内腹斜筋が作用する。腹直筋の右側も作用する。
　ひねりは、左右交互に行う場合と、片側ずつ行う場合がある。いずれにせよ、筋の感覚に集中すること。
　ベンチの傾きをやたら強くしても意味がない。

腹部

6 シットアップ4：サスペンティッド・シットアップ
（専用マシンにぶらさがって上体の挙上）

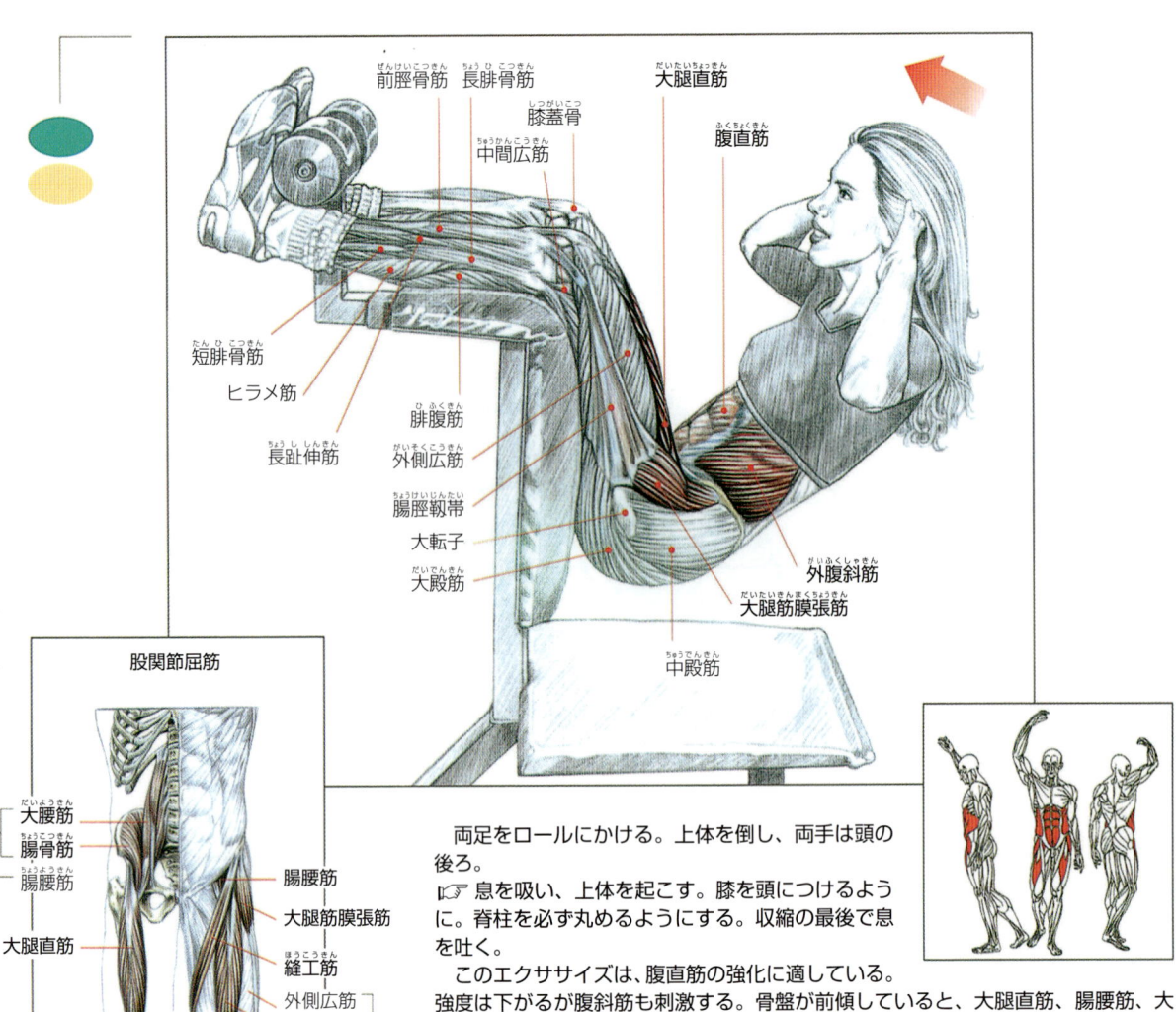

両足をロールにかける。上体を倒し、両手は頭の後ろ。

☞ 息を吸い、上体を起こす。膝を頭につけるように。脊柱を必ず丸めるようにする。収縮の最後で息を吐く。

このエクササイズは、腹直筋の強化に適している。強度は下がるが腹斜筋も刺激する。骨盤が前傾していると、大腿直筋、腸腰筋、大腿筋膜張筋がより強く関与する。

備考：この動きにはある程度の筋力が必要となるため、より強度の低いエクササイズで筋力を高めてから行うべきである。

1. 動きの実行
2. 両手を前に出したバリエーション。動きがより楽になる。

腹部

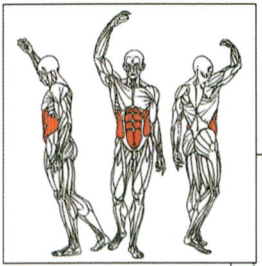

クランチ3：ハイプーリー・クランチ 7
（ハイプーリーを使って脊柱の巻き込み）

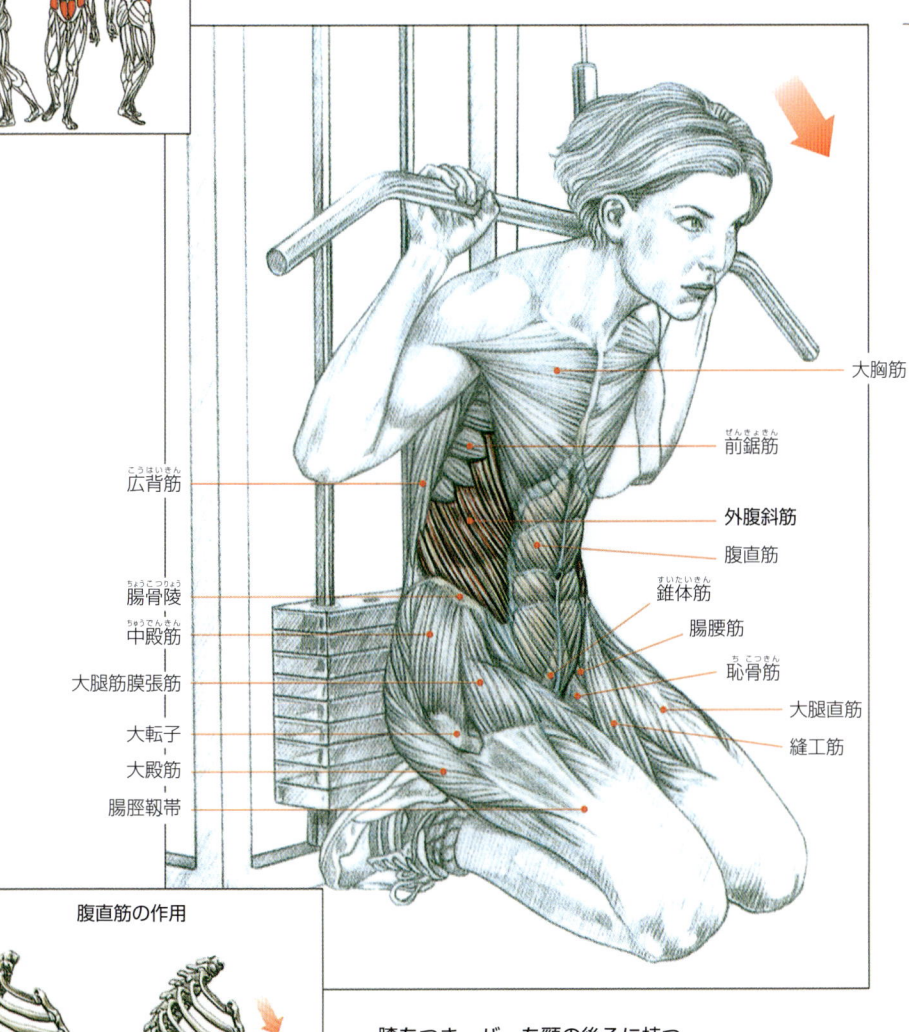

ラベル（画像内）：
- 大胸筋
- 前鋸筋
- 外腹斜筋
- 腹直筋
- 錐体筋
- 腸腰筋
- 恥骨筋
- 大腿直筋
- 縫工筋
- 広背筋
- 腸骨稜
- 中殿筋
- 大腿筋膜張筋
- 大転子
- 大殿筋
- 腸脛靱帯

腹直筋の作用

　膝をつき、バーを頸の後ろに持つ。
☞ 息を吸い、体幹を巻き込み、胸骨を恥骨に近づけようとする。実施しながら息を吐く。
　このエクササイズは、重い負荷を用いてはならない。腹筋、主に腹直筋に作用を集中させることが重要である。

腹部

8 クランチ4：マシン・クランチ
（専用マシンで腹筋強化）

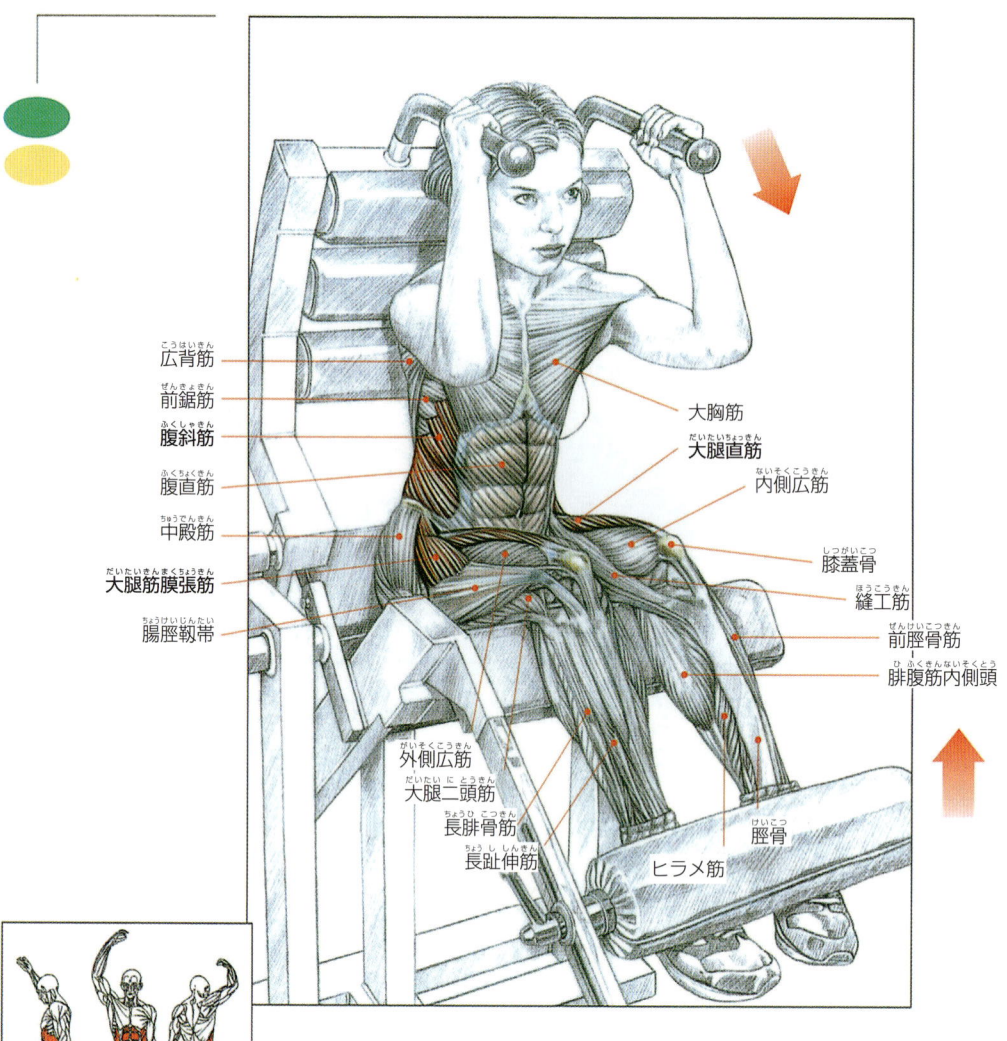

広背筋
前鋸筋
腹斜筋
腹直筋
中殿筋
大腿筋膜張筋
腸脛靱帯

大胸筋
大腿直筋
内側広筋
膝蓋骨
縫工筋
前脛骨筋
腓腹筋内側頭

外側広筋
大腿二頭筋
長腓骨筋
長趾伸筋
脛骨
ヒラメ筋

マシンに座り、両手でグリップを握る。両足をロールにかける。
☞ 息を吸い、体幹を巻き込み、胸骨を恥骨にできるだけ近づけようとする。動きの最後で息を吐く。
　これはアスリートのレベルに応じて負荷を調整できるすばらしいエクササイズである。
　初心者の場合は軽い負荷で、トレーニングを積んだアスリートの場合は、重い負荷で危険なく行うことができる。

腹部

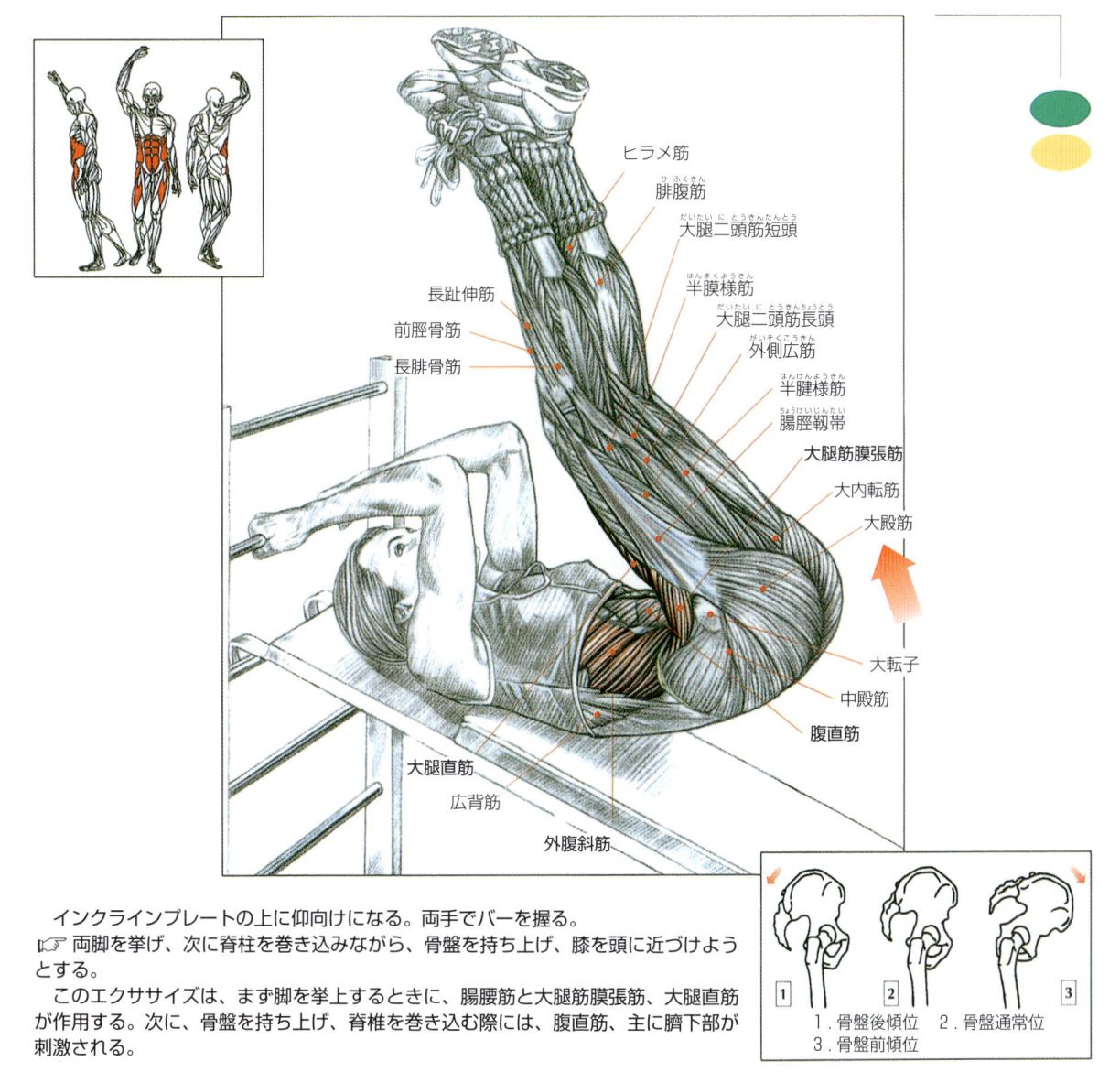

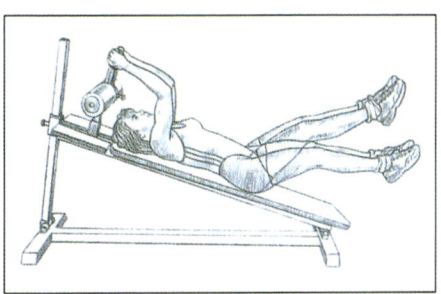

レッグレイズ１：インクライン・レッグレイズ　⑨
（インクラインプレートで両脚の挙上。脊柱を巻き込み、骨盤を浮かせる）

ヒラメ筋
腓腹筋
大腿二頭筋短頭
半膜様筋
大腿二頭筋長頭
外側広筋
半腱様筋
腸脛靱帯
大腿筋膜張筋
大内転筋
大殿筋
大転子
中殿筋
腹直筋
長趾伸筋
前脛骨筋
長腓骨筋
大腿直筋
広背筋
外腹斜筋

1. 骨盤後傾位　2. 骨盤通常位
3. 骨盤前傾位

　インクラインプレートの上に仰向けになる。両手でバーを握る。
☞ 両脚を挙げ、次に脊柱を巻き込みながら、骨盤を持ち上げ、膝を頭に近づけようとする。
　このエクササイズは、まず脚を挙上するときに、腸腰筋と大腿筋膜張筋、大腿直筋が作用する。次に、骨盤を持ち上げ、脊椎を巻き込む際には、腹直筋、主に臍下部が刺激される。

備考：このエクササイズは、腹筋の下部の作用に問題を感じている人に適したエクササイズである。エクササイズが難しい場合には、初心者の場合にはベンチの傾斜を小さくする。

バリエーション：
脚の振幅を小さくして行う。

117

腹部

10 レッグレイズ2：エルボーサポート・レッグレイズ
（ディップマシンで膝の挙上）

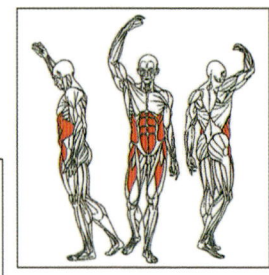

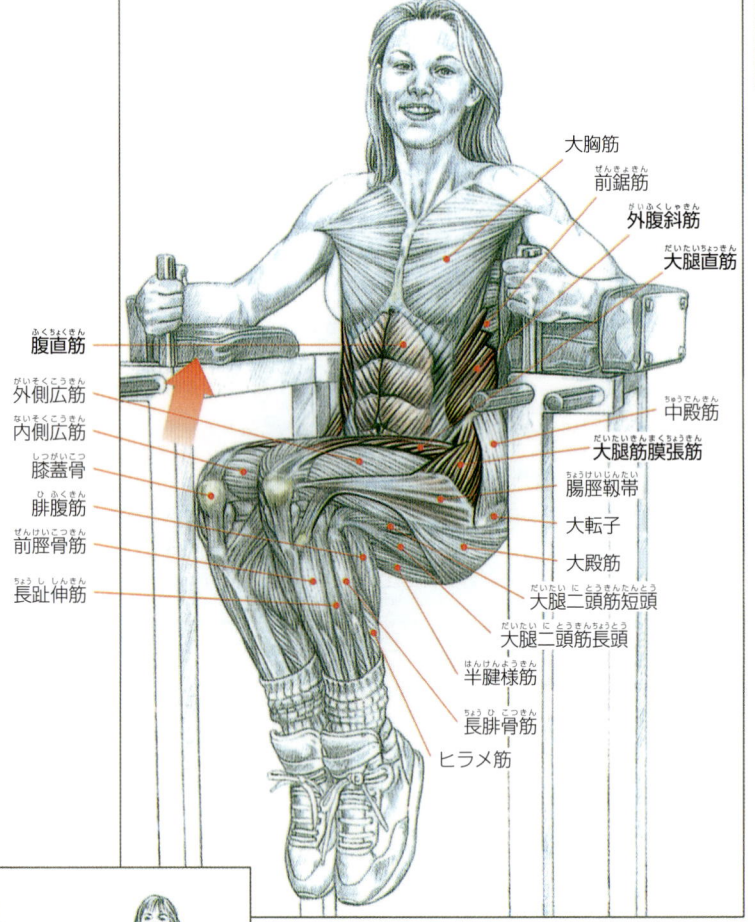

大胸筋
前鋸筋
外腹斜筋
大腿直筋
腹直筋
外側広筋
内側広筋
膝蓋骨
腓腹筋
前脛骨筋
長趾伸筋
中殿筋
大腿筋膜張筋
腸脛靭帯
大転子
大殿筋
大腿二頭筋短頭
大腿二頭筋長頭
半腱様筋
長腓骨筋
ヒラメ筋

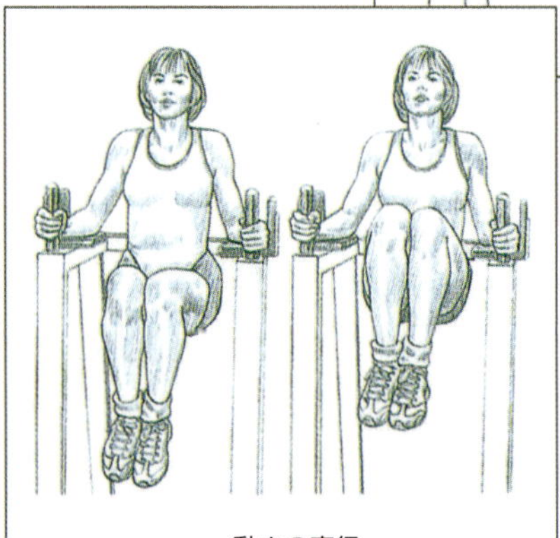

動きの実行

　肘で身体を支え、背を固定する。
☞ 息を吸い、腹筋を収縮させ背を丸めることで、膝を胸まで挙上する。動きの最後で息を吐く。
　このエクササイズは、股関節屈筋、主に腸腰筋と腹斜筋、腹直筋が作用する。腹直筋は下部が強く刺激される。

バリエーション：
（1）作用を腹筋に集中させるためには、脚の振幅を小さくして、背の巻き込みで、膝を水平位以下に下ろさないようにする。
（2）強度を高めるには、脚を伸ばして行う。しかし、これはハムストリングスの柔軟性が高いことが必要である。
（3）最終的には、両膝を胸につけたままで、アイソメトリックの収縮を数秒間保持する。

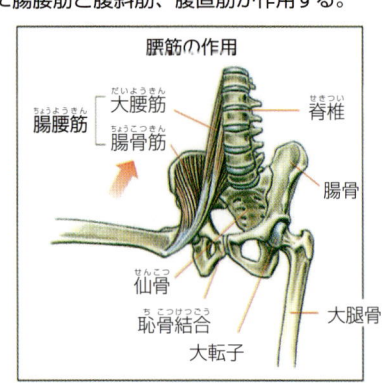

腰筋の作用
大腰筋
腸腰筋
腸骨筋
脊椎
腸骨
仙骨
恥骨結合
大転子
大腿骨

腹部

レッグレイズ 3：ハンギング・レッグレイズ 11
（バーにぶら下がって脚の挙上）

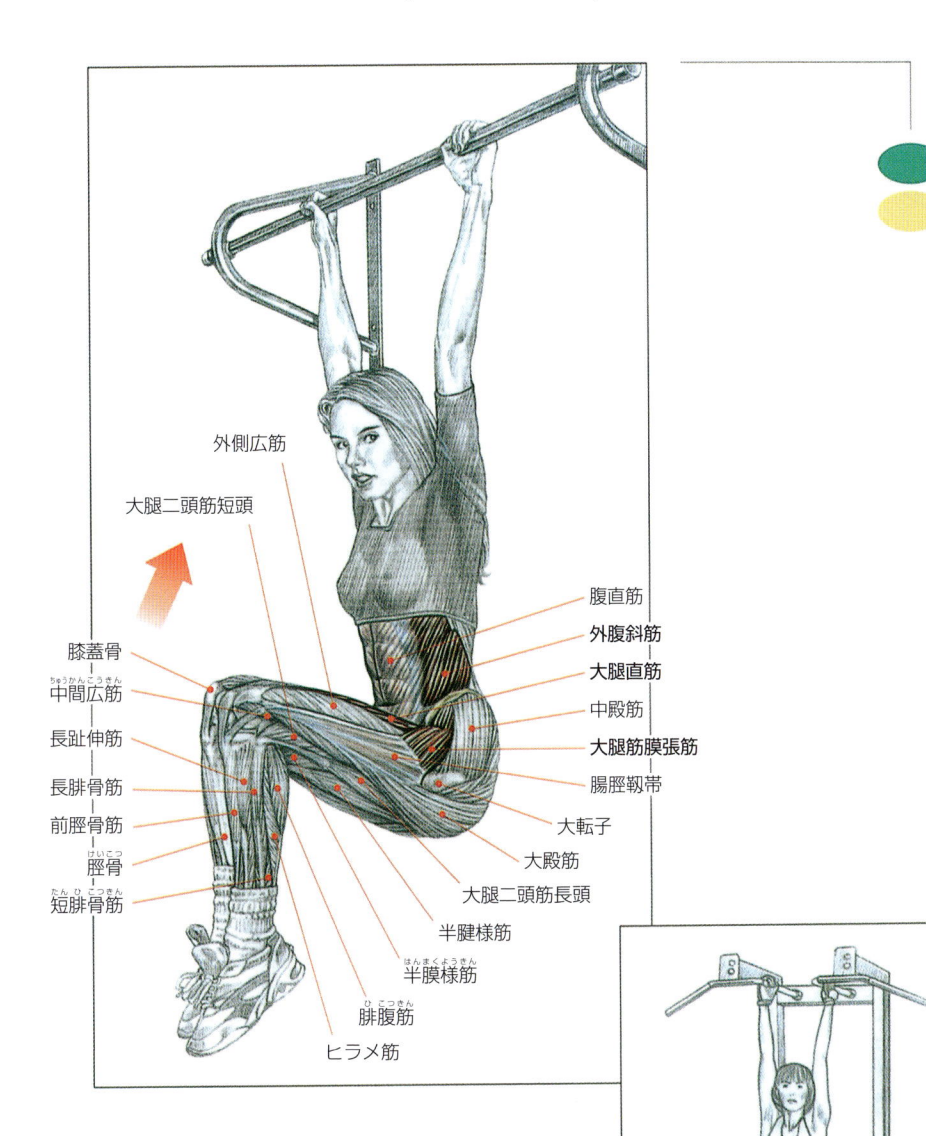

筋肉名称（図中ラベル）：
外側広筋、大腿二頭筋短頭、膝蓋骨、中間広筋、長趾伸筋、長腓骨筋、前脛骨筋、脛骨、短腓骨筋、腹直筋、外腹斜筋、大腿直筋、中殿筋、大腿筋膜張筋、腸脛靱帯、大転子、大殿筋、大腿二頭筋長頭、半腱様筋、半膜様筋、腓腹筋、ヒラメ筋

バーにぶら下がる。
☞ 息を吸い、両膝をできるだけ高く持ち上げる。体幹を巻き込み、恥骨を胸骨に近づけようとする。動きの最後に息を吐く。

このエクササイズの作用：
（1）脚の挙上で腸腰筋、大腿直筋、大腿筋膜張筋。
（2）恥骨と胸骨を近づけようとする際に、腹直筋、わずかではあるが腹斜筋。
　作用を腹直筋に集中させるためには、大腿を小さな振幅で動かし、膝を水平以下に下ろさないようにする。

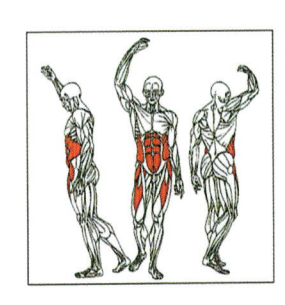

バリエーション：
膝をサイドに左右交互に挙げることにより、腹斜筋がより強く刺激される。

腹部

12 上体回旋：バーツイスト
（バーを使って上体の回旋）

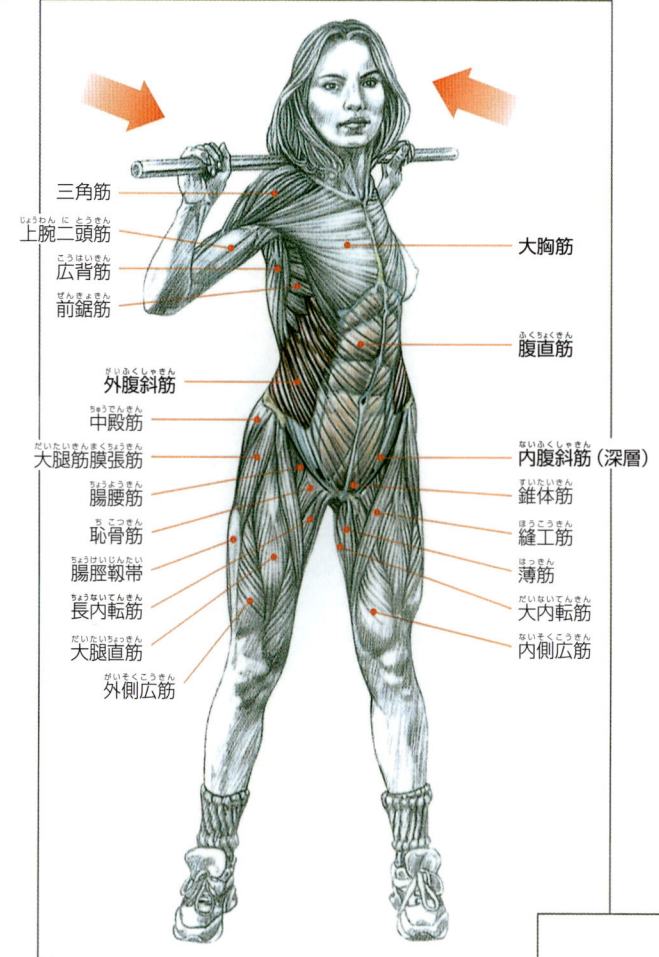

三角筋
上腕二頭筋
広背筋
前鋸筋
大胸筋
腹直筋
外腹斜筋
中殿筋
大腿筋膜張筋
腸腰筋
恥骨筋
腸脛靭帯
長内転筋
大腿直筋
外側広筋
内腹斜筋（深層）
錐体筋
縫工筋
薄筋
大内転筋
内側広筋

　立って両脚を開く。バーを僧帽筋の高さ、三角筋後部の上に置き、両手でバーを軽く握る。
☞ 上体を左右に回旋させる。殿筋をアイソメトリックで収縮させ、骨盤を動かさないようにする。

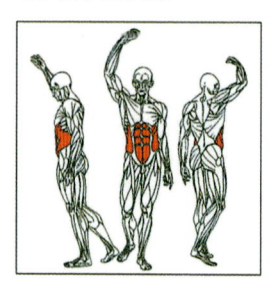

　このエクササイズは、右肩を前に出すときには、右の外腹斜筋、左の内腹斜筋（深層）、わずかではあるが、腹直筋右側、左側の体幹伸筋が作用する。強度を高めるには、軽く背を丸めて行う。バリエーションとしては、ベンチに座って行い、両膝に力を入れてそれぞれのサイドに固定することで、骨盤を固定し、作用を腹直筋に集中させることができる。
　数分間のセットで行うことで、最良の効果が得られる。

バリエーション：ベンチに座って

腹部

上体側屈１：ダンベル・サイドベント 13
（負荷を使って上体の側屈）

ラベル（人体図）:
- 胸骨
- 肋骨
- 剣状突起
- 腰椎
- 腸骨
- 仙骨
- 錐体筋
- 恥骨結合
- 肋軟骨
- 腹直筋
- 外腹斜筋
- 腹直筋（筋膜下）
- 内腹斜筋（筋膜下）
- 大腿骨

腰方形筋
- 肋骨
- 脊椎
- 腸骨
- 肋間筋
- 腰方形筋
- 仙骨
- 尾骨

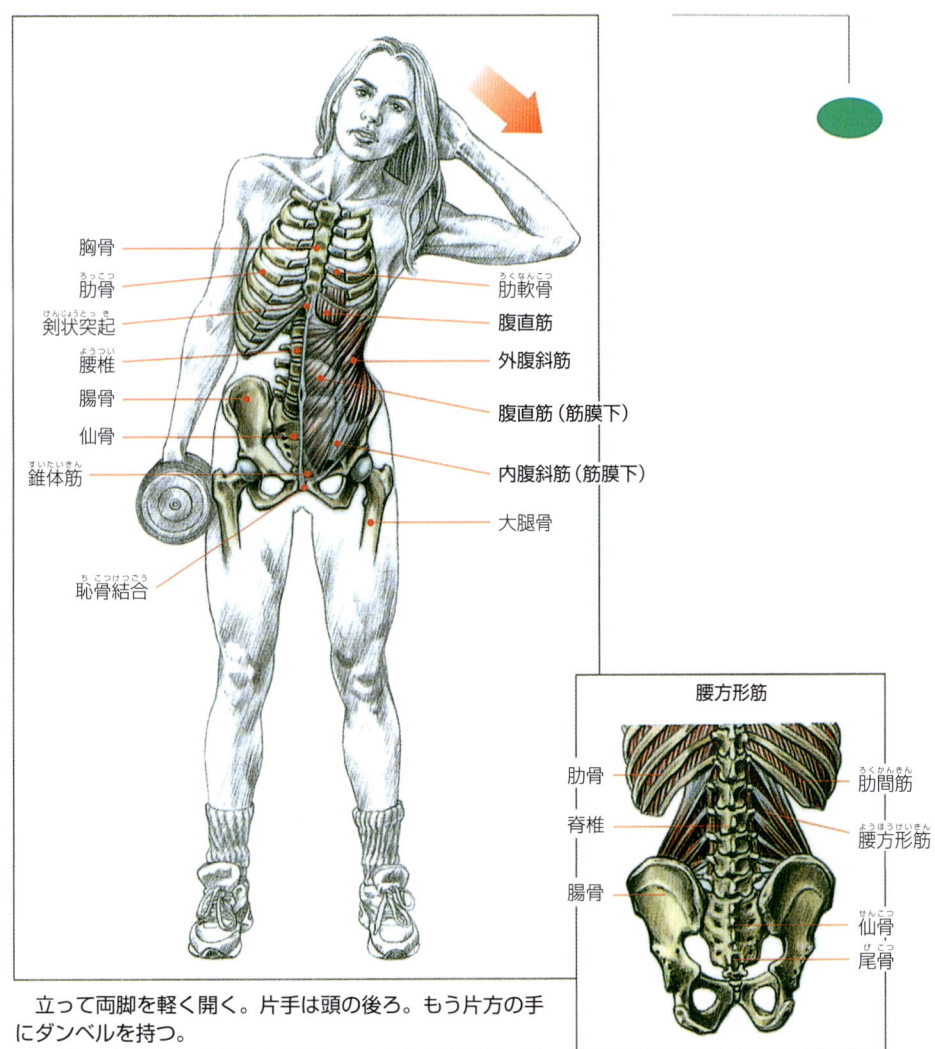

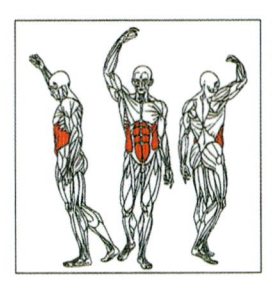

立って両脚を軽く開く。片手は頭の後ろ。もう片方の手にダンベルを持つ。

☞ ダンベルを持ったほうと反対へ、上体を側屈する。元の位置に戻すか、またはさらに反対側まで。間に休憩をとらず、ダンベルを持つ手を変えて、反対側を続けて行う。

このエクササイズは、主に体側の側屈に腹斜筋が作用する。強度は下がるが、腹直筋と、反対側の腰方形筋（腰椎の横突起と腸骨陵の間を走行）も作用する。

腹部

14 上体側屈2：ハイパーエクステンション・ベンチ・サイドベント
（ベンチを使って上体の側屈）

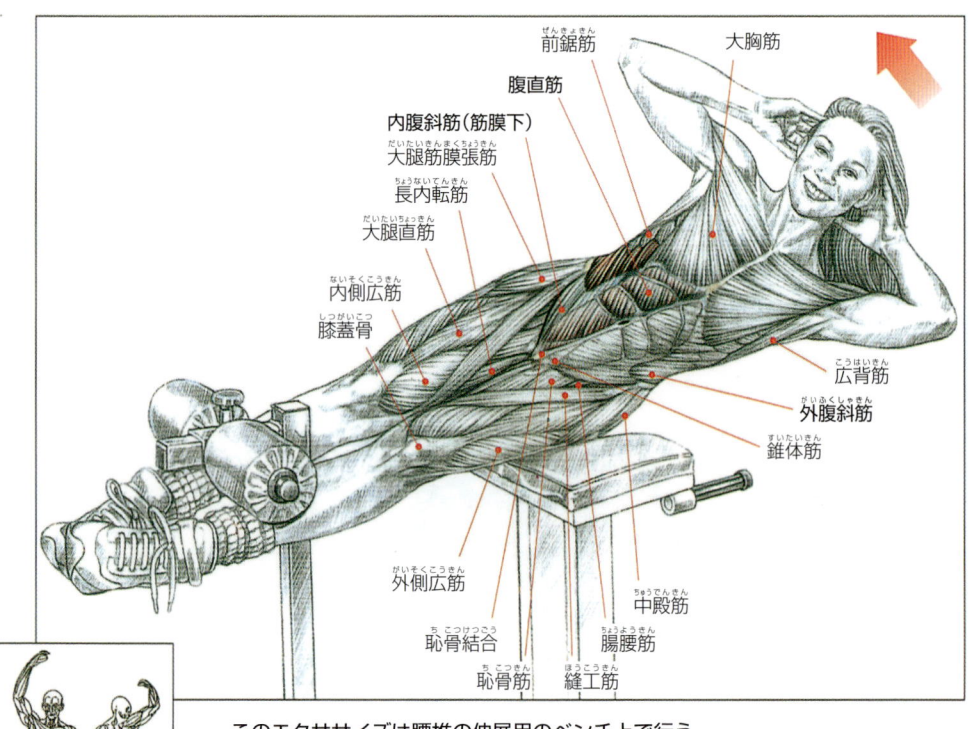

前鋸筋　大胸筋
腹直筋
内腹斜筋（筋膜下）
大腿筋膜張筋
長内転筋
大腿直筋
内側広筋
膝蓋骨
広背筋
外腹斜筋
錐体筋
外側広筋
中殿筋
恥骨結合
腸腰筋
恥骨筋　縫工筋

このエクササイズは腰椎の伸展用のベンチ上で行う。

股関節をベンチにのせ、上体は何もないところに下ろす。両手は頭の後ろか胸の前。両足はロールの下にかける。

☞ 上体を側屈し、高く挙上する。

このエクササイズは、主に腹斜筋、屈曲側の腹直筋が作用する。上体が水平位よりも下がらないようにするための静的な収縮（アイソメトリック）でも、反対側の腹斜筋と腹直筋が刺激される。

備考：上体を側屈する際には、腰方形筋が常に刺激される。

腹部

ツイスト：マシン・トランクローテーション 15

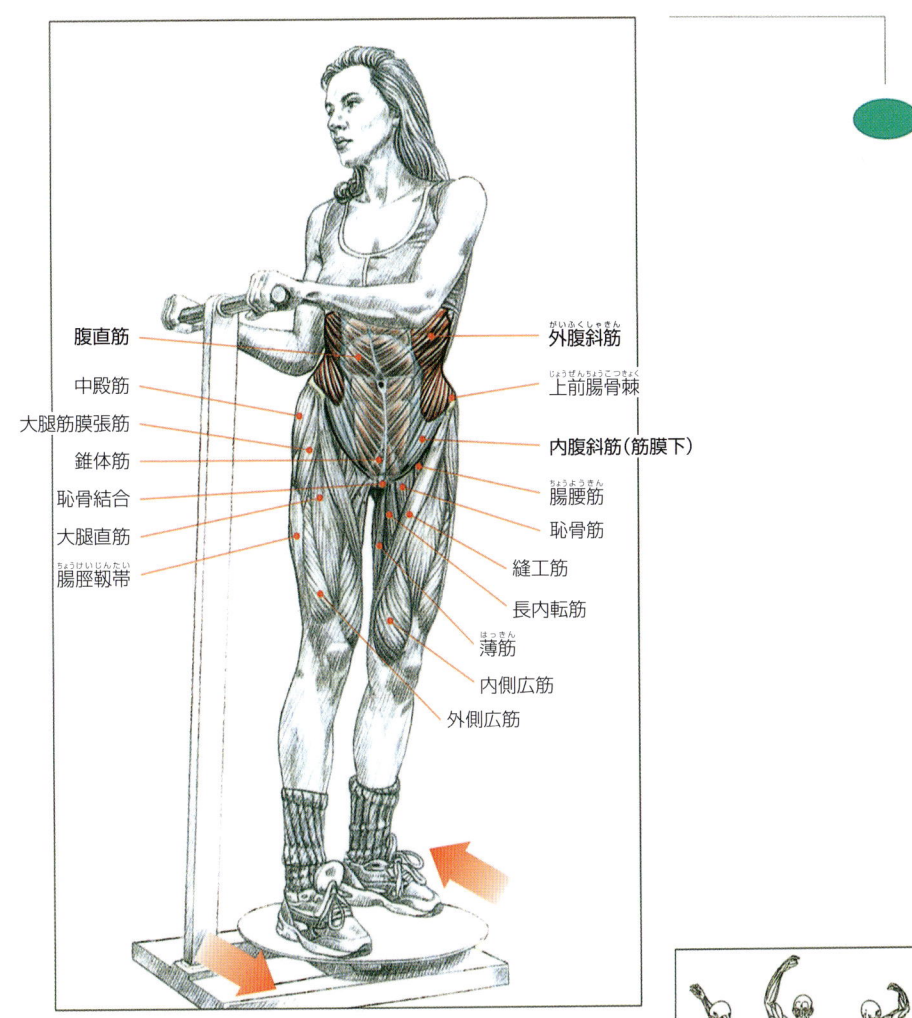

図中ラベル（上から）：
- 腹直筋
- 中殿筋
- 大腿筋膜張筋
- 錐体筋
- 恥骨結合
- 大腿直筋
- 腸脛靱帯
- 外腹斜筋
- 上前腸骨棘
- 内腹斜筋（筋膜下）
- 腸腰筋
- 恥骨筋
- 縫工筋
- 長内転筋
- 薄筋
- 内側広筋
- 外側広筋

回転台の上に立つ。両手でグリップを握る。
☞ 骨盤を左右交互に回旋させる。肩は常に固定しておく。両膝は軽く曲げ、靱帯を伸ばしてしまう危険を避ける。回旋は必ずコントロールして行う。

このエクササイズは、主に外腹斜筋、内腹斜筋、そして程度は下がるが腹直筋が作用する。腹斜筋への作用をより強く感じるためには、背を軽く曲げて行ってもよい。長いセットで行うと最良の結果が得られる。

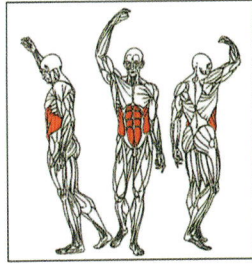

■用語解説

■あ 行

アイソメトリック 筋力強化のテクニックの一つ。動かない固定された器具、物体に対し、一定時間筋力を発揮し続ける。筋収縮の間、関与する関節の角度は不変である。

アキレス腱 下腿の筋の腱で、踵骨に停止する（踵骨隆起）。

烏口突起 肩甲骨の上端の突起。

羽状の 羽のように配置された、の意。

■か 行

回外 手のひらを前、親指を外に向ける前腕の回旋。

回外筋 手、前腕を内から外へ回旋させる筋。

回内 1. 回旋筋の作用による、上腕、前腕の外から内への回旋。2. 手のひらが下、親指が中を向いているときの手の位置。

解剖学（ギリシャ語で「分析、細分化」の意）生物の形状と構造の研究（形態学の項参照）。

肩（ラテン語で「へら」の意）この語は肩甲骨に与えられたもの（肩甲骨の項参照）。腕の上端が胸郭と関節結合する部分。上腕骨と肩甲帯の関節結合。

滑膜 可動関節内面をおおう膜。滑液を含む。

可動関節 可動性の関節で、関節窩は滑膜で制限されている（滑膜の項参照）。骨の先端は軟骨でおおわれていて、関節包および靱帯で結びつけられている。

寛骨臼 寛骨の関節窩で、大腿骨頭がおさまっている。

関節 関節間の連結。軟らかい部分と固い部分があり、隣接する2個あるいはそれ以上の骨が連結している。次の種類がある。可動関節（可動関節）、不動関節（不動連結）、半可動関節（半関節）。

関節顆 関節の凸状の面で、他の骨の関節窩にはまっている。

関節包 可動関節を包む線維の包みで、靱帯と共に骨の関節面への接触の維持に寄与している。

外傷 外力の作用によって生じる損傷の結果。

外転筋 四肢を正中線から離す。

起始 筋または腱の骨への付着。

胸骨 胸郭前面の中央に縦に走る骨。3つの部分からなる。胸骨柄（上端）、体（中央）、剣状突起（下端）。

筋 収縮性のある結合組織で構成された器官。次のように分類される。1. 平滑筋。特に内臓に存在。2. 骨格筋。随意筋。3. 心筋。意志とは無関係に収縮する不随意筋。

筋線維 骨格筋は、非常に長くて細い、収縮性のある筋線維からなる。以下に起始・停止をもつ。骨上、靱帯、筋膜。

筋線維束 同じ起始から出て、同じ走行、同じ停止をもつ筋線維の集合体。

筋膜 筋を包む繊維膜。

筋膜 結合組織の膜。筋群または器官をおおう。

クランチ（英語で「押しつぶす」の意）腹筋強化のための特別なエクササイズの名称。

グッドモーニング（英語で「おはよう」の意）上体を前傾させ、起こす。

形態学 生物の外的な形についての学問。

結合 骨同士がほぼ不動の関節。半関節と呼ばれる（関節の項参照）。

腱 筋から出て骨に付着する線維束。

肩甲骨 胸郭の上・後方にある平板な骨。肩甲下窩、肩甲棘、肩峰、棘上窩、棘下窩、烏口突起、関節窩からなる（肩の項参照）。

肩甲帯 鎖骨、肩甲骨、烏口突起からなる肩の骨格。

項 後頭部の下にある頸後面（後頭部の項参照）。

後傾 器官が後方に傾いた位置。

後頭部 頭蓋骨の後・下部。

後弯 脊柱の後方へ凸の湾曲（前弯参照）。

股関節・大腿の 寛骨と大腿骨に関わる。

股関節部（腰部） 寛・大腿骨の関節に関わる形態上の部位。一般的には、体幹と下肢の連結部分。

■さ 行

座骨 1. 座骨神経：仙骨神経叢に由来する。下行して大腿後面を進み、膝関節の後面に終わる。人体で最も長くて太い神経である。2. 座骨神経痛：座骨神経およびその枝の走行に沿った強い痛み。脊柱間での神経根の炎症によって起こっている場合も多い。

尺骨 前腕の2個の骨のうち、内側にあるほう。上端は肘関節を形成する。

心臓血管の 心臓と血管（動脈、静脈、毛細血管）の両方に関わる。

振幅 弧、カーブの頂点の間の隔たり、距離。

ジャーク（「クリーン＆ジャーク」の略称）オリンピックの重量挙げ種目の一つで、次の2段階の動きがある。1. クリーン：床に置いたバーベルを、一気に肩まで持ってきて安定させる。2. ジャーク：そのポジションから、脚の筋力を利用して、バーベルを一気に頭上に垂直に挙上し、安定させる。

上顆 大腿骨下端の骨起（突起の項参照）。

上腕骨 肩から肘にいたる長い骨。

靱帯 非常に抵抗力の強い結合組織の帯で、一つの関節を形成する骨をつなぎ合わせる。または器官を固定する役割をもつ。

垂直ロウイング ボート漕ぎと同様の動作で、縦に引き上げること。

スクワット（英語で「しゃがむ」の意）負荷あり／なしで、下肢の屈曲・伸展。

スナッチ オリンピックの重量挙げの動きで、両手でバーを床から一気に頭上まで挙上し、その位置で保持する（ジャークの項参照）。

脊柱弯曲 前弯と後弯の項参照。

脊椎 脊柱の骨。中央を脊髄が走行する。脊柱は34の骨からなる。頸椎7、胸椎12、腰椎5、仙椎5、尾椎5が癒合し

尾骨となる。
仙骨 4〜5個の仙椎からなる三角形の骨。第5腰椎と尾椎の間。
前傾 体幹を前に傾けること（後傾の項参照）。
前弯 脊椎の、頸椎および腰椎の部分の前方へ凸の湾曲。

■ た 行

大腿骨 大腿の骨。ヒトの骨格の中で最も長く、最も強い。大腿骨は、次のものからなる。大腿骨頭、大腿骨頸、大転子、小転子、顆、骨幹。
大腿骨頸 大腿骨「頭」で終わる大腿骨の上端で、寛骨臼と関節を形成している。
大転子・小転子 大腿骨の頸と体を結ぶ二つの突起。
力 体を変形させ、また、停止や運動の方向、速度の状態を変えうるあらゆる要因（ニュートンの法則の項参照）。すべての運動は、力によって生み出される（筋の収縮、重力、摩擦力）。筋力強化においては、力の測定の単位は、原則としてキログラムである。
恥骨 腸骨の前部（腸骨、恥骨結合の項参照）。
恥骨結合 腸骨の前部の固定された関節（出産のとき動く）。
腸骨 骨盤を形成する骨の中の2個の骨。座骨（寛骨の下部）、恥骨（寛骨の上・前部）と接合する。
腸骨筋 大腿屈筋。腸骨の内側面から出て、腰筋と共通の腱となり小転子に停止。
腸腰筋 大腿屈筋の二つの筋、腸骨筋と腰筋（大・小）の総称。
椎間板 弾性のある軟骨で、二つの椎骨を分けている（椎間板ヘルニアの項参照）。
椎間板ヘルニア 椎間板の髄核の部分が後方に押し出されることにより、椎間板が異常に突出して起こる。たとえば神経根の圧迫の原因となる。
てこ 筋は、その力を、当該関節を支点として回転する骨による「てこ」の原理を仲立ちとして伝える（モーメントの項参照）。
ディップス（英語で「傾く、下げる」の意）平行棒上での腕の伸展による身体の押し上げ。
橈骨 前腕の2個の骨のうち、外側にあるほう。
突起 骨のはっきりと突き出た部分。
ドンキーカーフレイズ（直訳すれば、ロバ、ふくらはぎ、挙げる）専門家の間で用いられている用語で、下腿の筋力強化のためのエクササイズ。ロバの背に置いた振り分け荷物の形からこう呼ばれる。

■ な 行

内側上顆 大腿骨の内側の結節。
内転筋 四肢を正中線に近づける。
軟骨 可動関節の骨の表面をおおう、光沢のあるなめらかな組織（可動関節の項参照）。

ニュートンの法則 物理学者ニュートンは、力に関して、次の3つの法則を明らかにした。ニュートンの第1の法則（慣性の法則）、1987年：外から力を受けていない物体（摩擦力も含める）は一定の速度で動き続けるか、制止したままである。ニュートンの第2の法則（加速の法則）：物体の運動力の変化の度合いは、物体に働いた力に比例し、この変化は力が働く方向に生まれる。ニュートンの第3の法則（作用・反作用の法則）：すべての作用は、反対方向に同じ反力を生み出す。二つの物体が衝突したときには、互いに反対方向に同じ力を作用させる。
ネガティブフェーズ 関節の一部分の移動を減速する筋の収縮。負荷はある場合とない場合がある。例：腕をゆっくりと下げるなど。

■ は 行

肺活量 強制した呼気の量。この量の平均値は、女性で3.1リットル、男性で4.3リットル。
半回内位（回内・回外中間位）回内参照。
半可動関節 関節、可動関節の項参照。
バイオメカニクス ヒト（または動物）の運動機構の研究にメカニクスを適用すること。人体に作用する力とその力によって生み出される効果を研究する科学。
尾骨 脊柱の小さな骨で、三角形。仙骨の下にある。
腹直筋 腹部前面の筋。
腹部 体幹の下部。胸部とは横隔膜で分けられる。
ベンチプレス 仰向けで腕を伸展させることにより、負荷を押し上げる。
ポジティブフェーズ 関節の一部分の移動を引き起こす筋の収縮。負荷はある場合とない場合がある。例：腕を挙げるなど。

■ ま 行

モーメント てこによって生み出された力は、力のモーメントと呼ばれる（力、てこの項参照）。

■ や 行

葉 境界のはっきりした内臓の部分（例：乳腺葉）。
腰筋 大腿屈筋。腰椎に付着し、腸骨筋と共通の腱となり、小転子に停止する。
腰仙部の 腰部と仙骨部に関わる。
腰痛症 腰部の痛み。エクササイズのやりかたが不適切であるために起こることも多い。

■ ら 行

ロウイング バーを引くこと。
肋軟骨 肋骨の軟骨。次の起始・停止をもつ。骨上、靱帯、筋膜。

監訳者あとがき

白木 仁

　本書は、既刊のウエイトトレーニング関係の書とは趣きを異にし、イラストが大変すばらしい。とくに、筋の描写が卓越しており、筋の起止・停止、走行、相互の筋の位置関係がきわめて正確に描かれ、まるで解剖学の専門書を見るかのようである。また、トレーニング内容に関しては、使用する筋をわかりやすく色分けし、方法については、筋に刺激が加わる姿勢を細かく正しく記載し、障害の危険のあるトレーニングにおいては、とくにイラストで、よくない姿勢・肢位をていねいに示してある。

　本書の著者は芸術家であり、またトレーニングマニアであるという。それゆえだろう、大変具体的な方法で、筋に最も効果的に負荷のかかるテクニック（コツ）を示し、あたかも著者本人が、本の中でトレーニングをしているかのような錯覚にとらわれてしまう、臨場感のあるものとなっている。

　これまでのウエイトトレーニングの指導書は、写真かイラストで示してある場合、写真では少々生々しく、かといってイラストでは人間味に乏しいか、誇張しすぎの感が否めないものも見受けられた。しかし、本書は、解説を読まなくとも、見るだけでその「綺麗さ」に引き込まれてしまうほどの仕上がりになっている。マシンに関しての記載も多いので、トレーニングの初心者、女性にも大変参考になるだろう。

　以上の理由から、本書は、トレーニングの専門家、スポーツクラブのインストラクター、コーチ、アスレティックトレーナー、フィジカルコーチなどのスポーツコーチングに携わる方々をはじめ、トレーニング学、体育・医学専攻の学生の教科書として最適である。

　最後に、本書の出版に関しご尽力いただいた大修館書店の平井啓允氏、また翻訳に関し、医学・解剖学からトレーニングの専門用語まで、幅広くかつ難解な内容をわかりやすく翻訳していただいた筑波大学の今井純子女史に、また、解剖学的立場から筋名等の校閲をしていただいた岐阜大学医学部の長崎幸雄氏に、各トレーニングの名称について校閲をしていただいた龍谷大学の長谷川裕氏に対し感謝の意を表したい。

[著者紹介]
フレデリック・ドラヴィエ(Frédéric Delavier)
パリ芸術学院で形態学、その後医学部で解剖学を学び、国立博物館にて比較解剖学を研究。1988年パワーリフティングのフランス銀メダリストであり、雑誌「パワーマグ」の編集長。その他、多くの専門雑誌、専門書の執筆などを手がけている。

[監訳者紹介]
白木　仁（しらき・ひとし）
　1982年筑波大学大学院体育研究科修了後、名城大学理工学部講師、筑波大学体育科学系(スポーツ医学)講師を経て、現在同大学人間総合科学研究科スポーツ医学専攻教授。
　日本体育協会アスレチックトレーナーマスターとして、オリンピック、陸上競技、プロ野球などで活躍するトップアスリートのサポートを行う一方、大学ではゴルフの指導も行う。自らもハードル競技歴をもつスポーツマンである。ライフワークは「スポーツ医学（アスレチックトレーニング）」に関する研究。主な著書に『スポーツ外来ハンドブック』（南江堂）、『スポーツ外傷・障害とリハビリテーション』（文光堂）、『トップアスリートがなぜ「養生訓」を実践しているのか』（PHP新書）ほか、多数がある。

[訳者紹介]
今井純子（いまい・じゅんこ）
　筑波大学大学院博士課程文芸言語研究科単位取得卒業。在学中にダブリン大学に留学。現在、（公財）日本サッカー協会テクニカルハウス勤務。これまでに、トレーニング関係やサッカーを中心としたスポーツ図書の執筆および翻訳を数多く手がけている。

目でみる筋力トレーニングの解剖学
©Hitoshi Shiraki & Junko Imai 2002　　　NDC780 viii,126p 27cm

初版第1刷────2002年4月20日
　第21刷────2020年7月20日

著　者────フレデリック・ドラヴィエ
監訳者────白木　仁
訳　者────今井純子
発行者────鈴木一行
発行所────株式会社大修館書店
　　　　　　〒113-8541　東京都文京区湯島2-1-1
　　　　　　電話03-3868-2651（販売部）　03-3868-2298（編集部）
　　　　　　振替00190-7-40504
　　　　　　[出版情報]
　　　　　　https://www.taishukan.co.jp
装丁者────中村友和(ROVARIS)
印刷所────図書印刷
製本所────図書印刷

ISBN978-4-469-26491-3　　Printed in Japan
Ⓡ本書のコピー、スキャン、デジタル化等の無断複製は著作権法上での例外を除き禁じられています。本書を代行業者等の第三者に依頼してスキャンやデジタル化することは、たとえ個人や家庭内での利用であっても著作権法上認められておりません。

好評のトレーニング関連図書

ストレングス&コンディショニング I
[理論編] 
NSCAジャパン [編]

総合的なコンディショニングの理論を、NSCAジャパンがわかりやすく編集。NSCAが認定する「CSCS」、「NSCA-CPT」受験の参考書としても役立つ。

B5判・224頁　本体2,300円

ストレングス&コンディショニング II
[エクササイズ編] 
NSCAジャパン [編]

ストレングス&コンディショニングの現場や実習で活用できる約450のトレーニングエクササイズを、写真で紹介。ポイントは箇条書きでわかりやすく解説。

B5判・216頁　本体2,300円

写真でわかる ファンクショナルトレーニング
マイケル・ボイル [著] 中村千秋 [監訳]

動きを重視したエクササイズは、パフォーマンスの向上はもちろん、けがの防止やリコンディショニングにも有効である。

B5判・210頁　本体2,000円

写真でわかる 腹筋・背筋のトレーニング
ディーン・ブリテナム、グレッグ・ブリテナム [著]
山口英裕 [訳]

腹筋や背筋の役割を説明した上で、それらを鍛える方法を、写真を使ってわかりやすく解説。

B5判・234頁　本体2,200円

イラストでわかる ストレッチングマニュアル
マイケル J.オルター [著] 山口英裕 [訳]

ストレッチングの理論や効果についてわかりやすく説明。その上で、基本から応用まで、311のストレッチングをイラストを使ってわかりやすく解説する。

B5判・226頁　本体1,800円

爆発的パワー養成 プライオメトリクス
J.ラドクリフ、R.ファレンチノス [著] 長谷川裕 [訳]

本書は、「プライオメトリック・トレーニング」の理論を体系的に解説し、77種類のエクササイズと種目別12種類のトレーニング・プログラムを紹介。

B5変型判・208頁　本体2,000円

スポーツスピード・トレーニング
ジョージ・ディンティマン ほか [著]
小林寛道 [監訳]

あらゆるスポーツにおいて要求されるプレイスピードと敏捷性をいかにして強化するか？ 超・実戦的スピード強化トレーニング法のすべて。

B5変型判・208頁　本体2,100円

競技力アップのクロストレーニング
G.T.モーラン、G.H.マクグリン [著]
梅林薫、須田和裕、畑山雅史 [訳]

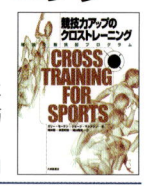

複数のスポーツ・エクササイズを組み合わせることにより、競技力の向上や障害・バーンアウトの予防に効果を発揮するトレーニング法を紹介。

B5変型判・200頁　本体2,200円

柔軟性トレーニング — その理論と実践
クリストファー・M・ノリス [著]
山本利春 [監訳] 吉永孝徳、日暮清 [訳]

競技力の向上や障害予防に不可欠な柔軟性。この柔軟性に関わる筋、関節の機能と構造を明らかにし、柔軟性を改善させるための具体的方法を示す。

B5変型判・122頁　本体2,000円

スポーツスピード養成 SAQトレーニング
日本SAQ協会 [編]

スピード、敏捷性、素早さの3要素から、スピードに必要な能力をシステム化し、スピード養成に必要な合理的トレーニング法をわかりやすく解説。2色刷。

B5変型判・130頁　本体2,000円

競技力向上と障害予防に役立つ スポーツPNFトレーニング
窪田登 [監修] 覚張秀樹、矢野雅知 [著]

筋肉や皮膚内の感覚器を刺激することによって、神経の促通をはかるPNF。この原理をスポーツ現場に応用した本邦初の画期的トレーニング法。

B5変型判・138頁　本体2,300円

実践スポーツPNFコンディショニング
— 機能的神経筋能力の養成法 
覚張秀樹、矢野雅知 [著]

筋力や柔軟性の向上、疲労回復に速効的な効果を発揮するPNF。このリハビリ理論を応用したコンディショニング法を解説。

B5変型判・148頁　本体2,100円

〔ビデオ〕スポーツPNFトレーニング 全3巻
覚張秀樹、矢野雅知 [監修]

① 基礎編
② ストレッチング編
③ トレーニング編

VHS・カラー・各30分　本体各巻9,000円

〔ビデオ〕実践スポーツPNFコンディショニング 全2巻
覚張秀樹、矢野雅知 [監修]

① 理論編
② 実践編

VHS・カラー・各30分　本体各巻9,000円

定価=本体+税